*Über dieses Buch* Sieben Frauen und Männer berichten in Gesprächen mit den Autoren über ihre Reaktionen, Empfindungen und Erfahrungen im Zusammenhang mit dem selbstgewählten Tod eines Angehörigen oder nahestehenden Menschen.
Die Gesprächspartner schildern ihre schmerzliche Suche nach Erklärung, die oft durch die Frage nach der eigenen Schuld konflikthaft erlebt wird. Dabei zeichnen sie auch differenzierte Bilder der Persönlichkeit des Suizidenten und seiner Lebenssituation. Deutlich werden Verunsicherungen und Spannungen, die für Hinterbliebene dieses tabuisierten Todes im Kontakt mit dem sozialen Umfeld entstehen, ebenso wie Konsequenzen, die sich aus einer solchen Betroffenheit für das Weiterleben ergeben.
Einer weitgehenden Sprachlosigkeit gegenüber Angehörigen von Suizidenten wird hier durch die Betroffenen selbst in mutiger und offener Weise begegnet.

*Die Autoren* Ursula Heilborn-Maurer, geboren in Riedlingen-Zwiefaltendorf. Georg Maurer, geboren in Stuttgart.
Beide Autoren studierten Erziehungswissenschaft und Empirische Kulturwissenschaft an der Universität Tübingen. Sie promovieren derzeit am Ludwig-Uhland-Institut für empirische Kulturwissenschaft der Universität Tübingen zu einem Thema aus dem Komplex ›Suizid und Angehörige von Suizidenten‹, mit dem sie sich seit einigen Jahren befassen. Beide sind Dozenten für Soziologie/Medizinsoziologie an einer Fachschule.

Ursula Heilborn-Maurer
Georg Maurer

# *Nach einem Suizid*

## Gespräche mit Zurückbleibenden

Fischer
Taschenbuch
Verlag

Lektorat: Anke Rasch

Originalausgabe
Veröffentlicht im Fischer Taschenbuch Verlag GmbH,
Frankfurt am Main, Februar 1988


Umschlaggestaltung: Jan Buchholz/Reni Hinsch
Gesamtherstellung: Clausen & Bosse, Leck
Printed in Germany
ISBN 3-596-23250-3

*Persönliche Erfahrungen mit Krisen*

Unter dieser Überschrift legt der Fischer Taschenbuch Verlag Bücher vor, deren Autoren aus eigenem Erleben oder auch aus der Betroffenheit über das Schicksal eines anderen versuchen, Ereignisse und Empfindungen zu reflektieren.
Ob die Ursache der Krise psychische oder physische Erkrankung, das Scheitern einer Partnerschaft oder sonst ein tief berührendes Erleben war – es gab Anlaß, das Leben zu überdenken.

In Erinnerung an T.,
der uns Wesentliches lehrte,
und in Dankbarkeit
allen unseren Gesprächspartnern.

# Inhalt

# Vorwort

Sterben und Tod sind erst in den letzten Jahren wieder verstärkt in das Blickfeld der Öffentlichkeit gerückt. Damit verbunden ist ein zunehmendes Interesse an Erfahrungen, die Zurückbleibende in ihrer Konfrontation mit dem Tod und in ihrer Trauer um den Verlust eines nahestehenden Menschen machten.
Der Suizid[1] * als eine besondere Todesart hat jedoch immer wieder Aufmerksamkeit erregt und bildete auch den Gegenstand zahlreicher Untersuchungen und Abhandlungen. Vorrangig wurde und wird erörtert, welche Ursachen oder Beweggründe suizidalen Handlungsweisen zugrunde liegen. Versuche, diese Fragen zu beantworten, orientieren sich oft an Überlegungen, wie diesem beunruhigenden Handeln vorbeugend begegnet werden kann.
Bei der Auseinandersetzung mit dem Problembereich Suizid wurde allerdings ein Aspekt bislang kaum berücksichtigt: In den allermeisten Fällen läßt ein Mensch, der sich das Leben nimmt, Angehörige oder ihm nahestehende Personen zurück, die diesen Tod bewältigen, mit ihm leben müssen. Nicht nur müssen sie sich mit dem endgültigen Verlust eines vertrauten Menschen abfinden, sie müssen sich auch damit auseinandersetzen, daß der Betreffende seinen Tod selbst herbeigeführt hat.
Vor einigen Jahren erlebten wir die Trauer einer Familie über die Selbsttötung eines Sohnes mit. Wir erfuhren das große Leid, das intensive und quälende Fragen und Suchen nach einer Erklärung, die Zweifel und Verwundungen in dieser Familie. Außerdem konnten wir die Reaktionen des sozialen Umfeldes auf das Geschehen beobachten. Zum einen waren Bestürzung über den Suizid und Mitgefühl für den Verstorbenen und ebenso für seine Familie zu erkennen, zum anderen hörten wir Spekulationen über den Hergang des Suizids und seine Vorgeschichte. Vermutungen über die Beweggründe des jungen Mannes und die hierfür Verantwortlichen machten rasch die Runde. Zum Beispiel wurden eindeutige Beziehungen zwischen dem

* Anmerkungen s. S. 201f.

Schritt des Suizidenten und dem Verhalten seiner Familie hergestellt und diskutiert. Zudem machten wir die Erfahrung, daß relativ schnell eine Mauer des Schweigens um die Familie gezogen wurde, während außerhalb die Debatten und Vermutungen fortdauerten, von denen aber die Familienmitglieder ausgeschlossen blieben. Innerhalb der Familie wurden nach einer gewissen Zeit ebenfalls Mauern gebaut, wenn auch wahrscheinlich aus anderen Gründen als im sozialen Umfeld. Einzelne Mitglieder zogen sich in sich selbst zurück, und es war zu beobachten, daß die Grundlage der Verständigung teilweise verlorenging. Das Schweigen zog Grenzen zwischen einzelnen Familienmitgliedern, warf sie auf sich selbst zurück, machte sie stumm.

Die mitunter widersprüchlichen Erfahrungen, die wir bei dieser Familie und in ihrer Umgebung sammeln konnten, machten uns darauf aufmerksam, daß im Zusammenhang mit suizidalem Geschehen zwei wesentliche Problembereiche bestehen. Neben dem des Suizidenten und seiner möglichen Motive existiert der jener Menschen, die mit den Eindrücken, die die Selbsttötung begleiten, und den Schwierigkeiten, die sich aus ihr ergeben, weiterleben müssen. Schließlich veranlaßten uns diese Erlebnisse, uns genauer und intensiver mit den Anpassungsbemühungen und Problemen Zurückbleibender nach einem Suizid zu beschäftigen. Uns bewegten Fragen wie:

- Was bedeutet ein solcher Tod für die Zurückbleibenden?
- Welche Erklärungen finden sie für diesen ›unfaßbaren‹ Tod?
- Wie gehen sie mit diesem Tod um?
- Erfahren sie aus ihrer Umgebung Hilfe, oder entlädt sich eher eine Art sozialen Zorns über das die Gemeinschaft störende Ereignis auf die Angehörigen?
- Welche Auswirkungen haben die Erfahrungen mit diesem Tod und den Bewältigungsbemühungen für die Zurückbleibenden?

Um diesen Problemen näher zu kommen, führten wir ausführliche Gespräche. Unsere Grundüberlegung war, hauptsächlich die Hinterbliebenen sprechen und berichten und sie das Geschehene und Erlebte so darstellen zu lassen, wie es ihnen selbst am angemessensten erschien. Wir wollten also nicht durch vorab gebildete, genau gegliederte und festgehaltene Detailfragen ganz bestimmte Inhalte abfragen. Für alle Gesprächspart-

ner hatten wir eher allgemeine Leitfragen, aus denen sich dann spezielle Fragen jeweils im Gespräch ergaben. Sämtliche Gespräche wurden auf Tonband aufgezeichnet und anschließend von uns niedergeschrieben.
Es erschien uns dann im Laufe der Zeit wichtig, außerdem mit Personen zu sprechen, die in der Ausübung ihres Berufes mit Suizidfällen zu tun haben und dabei auch in Kontakt mit Angehörigen kommen. Auch war es für das Verständnis von Reaktionen des sozialen Umfeldes bedeutsam, daß wir mit Menschen sprachen, die persönlich, also zum Beispiel in ihrer Familie oder Verwandtschaft, nicht von einem Suizid betroffen waren, um deren Meinungen und Einstellungen in Erfahrung zu bringen. Sämtliche Gespräche bilden den Hintergrund für unsere Ausführungen im Anschluß an die folgenden Gesprächsdokumente.
Oft wurden wir gefragt, ob denn Hinterbliebene überhaupt bereit wären, über die Selbsttötung des Angehörigen zu sprechen. Ein suizidaler Tod sei ja so »schlimm«, daß man doch besser darüber schweige. Im Gegensatz zu dieser Ansicht ist nach unserer Kenntnis die Gesprächsbereitschaft der Hinterbliebenen ebenso groß wie ihr Bedürfnis, sich mitteilen zu dürfen. In solchen Gesprächen können sie der weitgehenden Sprachlosigkeit begegnen, die ihnen gegenüber verbreitet ist.
Die ersten sieben Gespräche, die wir mit Hinterbliebenen führten, sind im folgenden wiedergegeben. Das Gespräch mit Herrn Berg fällt in der Zusammenstellung der Protokolle etwas aus dem Rahmen; er ist zwar durch einen Suizid betroffen, steht aber in einer viel größeren Distanz zum Suizidenten als die anderen Hinterbliebenen. Das Gespräch wurde hauptsächlich aufgenommen, um Unterschiede in Inhalt und zeitlichem Verlauf der Bewältigungsbemühungen zwischen direkt Betroffenen und eher außenstehenden Personen ansatzweise kenntlich zu machen.
Die Gespräche wurden von uns in eine sprachliche Form gebracht, die eine einigermaßen flüssige Lesbarkeit gestattet. Wir haben sorgfältig darauf geachtet, daß der Charakter des Gesprochenen nicht verlorenging. Sämtliche Namen sind von uns gewählt und entsprechen nicht den tatsächlichen Namen von Gesprächspartnern und Suizidenten oder denen anderer Personen, die in den Gesprächen genannt wurden. Ebenso wurden von uns Ortsangaben durch Umschreibungen oder andere Benennungen ersetzt.

# *Teil I*
# *Gespräche mit Zurückbleibenden*

# 1. Gespräch: Frau Abel

*Frau Abel ist 27 Jahre alt. Sie hat ihr Studium als Diplompädagogin beendet. Der Tod ihres Partners Horst liegt ein halbes Jahr zurück.*
*Er war nach einem Suizidversuch in ein Krankenhaus eingeliefert worden. Von dort flüchtete er noch in derselben Nacht und erhängte sich.*

In der ersten Zeit danach hab' ich gedacht: »Um Gottes willen, das kriegst du nie, nie mehr los!« Ich wußte überhaupt nicht, wie ich damit weiterleben soll. Irgendwie geht es dann eben doch. Aber in der ersten Zeit hinterher, da habe ich zuerst... na ja. Ich kann ja auch mal von Anfang an erzählen, wie das bei mir war.
Also ich wundere mich eigentlich, daß ich das ziemlich gut verarbeite. Das hätte ich nicht gedacht, weil es ja wirklich noch nicht so lange her ist. Es war vor sechs Monaten und eine Riesengeschichte. Es passierte auch zu einem Zeitpunkt, wo es zwischen uns schon längere Zeit ziemlich schwere Auseinandersetzungen gab. Und um Trennung ging es da auch. Schon ein paarmal war es um Trennung gegangen. Ich wollte mich von Horst trennen, und er, er wollte das nicht. Deswegen hatte ich dann auch Schuldgefühle, weil ich eben von ihm wegwollte und ihn praktisch von mir wegschob. Auf jeden Fall war es zwischen uns die ganze Zeit ziemlich schwierig.
Und dann wollte er mich morgens einmal abholen. Er wohnte in einem Dorf, und wir trafen uns öfter in der nächsten Stadt. Ich habe gewartet, er ist aber nicht gekommen. Zuerst hatte ich Wut, weil ich immer auf ihn warten mußte, weil er nie pünktlich kam. Dann war es aber auch so, daß ich irgendwie eine Ahnung hatte, auf einmal so ein Gefühl bekam: »Da ist was passiert!«
Nach einer Stunde Warten wurde es mir zuviel und ich rief bei ihm an. Eine Frau aus seiner Wohngemeinschaft war am Telefon: »Ja, ähm, dem geht es gerade nicht so gut, er kann nicht kommen.« Sonst nichts. Ich sagte dann: »Ja, was ist denn los?

Er soll mal ans Telefon kommen!« – »Ja... Nein, das geht jetzt nicht.« Da war es dann aus, da hatte ich das Gefühl: »Der hat sich was angetan, da ist was...«
Ich wollte gleich hinfahren. Weil der Bus noch lange nicht kam, versuchte ich zu trampen. Es hielt aber keiner, und so mußte ich doch den Bus nehmen. Als ich dann endlich ankam, hatten sie ihn gerade ins Krankenhaus transportiert.
Ein Freund von Horst, der ihn zufällig an diesem Morgen besuchen wollte, war gleichzeitig mit mir angekommen, vor der Tür haben wir uns getroffen.
Die Frau aus der Wohngemeinschaft sagte uns, der Notarzt hätte Horst gerade abgeholt. Er sei jetzt im Krankenhaus in der nächsten Stadt. Sie erzählte uns, er habe so etwas wie Pflanzenschutzmittel, also Gift, geschluckt. In der Küche habe er sich irgendwas zusammengemischt und das dann getrunken. Dann habe er sie aber noch gerufen und gesagt, sie solle den Arzt holen, was sie auch tat.
Als wir im Krankenhaus ankamen, war er noch im Operationssaal oder da, wo sie ihm den Magen ausgepumpt haben. Ein Arzt sagte uns, er müsse alles durcheinander getrunken haben, Ätzmittel und alles mögliche noch, Tinte, Tusche, alles, was er in seiner Umgebung gefunden hatte. Da sei alles verätzt, und sie hätten noch nicht feststellen können, wie tief es runtergegangen ist, ob der Magen kaputt sei oder ob es nur weiter oben sei. Er könne jetzt auch gar nicht sagen, ob er überlebe.
Ja, und dann brachten sie ihn herunter. Er sah ganz furchtbar aus, so ein gequollenes Gesicht und alles schwarz, das war wirklich schlimm! Ich habe mit ihm gesprochen, aber er konnte gar nicht antworten, weil ja im Hals alles kaputt war. Und mir hat es auch die Sprache verschlagen. Ich stand total hilflos daneben, konnte noch nicht mal heulen. Ich konnte überhaupt nichts, war stocksteif!
Irgendwie schaffte ich es noch, mich zusammenzureißen, und ich saß dann ziemlich lange bei ihm am Bett und redete ihm zu. Sein Freund war auch mit dabei. Irgendwann mal hat Horst angedeutet, wir sollten jetzt gehen, er wolle allein sein. Ich sagte noch zu ihm: »Ich komme morgen früh wieder und bringe dir deine Sachen.« Dann gingen wir.
Am selben Abend waren der Freund und ich noch bei Horsts Chef, weil Horst auf einen Zettel geschrieben hatte, daß er mit dem auch sprechen wollte. Wir sagten ihm, was passiert war.

Anscheinend verstand sich Horst mit dem noch ganz gut. Mit dem Chef haben wir uns dann die ganze Nacht unterhalten.

*Hatte Horst ihm gegenüber irgendwelche Anspielungen gemacht?*

Nein, er hat vorher nie etwas davon gesagt, auch zu mir nicht. Für seinen Chef war das ziemlich unverständlich. Es gab wohl schon einige – wie soll man sagen? – Unstimmigkeiten zwischen ihm und seinen Arbeitskollegen. Vor allem in der letzten Zeit gab es Konflikte, und Horst hat sich bei der Arbeit auch nicht so wohlgefühlt. Wir redeten dann eben darüber, wie der Chef das einschätzte, ob das wohl auch mitspielen könnte und solche Dinge.
Am anderen Morgen ging ich dann wieder ins Krankenhaus und wollte ihm seine Sachen bringen, hatte ihm auch Blumen und alles mögliche gekauft.
Als ich dort ankam, sagte man mir: »Ja, der ist nicht mehr da. Der ist weg! Er ist abgehauen heute nacht, morgens gegen fünf!« Sie erzählten mir, er habe sich von den Dingern da losgerissen, von diesen Transfusionen, und das habe bei der Krankenschwester die Klingel ausgelöst. Die versuchte, in sein Zimmer hineinzukommen, aber er hatte das Bett vor die Tür gestellt und sie nicht reingelassen. Er wollte aus dem Fenster springen, hat es aber nicht aufgekriegt, weil es nur gekippt werden kann. Dann hat er das Bett wieder weggeschoben und die Schwester weggestoßen und ist nach unten gerast. Normalerweise ist die Pforte um diese Zeit noch gar nicht offen, aber gerade in dieser Nacht hatten sie die Eingangstüre offengelassen. Zwei Pfleger rannten noch hinter ihm her, sie verloren ihn aber irgendwie aus den Augen.
Dann war er weg. Vom Krankenhaus aus wurde die Polizei gerufen. Die haben alles durchsucht, mit dem Hubschrauber sind sie über die ganze Stadt geflogen und haben auch in der Umgebung vom Krankenhaus und überall und bei allen Leuten gesucht. Ja, im OP-Hemd ist er weg. Er hatte ja gar nichts anzuziehen, nur ein weißes Hemd. Sonst nichts.
Und wir, wir telefonierten dann herum, riefen alle Bekannten und Verwandten an und unternahmen weiß der Teufel was alles. Keiner hatte ihn gesehen!
Ich war da sowieso total handlungsunfähig, ich konnte überhaupt nichts machen. Ich war so froh, daß Horsts Freund dabei war. Der hat das mit den Anrufen übernommen. Irgendwie war ich total weg, überblickte überhaupt nichts mehr!

Nachmittags zogen wir los und suchten selbst herum. Direkt hinter dem Krankenhaus ist ein Hügel mit Grundstücken und Gartenhäuschen, da suchten wir alles ab. Gefunden haben wir ihn nicht. Zwischendurch fragten wir dann immer wieder bei der Polizei an, ob sie etwas wüßten. Und dann wurde es Abend, und es war immer noch nichts. Wir wußten immer noch nichts!

So ging das fast zwei Wochen. Das war wirklich furchtbar! Die ersten Tage zogen wir immer noch selbst los und suchten. Schließlich mußten wir uns aber sagen: »Das hat keinen Zweck! Wo sollen wir denn noch suchen?« Keiner hatte irgendeine Spur von ihm gefunden. Nach drei Tagen brach die Polizei die Suche ab und gab eine normale Fahndung heraus. Über die Zeitungen wurde auch nach ihm geforscht.

Ja, und damit ich überhaupt schlafen konnte, nahm ich abends dann immer Schlaftabletten, und am Tag war ich ganz beduselt, weil ich sonst nie in meinem ganzen Leben Schlaftabletten genommen hatte. Tagsüber habe ich die Zeit mit Mensch-ärgere-dich-Nicht und Kreuzworträtseln totgeschlagen. Zwischendurch bin ich immer wieder rausgerannt und hab' gedacht: »Du findest den jetzt!«

Dann kamen da noch so üble Geschichten mit Horsts Schwager hinzu. Das ist ein eiskalter Typ! Nach drei Tagen rief der an und meinte, ja, jetzt müßte man doch etwas unternehmen. Er hätte jetzt Horsts Sachen aus seinem Zimmer herausgeholt, seine Papiere und Schecks und sein Geld und alles habe er an sich genommen. Und jetzt müßte man ja auch mal das Auto abmelden und dieses und jenes. Er hat also so getan, als ob das schon ganz klar wäre: Der ist tot, und da muß man jetzt Formalitäten einleiten. Das hat mich auch noch so fertiggemacht, wie so ein Typ einfach ankommen und reden kann, als ob Horst schon tot wäre! Dabei wußte man überhaupt noch gar nicht, was los war.

Mir wurde ja auch immer klarer: »Er kann gar nicht mehr leben, nur mit seinem Hemdchen bekleidet, und keiner hat ihn gesehen.« Aber solange man ihn nicht gefunden hatte, war da immer noch so ein kleiner Faden, an den man sich dranhängte: »Ja, vielleicht doch noch...«

Der Schwager, der war wirklich ganz übel! Er hat meine Briefe an Horst an sich genommen und in ihnen herumgelesen. Zu mir meinte er dann: »Ja, zwischen euch scheint es ja auch nicht so besonders gut gewesen zu sein! Jetzt erzähl mal, wie war das

denn?« Also wirklich ekelhaft! Das war nicht aus einem menschlichen Interesse heraus, das hatte er ja vorher auch nie gezeigt. Er kam auf einmal an und wollte mir Schuld in die Schuhe schieben und ritt dauernd darauf herum, er wolle mal mit mir darüber reden. Ich sagte dann, nein, das wollte ich nicht. Dazu war ich auch überhaupt nicht fähig! Horsts Freund sagte ihm dann noch mal, er solle mich jetzt endlich damit in Ruhe lassen. Ja, das war schon sehr schlimm!
Nach fast zwei Wochen rief der Schwager wieder bei mir an und sagte, er brauche jetzt das und das. Ich weiß nicht mehr, was ich von Horst noch bei mir hatte. Ich glaube, es waren die Autopapiere oder solche Dinge. Er müsse das jetzt alles regeln: »Man hat ihn nämlich gefunden.« Einfach so hat er mir das beigebracht: Er muß jetzt das und das haben! Ich solle ihm das vorbeibringen! Heute nachmittag um drei sei er zu Hause. »Man hat ihn nämlich gefunden!« Das war der Weg, wie ich es erfuhr. Sonst hat er nichts gesagt, wie und wo und was.
Ich ging dann hin und brachte ihm die Sachen. Die Mutter von Horst war auch dort.
Jetzt muß ich selbst überlegen, wie ich dann Näheres erfahren habe. Ja, Horsts Freund hat mir das später erzählt. Irgendwelche Leute hatten ihn in einem abgelegenen Fabrikschuppen gefunden, in den sonst keiner mehr reinkommt. Er hatte sich da aufgehängt.
Mit dem Schwager ging es dann noch so weiter. Er räumte die Wohnung aus und forderte den Freund und mich auf, wir sollten kommen, und ich solle meine Sachen aus Horsts Wohnung mitnehmen. Bei der Gelegenheit machte er mir tausend Vorwürfe, weshalb ich denn nicht mit ihm über die Beziehung zwischen Horst und mir reden wollte und was da zwischen uns gewesen sei. Ich hab' ihm dann ganz klar gesagt, ich würde keinen Sinn darin sehen, mit ihm darüber zu reden, jedenfalls nicht auf diese Art. Das war schließlich alles ziemlich verkracht. Ich nahm halt meine Sachen und ging, hatte dann auch nichts mehr mit ihm zu tun. Doch! Er hat alles mit der Beerdigung geregelt und nachher mir und Horsts Freund den Vorwurf gemacht, wir hätten uns nicht darum gekümmert. Dabei hatte er das von Anfang an so an sich gerissen, daß er schon fast die Beerdigung organisiert hatte, bevor Horst überhaupt tot war – bevor man es überhaupt wußte!
Dann kam noch die ganze Versicherungsgeschichte! Horst hatte eine Lebensversicherung auf mich abgeschlossen. Die

Versicherung verlangte nun eine Bescheinigung vom Arzt oder vom Psychiater, daß er eine Macke oder so was gehabt hätte. Das hab' ich natürlich nicht gemacht! Ich hatte von vornherein gesagt, daß ich das Geld sowieso nicht haben wolle, und hatte es an Horsts ehemalige Schwiegereltern überschrieben. Horst war geschieden und hatte ein Kind. Und ich hab' das eben so gemacht, daß das Kind später mal das Geld kriegen sollte. Als dann die Geschichte mit der psychiatrischen Bescheinigung kam, gab es von seiten der Schwiegereltern einen ziemlichen Zirkus, ich solle das Attest doch einholen. Da sagte ich: »Nein, das tue ich auf keinen Fall! Das ist eure Sache, wenn ihr das machen wollt! Das ist doch das Letzte, wenn man es hinterher so hindreht, als wenn er es in geistiger Umnachtung gemacht hätte. Einem Toten noch so viel anzudichten!« Sie haben es dann wohl auch nicht getan.

Zu seiner Mutter ging ich später noch öfter hin, auch zu seiner ehemaligen Frau. Das war auch ziemlich schlimm für sie mit dem Kind. Es ist erst sieben, glaube ich.

Zuerst war ich selbst total am Boden zerstört. Ich hatte wahnsinnige Schuldgefühle, weil das zwischen uns – die Beziehung – sehr kompliziert und konfliktreich war und ich mich auch öfter von ihm trennen wollte, das aber letztendlich doch nie schaffte. Er hat mir auch vorher häufig Schuldgefühle gemacht, ich sei die Ursache dafür, daß es ihm so schlecht gehe und solche Sachen.

Horst war zeitweise ziemlich depressiv, schon als wir uns kennenlernten und auch die ganze Zeit, in der wir uns kannten. Ein bißchen kann ich aus seiner Lebensgeschichte heraus schon Zusammenhänge sehen. Ich glaube, daß das eine Entwicklung war, daß es – wie soll ich sagen? – tragische Sachen waren, die da zusammenkamen. Damals schon hatte ich das Gefühl, daß er nie richtig seinen Platz gefunden hat, eine Identität oder eine Form, wie er leben will. Er delegierte das dann auch an mich, ich sollte für ihn das sein oder machen, was er eigentlich für sich selbst hätte machen müssen.

Und so gegen Schluß, die letzten Monate, zog er sich immer mehr zurück und hatte keine richtigen Freunde oder Bekannten mehr. Es gab da nur noch diesen einzigen Freund, und mit dem verkrachte er sich zum Schluß auch noch. Und dann kam immer: »Ja, es mag mich niemand!« Er war total auf mich fixiert. Und für mich war das auch zuviel, ich konnte das nicht aushalten. Wenn ich ihm dann die Grenze zeigte, also sagte, ich könne auch nicht die Verantwortung für sein Leben übernehmen, dann kam natürlich direkt wieder zurück: »Ja, ja, du auch! Du magst mich auch nicht, ich weiß es ja.« Ich hatte dann immer sehr große Schuldgefühle.

Ich glaube schon, daß das, was später geschah, ziemlich stark mit unserer Beziehung zusammenhing, eben weil er sich da so unheimlich hineinverbissen hatte, daß er gar nichts anderes mehr gesehen hat.

Vorher war es immer so gewesen, daß ich – wie soll ich sagen? – der starke Teil in unserer Beziehung war, also immer alles wieder so ein bißchen auffing oder stabilisierte oder strukturierte. Und dann kam ein Punkt, an dem er deutlich merkte, daß ich das auch nicht mehr leisten kann oder daß ich es in der Beziehung nicht mehr aushalten kann. Ich war zu der Zeit selbst total am Ende. Wir haben uns beide ziemlich fertiggemacht. Deshalb gab es auch dieses Hin und Her von meiner Seite, daß ich mich von ihm trennen wollte, weil ich wußte, irgendwann kann ich auch nicht mehr und gehe da auch bei drauf. Überspitzt gesagt hätte es genausogut sein können, daß ich mir irgendwann mal das Leben genommen hätte, wenn das noch ein paar Jahre so weitergegangen wäre. Jetzt im Moment könnte ich es mir nicht vorstellen, aber damals schon. Oder ich hätte mich wirklich von ihm trennen müssen. Aber das hab' ich ja damals nicht geschafft, weil ich andererseits auch wieder so ein seltsames Verantwortungsgefühl hatte. Ich dachte immer: »Der hängt jetzt so! Wenn ich ihn auch noch allein lasse, dann passiert irgendwas!« Und das war eigentlich in der letzten Zeit die einzige Basis für unsere Beziehung.

Häufig ging es auch darum, daß er eine Therapie machen wollte und dann wieder nicht wollte und furchtbare Angst davor hatte. Wir überlegten auch, ob wir vielleicht zusammen eine machen sollten. Das wollte er aber dann auch nicht. Das ging immer so hin und her. Sobald wir konkret etwas unternehmen wollten, hat er doch wieder nein gesagt. Ich glaube, er ahnte, daß da unheimlich viel bei ihm hochkommen würde, und er hatte Angst davor, das zu bearbeiten.

Er war so ein Einzelkämpfertyp, immer nach dem Motto: »Ha, ich schaffe das allein, und ich brauche eure Hilfe nicht!« Oft hat er sich auch völlig zurückgezogen und abgeschottet, so daß man überhaupt nicht mehr an ihn herangekommen ist. Auch ich nicht.

*Was war für dich hilfreich in der Zeit nach Horsts Tod?*

Für mich war es am Anfang sehr gut, daß Horsts Freund die ganze Zeit bei mir war, daß er das praktisch alles mit mir durchlebte. Er war eben auch – wie ich schon sagte – der einzige richtige Freund, den Horst schon sehr lange kannte. Es war wichtig, daß es jemanden gab, mit dem ich das zusammen durchmachen konnte, daß ich nicht so allein war.
In den zwei Wochen, als wir Horst noch suchten, wohnte ich auch bei ihm. In meiner Wohngemeinschaft hier konnte ich nicht bleiben. Ich hab' gemerkt, daß die Leute auch gar nicht wußten, wie sie mir begegnen sollten. Sie sind mir aus dem Weg gegangen. So hilflose Versuche kamen schon immer wieder, aber nicht das, was ich gebraucht hätte. Ich fühlte mich wirklich sehr allein gelassen.
Nach der Beerdigung fuhr ich erst mal zu meinen Eltern nach Hause und war dann einige Zeit dort. Es hat sehr geholfen, daß ich da zu einer Therapeutin gehen konnte, bei der ich früher mal – so vor zehn Jahren – eine Therapie gemacht hatte. Mit der konnte ich so ein bißchen den ersten Dreck durcharbeiten, der bei mir hochkam. Es hat mir gutgetan, daß eben wirklich auch die Aggressionen, die ich hatte, herausgekommen sind.
Als ich dann hierher zurückkam, war es zuerst mal ziemlich komisch. Ich konnte zwei Monate nicht an meiner Examensarbeit weitermachen.
Als ich ankam, war Wochenende, und da ist jeder aus der Wohngemeinschaft bei seinem Freund beziehungsweise seiner Freundin. Ich war also ganz allein. Ich glaube, es war Freitag, als ich ankam, und da ist hier eben jeder so seinem Geschäft nachgegangen. Keiner hat gesagt: »Ja, soll ich denn dieses Wochenende mal hierbleiben?« oder: »Mein Freund kann ja auch mal hierher kommen!« oder irgendwas in dieser Richtung. Da war nichts!
Eine Freundin war mal länger hier, und das war dann auch gut. Sie suchte ein Zimmer und wohnte während dieser Zeit bei mir. Das war für mich sehr hilfreich, weil sie wirklich ganz stark auf mich einging.
Es gab schon einige Leute, die auf mich zukamen oder mit denen ich auch darüber reden oder bei denen ich mich einfach mal ausheulen konnte. Aber andere wieder, bei denen ich gedacht hatte, wir seien gut befreundet... So Sprüche wie: »Na ja, das schaffst du schon!«, das hat große Distanz geschaffen. Es bela-

stet schon sehr, wenn das bei solchen Leuten passiert. Eine Frau zum Beispiel wollte über Horsts Tod überhaupt nicht reden. Sie sagte nur am Anfang, als ich zurückkam, sie würde sich jetzt ein bißchen komisch fühlen. Sie wisse nicht, wie sie sich mir gegenüber verhalten sollte. Ja, was sollte ich da sagen? Danach haben wir es nie mehr angesprochen.

*Wie geht es dir jetzt, nachdem du dir das gerade alles noch mal vergegenwärtigt, uns erzählt hast?*

Also eben merkte ich schon, daß ich so ein Gefühl im Bauch hatte, als ziehe sich einiges zusammen. Ich merke das auch, wenn mir jemand von einem ähnlichen Fall erzählt. Das geht bei mir auch ziemlich tief.

*Wenn du heute an Horst denkst, wie denkst du an ihn? Hast du noch Aggressionen?*

Wie ich an ihn denke? Mir fällt es schwer, das zu formulieren...
Ich denke an ihn als an jemanden, der mir ein ganzes Stück weitergeholfen hat, mit meinem eigenen Leben klarzukommen. Das sehe ich jetzt aus einer gewissen Distanz heraus.
Ich habe das Gefühl, daß ich die Aggressionen überwunden habe und auch die direkten Schuldgefühle, diese selbstzerstörerischen Schuldgefühle. Ich glaube, deswegen kann ich jetzt an ihn denken als an jemanden, der mir sehr viel bedeutet – nicht nur bedeutet hat, sondern bedeutet und immer bedeuten wird. Und, ja, daß ich trotz aller Schmerzen und Trauer auch dankbar bin, diese Erfahrung gemacht zu haben. ›Trotz‹ ist nicht richtig ausgedrückt, eher wegen dem allem sogar.
Ich habe das Gefühl, ich bin dem Tod und auch dem Leben ein Stück nähergekommen. Ich denke, daß ich für mich oder für mein Weiterleben einen Sinn darin finde oder seinem Tod einen Sinn geben kann. Ich sehe das jetzt alles in einem größeren Zusammenhang, nicht mehr so auf unsere Beziehung oder auf die Person bezogen. Und ich habe gelernt – und lerne noch – zu trauern. Auch das ist ein Stück von mir, das ich vorher nicht kannte.

*Du sagst, du siehst das heute in einem größeren Zusammenhang; hat sich dein Platz, den du dir in dem Zusammenhang Leben–Tod gibst, oder deine Identität darin verändert?*

Ja, da geht mir jetzt so viel durch den Kopf... Für mich ist Tod heute nicht mehr so etwas Furchtbares und Schlimmes und auch nicht mehr so etwas Abstraktes, mit dem ich nichts anfangen kann oder bei dem ich denke, irgendwann sterbe ich halt mal.
Da hat sich so viel geändert, auch Einstellungen, die sich nicht speziell auf Tod beziehen, sondern überhaupt auf Gegensätze. Ich nehme Gegensätze ganz anders wahr, sie sind für mich nicht mehr etwas sich Ausschließendes – entweder das oder das –, sondern ich fühle, daß alles zusammengehört. Zum Leben gehört auch der Tod.
Das wirkt sich ganz stark auch auf mein Alltagsleben aus. Mir werden so viele Ängste deutlich, die ich vorher hatte – Trennungsängste –, und ich habe gelernt, besser mit ihnen umzugehen. Ich sehe jetzt, in mir gibt es Einsamkeit und Angst, Depression und Verzweiflung und Trauer, aber ich habe auch Lebensfreude, kann aktiv sein. Das alles schließt sich nicht aus. Ich kann das wahrnehmen als etwas, das beides zu mir gehört, das ich beides bin.

*Du sagtest gerade, du hättest gelernt zu trauern. Was meinst du damit?*

Ja, vielleicht kann ich das so sagen: Ich habe ein bißchen mehr gelernt – und lerne es noch –, mit Trennung oder Abschied fertigzuwerden, sie anders zu sehen. Bei Leuten, die ich gerne mag, kann ich es jetzt besser ertragen, sie gehen zu lassen oder auch jemanden so sein zu lassen, wie er ist. Wenn mal eine innere Distanz aufkommt, weil man sich nicht versteht, was ja auch eine Art Trennung ist, so kann ich das aushalten. Ich will es nicht mehr unbedingt ändern, versuche nicht mehr, Harmonie herzustellen. Dazu gehört dann aber auch, meine Traurigkeit darüber zu akzeptieren und zu ertragen. Das ist etwas, was ich früher nicht so konnte, weil ich es nicht ertragen habe, von jemandem getrennt zu sein – so ein Gefühl von Trennung zu haben, obwohl man zusammen ist.

*Früher hattest du also eher die Vorstellung, wenn man zusammen ist, muß auch alles eitel Sonnenschein sein?*

Ja, so war es. Ich hab' auch alles dafür getan. Immer war ich nett und lieb und freundlich und habe mich so verhalten, daß solche Gefühle gar nicht erst aufkommen konnten. Ich dachte immer: »Es muß alles in Ordnung sein und schön und gut sein.«

Heute bin ich, glaube ich, ehrlicher zu mir geworden und damit zu anderen eben auch.
Ich empfinde das als sehr schmerzhaft, aber ich nehme den Schmerz in Kauf und kehre nicht mehr alles unter den Tisch. Heute kann ich auch als Teil von mir akzeptieren, daß ich so etwas schwer ertrage.
Aber es ist schon seltsam, daß dazu etwas so Endgültiges notwendig ist. Ich weiß nicht, ob das immer so sein muß, ob das bei anderen auch so ist. Und eigenartig ist auch, daß es ja das war, wovor ich immer am allermeisten Angst hatte: eine endgültige Trennung. Deshalb mein Harmoniebestreben und mein Gefühl, verantwortlich dafür zu sein, daß es immer so bleibt. Und jetzt, wo genau das passiert ist, da hat es irgendwie geklikkert.

*Du warst eigentlich diejenige, die sich trennen wollte, und er hat es getan.*

Deshalb war es ja um so schockierender, weil er einfach das gemacht hat, wozu ich nicht fähig war.

*Gab es bei dir hinterher auch das Gefühl, froh darüber zu sein, daß es vorbei ist? War es erleichternd für dich, weil du nicht die Verantwortung für die Trennung trugst?*

Ja. Am Anfang konnte ich das aber nicht zulassen. Da hatte ich unheimliche Schuldgefühle. Wenn es mir gutging, stellte sich sofort das Gefühl ein: »Mensch, auf seine Kosten geht es mir jetzt gut! Ich fühle mich frei und erleichtert und kann mehr als vorher so leben, wie es mir entspricht und wie ich Lust habe. Aber ich hab' mir das nicht erkämpft oder es selbst erreicht, sondern es ist alles nur möglich, weil er das gemacht hat.«

*Wie sieht es heute aus? Geht es dir da auch noch so?*

Na ja, manchmal kommt es schon noch. Aber andererseits habe ich nicht mehr den Anspruch, für das zuständig zu sein, was er getan hat, oder überhaupt für sein Leben verantwortlich zu sein. Ich kann auch eher akzeptieren, daß ich eben damals nicht fähig war, mich von ihm zu trennen, daß das meine Schwäche war. Jetzt kann ich das aber mehr aus meiner Entwicklung heraus sehen und daraus, wie die Beziehung war. Damals konnte ich das einfach nicht, war ich unfähig, das so zu sehen.

*Heißt das, daß du dich heute in diesem Punkt nicht mehr so vor dir selbst rechtfertigen mußt, wie das am Anfang der Fall war?*

Ja. Am Anfang, da waren das immer furchtbare innere Kämpfe bei mir. Ich hab' mich selbst fertiggemacht damit. Und in der Situation war es damals gut, daß ich zu der Therapeutin gehen konnte. Die half mir, dazu zu stehen, wie ich war, und zu begreifen, daß ich damals eben nicht anders konnte.
Und die Trauer, die hat sich auch gewandelt. Zuerst war das ein Gefühl von Verlust, ein Zurückholenwollen. Und jetzt ist es – zum Beispiel wenn ich irgend etwas Schönes erlebe und mich glücklich fühle – mehr so ein Gefühl: »Schade, daß er das nicht erleben kann!« und ein Bedauern darüber, daß er auch früher nicht glücklich sein konnte.
Was mich so traurig macht, ist, daß Horst oft sagte, er habe das Gefühl, er lebe am Leben vorbei oder er habe keine richtige Identität. Er wisse nicht richtig, wer er eigentlich sei, was er eigentlich solle. Er flippe zwischen vielen verschiedenen Sachen herum, fange tausend Dinge an und mache nie mal etwas richtig zu Ende.
Oft sagte er auch zu mir, er könne sich nicht so richtig für irgend etwas begeistern. Es seien immer nur so kleine, momentane Sachen, die er dann überschwenglich anfange, aber ein paar Stunden später sei ihm das alles schon wieder zuviel. Er wisse auch nicht, warum das so sei.
Er wußte nicht richtig, wo er eigentlich hingehört, fühlte sich nirgendwo geborgen und zu Hause. Er hatte keinen Ort, wo er sich ausruhen, wo er total er selbst sein konnte. Und was mich so traurig macht, ist der Gedanke, das einzige Mal, wo er wirklich voll in etwas hineingegangen ist, das war dann eben, als er sich das Leben nahm.

# 2. Gespräch: Frau Hoch

*Frau Hoch ist Mitte Vierzig und als Angestellte tätig. Der Suizid ihrer Tochter Karin liegt ein Jahr zurück.*
*Karin war nach einem Suizidversuch kurz im Krankenhaus in stationärer Behandlung. Wenige Tage nach der Entlassung fuhr sie mit ihrem Auto in einen Wald und nahm sich dort mit Abgasen das Leben.*

Diese Zeit prägt sich unheimlich ein, eigentlich jeder Tag. Es fing mit dem Montag an. Nein, genaugenommen hat's schon mit dem Sonntag abend angefangen.
Karin war mit ihren Freunden übers Wochenende beim Skifahren. Was dort genau los war, weiß ich nicht. Auf jeden Fall gab's eine Auseinandersetzung oder große Probleme.
Als sie wieder zurück waren, kam Karin zur Tür herein, und ich fragte, ob es schön gewesen sei. Da hat sie nur gelacht und ja gesagt. Ich sah aber, daß ihre Augen mit Tränen überfüllt waren. Sie versuchte jedoch zu lachen. So hat sie es immer gern gemacht, man hat es aber trotzdem gleich gemerkt. Sie ging schnell ins Bad. Ich folgte ihr und sagte: »Karin, was war denn? Gab es ein Problem, oder war's nicht schön? Was ist denn passiert?« Da konnte sie nur noch weinen, und ich nahm sie in den Arm.
Sie erzählte mir, sie habe sich dumm benommen und mal wieder durchgedreht. Jetzt hätten Felix, ihr Bruder, und seine Freundin gesagt, mit der Wohnung habe es überhaupt keinen Sinn, sie suchten sich endgültig was anderes. Ursprünglich wollten sie alle gemeinsam in eine Wohnung ziehen. Karin hatte das schon länger vorgehabt, aber immer dann, wenn Probleme auftraten, stellte sie dieses Zusammenziehen ganz in Frage. Sie hatte irgendwie Angst davor.
Karin ging dann ins Bett. Später kam Felix. Er meinte auch, das habe keinen Zweck. Sie hätten Karin immer wieder gebeten, es sich zu überlegen, und ihr gesagt, ihre Befürchtung träfe bestimmt nicht zu, daß sie irgendwann das dritte Rad am Wagen sei.

Am Montag morgen ging ich zur Arbeit. Mein Mann war daheim. Abends hatte er einen Termin beim Arzt. Er holte mich dann von der Arbeit ab, und wir gingen zusammen zum Arzt. Danach waren wir einkaufen und kamen dadurch später zurück. Es war gegen sieben, als wir nach Hause kamen: »Tja, Karin? Ist niemand da? Nein, niemand da.«
Sie war in dieser Zeit ziemlich hektisch und fuhr oft einfach weg. Entweder sagte sie, sie müsse noch etwas erledigen, oder sie meinte, sie gehe sofort ins Bett. Sie war eben völlig ruhelos. Deshalb dachte ich: »Karin ist bestimmt gleich nach der Arbeit in die Stadt gefahren, weil niemand zu Hause war.«
Plötzlich wurde mein Mann unruhig und stellte dauernd Überlegungen an, wo Karin sei. Schließlich ging ich nach oben und sah in ihrem Zimmer nach. Zu meinem Mann sagte ich dann: »Karin ist im Bett, sie schläft.« Nach einer Weile fragte er: »Sie schläft schon? Ja, wieso? Wie schläft sie?« Da hab' ich gesagt: »Na, wie soll sie schlafen? Sie schläft halt! Sie ist ganz zugedeckt.« Ich dachte, sie sei vor Aufregung wegen dieser Wohnungsgeschichte völlig erledigt.
Kurz darauf ging mein Mann ins Bad und schaute nach seinen Tabletten. Er hat alles überprüft und dann plötzlich gesagt: »Wo ist denn das Valium? Es ist nicht da! Das war ein fast volles Röhrchen!« Ich kannte mich nicht so aus, wie sich das auswirkt, wenn man solche Tabletten einnimmt.
Wir rannten in ihr Zimmer rauf. Mein Mann fragte: »Karin, hast du das Valium?« Sie war nicht wach zu kriegen! Natürlich waren wir in heller Aufregung und zogen sie – also fürchterlich! – aus dem Bett heraus, setzten sie auf und versuchten, sie aufzuwecken. Ich hatte mal gehört, das wichtigste in einer solchen Situation sei, jemanden nicht schlafen zu lassen. Mehr wußte ich auch nicht.
Wir sprachen sie dauernd an. Ich packte sie und schüttelte sie so lange, bis sie reagierte: Sie sei so müde, sie wolle schlafen. Ich sagte zu ihr: »Wir lassen dich nicht schlafen, eh' du uns nicht sagst, was du eingenommen hast! Hast du was eingenommen?« Nein, nur Tabletten, damit sie schlafen könne. Da entdeckte mein Mann unter dem Bett dieses Valiumröhrchen und sagte: »Da waren bestimmt an die vierzig Tabletten drin!« Wir schleppten sie die Treppe runter ins Bad und versuchten, sie zum Erbrechen zu bringen. Ich rief sofort den Arzt an. Mein Mann blieb bei ihr im Bad und hielt sie fest.
Der Arzt beruhigte uns praktisch. Er meinte, ein so junger und

gesunder Körper, der verkrafte das. Wir sollten sie nur schlafen lassen. Wenn sie Gelegenheit habe, das richtig auszuschlafen, dann passiere ihr nichts.
Jetzt hatten wir natürlich genau das Falsche gemacht, als wir krampfhaft versuchten, sie wach zu kriegen. Das wußten wir aber wirklich nicht! Wir brachten sie also wieder nach oben und legten sie ins Bett. Ich setzte mich zu ihr. Das war dermaßen schlimm: Jetzt konnte sie nicht mehr einschlafen! Sie war so verzweifelt und hat so geheult. Ich hatte das Gefühl, daß sie Angst hatte.
Anschließend riefen wir einen Freund von Karin an. Er kam bald und sagte, er habe mit einem Arzt gesprochen. Dieser Arzt hatte nun wieder was anderes gesagt! Er meinte, wenn Karin mitgehe, solle man sie sofort zur Überwachung in die Klinik bringen.
Der Freund sprach dann mit Karin. Ich ließ die beiden allein, damit er mit ihr reden konnte. Das hatte ich mir überlegt. Nach einiger Zeit kamen sie herunter, und ich hörte nur, wie er zu ihr sagte: »Ich versprech's ganz fest, daß du nicht in der Klinik bleiben mußt, wenn du nicht möchtest.« Anscheinend hatte sie sich geweigert, mitzugehen. Vermutlich dachte sie, sie würde von der Klinik in die Psychiatrie gebracht. Er sagte nochmals: »Ich versprech's ganz bestimmt, es ist nur zur Überwachung!«
Sie ging dann tatsächlich mit, kam auf die Intensivstation – in so einen schrecklichen Maschinenraum – und dort war sie die Nacht über. Da ist so gut wie alles überprüft worden, wegen der möglichen Auswirkungen.
Am Dienstag ging ich in der Mittagszeit zur Klinik. Ich hatte morgens angerufen, und sie ließen mich auch wirklich zu ihr.
Als Karin mich sah, mußte sie so weinen. Sie hielt sich an mir fest und sagte, ich solle dableiben. Man habe ihr gesagt, sie dürfe bald gehen. Es würde noch ein Psychologe kommen, der mit ihr sprechen müßte, und danach könnte sie gehen. Ich blieb dort und rief zu Hause an. Felix holte uns dann mit dem Auto ab.
Karin war noch sehr schwach. Sie legte sich gleich ins Bett, und wir blieben bei ihr. Da wurde es erst schlimm! Sie sprach das erste Mal ganz offen darüber. Sie sagte, sie habe sich das schon lange gewünscht. Nur ihre Angst habe sie zurückgehalten. Sie habe Angst gehabt, daß es schiefgehen könnte, oder überhaupt Angst, weil sie nicht wußte, wie. Aber nachdem sie jetzt diese Erfahrung gemacht habe, wisse sie, daß es gar kein Problem sei. Das hat sie immer wieder gesagt.
Sie machte uns mehr oder weniger Vorwürfe, daß wir sie da

herausgerissen hätten. Und ich muß sagen – das hört sich makaber an –, es tat mir auch sehr leid. Sie sagte, es sei eben ihr Entschluß, und sie halte es fürs einzig richtige. Wir müßten das akzeptieren.
Das kann man doch nicht einfach akzeptieren! Nicht, wenn man in so einer Situation ist wie ich. Das wird wahrscheinlich jedem so gehen, der damit noch nicht konfrontiert war. Man unterscheidet und sagt: »Ja, gut, wenn man vielleicht schwer krank wäre und leiden müßte und es hoffnungslos wäre...« In einer solchen Situation würde ich wahrscheinlich sagen, das kann und darf man fast gar nicht zusätzlich erschweren. Aber wir haben Karin als einen jungen, gesunden Menschen angesehen, der alle Möglichkeiten hat. Da kann man so etwas nicht akzeptieren. Man meint einfach, man müßte sie überzeugen können, und das versuchten wir.
Wir konnten nicht sehen, daß es für sie genauso schlimm oder aussichtslos war, wie wenn sie schwer erkrankt wäre. Ihr erschien die Zukunft ebenso trostlos und hoffnungslos. Das war aber etwas, was wir damals nicht erkennen und also auch nicht akzeptieren konnten. Wir dachten, es wäre nur eine Frage der Zeit, bis sie aus dieser Stimmung wieder herauskommt, neu anfängt und wieder Freude an allem findet. So konnte sie das nicht sehen. Sie sagte, sie lebe schon eine ganze Zeit so elend, und sie habe das Gefühl, es werde nur immer schlimmer. So möchte sie einfach nicht mehr leben.
Später, gegen Abend, hatten wir das Gefühl, es sei ein Umschwung eingetreten. Ich bin mir heute noch nicht sicher, ob's wirklich einer war, ob sie in dem Moment wirklich anders denken konnte und sich wieder gut fühlte – und nur später Dinge hinzukamen, die das alles wieder veränderten –, oder ob ich mich dermaßen getäuscht habe.
Es war so: Der Leiter ihrer Arbeitsstelle, ein Sozialpädagoge, kam abends und wollte nachsehen, wie es ihr geht. Wir gingen runter und ließen die beiden allein. Er war lange – vielleicht bis nach zehn – bei Karin oben. Sie unterhielten sich. Anschließend sagte er: »Ach, der Karin geht es wieder recht gut!« Er habe den Eindruck, daß sie nur mal Ruhe haben und so richtig schlafen und alles vergessen wollte. Sie habe auch gesagt, sie wolle sofort wieder arbeiten, sobald sie eben könne.
Mir erzählte sie nachher, am Mittwoch abend sei eine Besprechung im Kollegenkreis, bei der sich alle träfen. Das sei schon lange geplant, und da wolle sie unbedingt dabeisein. Sie habe

sich schon lange darauf gefreut. Ich war so froh darüber und dachte: »Wenn sie an der Besprechung teilnehmen möchte, ist das viel wichtiger, als sich noch zu schonen! Egal, wenn sie noch schwach oder müde ist, wenn ihr das guttut, dann ist es das einzig richtige, daß sie gleich wieder etwas unternimmt.« Ich hatte überhaupt keine Bedenken.

Wir gingen ins Bett. Ich lag die ganze Nacht wach, konnte einfach nicht schlafen. Ich war so überwach und lauschte auf jedes Geräusch. Plötzlich, frühmorgens, vielleicht um fünf, hörte ich etwas klirren.

Ich war sofort raus aus dem Bett und rannte in ihr Zimmer rüber. Na ja, ich war eben nervös. Auf dem Fußboden lagen Scherben. Ich hatte Angst und wollte die Scherben zusammenkehren und wegtun. Karin sagte immer wieder, ich solle weggehen, ich solle zurück in mein Bett. Ich hab' so ein bißchen drum herum geredet: »Ja, ja, Karin, ich geh' dann gleich.« Ich wollte einfach hören, was los ist, und wollte sie irgendwie ... Es sei ihr nur was runtergefallen. Und ich: »Ja, ich tu nur schnell die Scherben weg.« Nein, sie mache das selbst.

Sie wurde dann sehr aggressiv und meinte, sie finde es sowieso unmöglich, daß ich einfach in ihr Zimmer reinrenne. Ganz aufgebracht war sie. Da sagte ich: »Karin, du weißt doch genau, daß ich nicht einfach in dein Zimmer reinkomme. Ich hab' mich nur erschrocken und dachte, es sei was passiert. Ich wollte halt nachsehen.«

Ich ging also wieder ins Bett, war aber ganz unruhig. Am nächsten Morgen, als es Zeit war, stand ich auf und ging zur Arbeit.

Ungefähr um halb elf rief Karin mich an. Das Gespräch war sehr eigenartig. Sie war ganz anders als sonst. Sie sagte: »Ich wollte dir nur noch mal schnell sagen, daß ich das unmöglich von dir gefunden hab', daß du einfach in mein Zimmer reingerannt bist.« Ich war perplex und dachte, sie sei irgendwie gereizt. Deshalb sagte ich zu ihr: »Karin, darüber können wir im Moment nicht reden. Ich komme ja nachher heim, dann können wir uns weiter unterhalten.« Da legte sie den Hörer auf.

Um zwölf kam ich nach Hause und ging gleich nach oben, um zu schauen, wie's ihr geht. Ich fragte sie, ob sie meine, daß sie zum Essen herunterkommen könne. Zuerst sagte sie, sie wolle nichts essen, aber plötzlich kam sie und meinte, sie habe es sich überlegt.

Auf einmal war sie sehr ruhig und freundlich. Sie wirkte nicht überdreht oder so, sondern machte einen gelösten Eindruck, als sie sich zu uns an den Tisch setzte. Felix, seine Freundin und deren Bruder waren da, und wir natürlich. Wir haben zusammen gegessen. Ich muß sagen, ich war richtig erleichtert.

*Es sah so aus, als wäre alles in Ordnung?*

Im Moment hat man ihr nichts angemerkt. Ich dachte: »Sie hat sich das überlegt. Jetzt ist sie ja auch nicht mehr böse.« Ich wußte nicht genau, an was es lag, ich hatte eben Angst, daß sie sich mit den Scherben womöglich die Pulsadern aufschneiden wollte, und vermutete, daß sie so böse war, weil ich sie gestört hatte.
Karin sagte dann, sie habe sich vorgenommen, nachmittags mit dem Bruder von Felix' Freundin in die Stadt zu gehen. Es hat sich dann herausgestellt, daß er die Schule geschwänzt hatte, also nicht entschuldigt war, und das kurz vor dem Abitur. Karin meinte, sie würden zum Arzt gehen und sagen, daß es ihm schlecht gewesen sei und er deshalb nicht heimfahren konnte. Tatsächlich war er aber am Dienstag noch dageblieben, nachdem das mit Karin am Montag passiert war. Auf jeden Fall brauchte er ein Attest für die Schule.
Sie gingen also zusammen zu unserem Hausarzt. Bestimmt wirkte sie da fröhlich und fidel, und der Arzt wird sich sicher gewundert haben, denn ich hatte ihn ja am Montag abend angerufen und ihm das mit Karin kurz geschildert.
Anschließend waren sie noch ein Bier trinken, unterhielten sich noch ein bißchen und fuhren dann zurück. Vor dem Haus sagte Karin, sie gehe nicht mehr mit hoch, sondern fahre sofort zu der Besprechung. Sie könne es nicht so leiden oder habe keine Lust, sich groß zu verabschieden. Anscheinend rannte sie aber doch noch in ihr Zimmer hoch. Sie sagte, was sie holen wollte, irgendwas bräuchte sie noch. Dann kam sie wieder runter, stieg in ihr Auto und fuhr weg.
Als ich heimkam, war Karin nicht da. Ich fragte, wo sie sei. Der Bruder von Felix' Freundin verabschiedete sich gerade, um nach Hause zu fahren. Er erzählte, sie seien bis vor kurzem zusammengewesen und Karin habe gesagt, sie gehe gleich zur Besprechung. Für mich war's damit erledigt, war's gut. Ich hab' dann das Abendbrot hergerichtet.
Kurze Zeit später kam ein junger Mann von ihrer Arbeitsstelle und wollte Karin besuchen. Ich sagte zu ihm: »Ja, heute abend ist doch diese Besprechung, Karin wollte da hingehen.« – »Ach du lieber Gott«, hat er gesagt, »jetzt hab' ich das verschwitzt!« Er

meinte, er habe das nicht mehr richtig gewußt. »Jetzt ist es schon zu spät«, sagte er, »ich warte eben auf sie.«
Er blieb also da, und wir unterhielten uns. Als ihm das Warten zu lang wurde, ging er wieder.
Dann kam etwa um halb zehn Elke und fragte: »Ist Karin nicht da?« – »Nein«, hab' ich gesagt, »aber Felix' Freundin ist oben.« Ja, gut, sie gehe rauf zu ihr.
Wir waren schon sehr unruhig, weil Karin so lange nicht kam. Mein Mann bekommt immer schnell große Angst, da muß ich meistens etwas dämpfen. Er malt sich sofort aus, was alles sein könnte. Dauernd drückte er sich am Fenster herum. Ich selbst war auch unruhig, deshalb wurde ich schon ein bißchen aggressiv und sagte: »Brauchst jetzt nicht immer da herumzustehen! Weißt ja, daß sie bei einer Besprechung ist! Das dauert eben länger. Da müssen wir nicht immer lauern!«
Um zehn ungefähr kamen plötzlich die Mädchen runter und fragten, ob Karin immer noch nicht da sei. »Nein«, sagte ich, »offenbar dauert es länger.« – »Ja«, meinte Elke darauf, »es ist nur so, wir waren für neun verabredet.« Und ich hatte gedacht, sie wär' zufällig gekommen! Da war's natürlich aus!
Ich rief dann gleich bei Karins Arbeitsstelle an. Ja, da war nichts! Zuerst hatte ich Hemmungen, noch so spät privat bei dem Sozialpädagogen anzurufen. Ich hab' dann aber doch bei ihm nachgefragt, weil er das vom Montag ja schon wußte. Er erklärte mir dann, daß heute abend gar keine Besprechung gewesen sei. Ich fragte ihn, was er mir rate: »Ich weiß nicht, was ich tun soll. Ich hab' einfach Angst! Ich glaube, ich muß die Polizei anrufen.« Da meinte er, ich würde mir ganz bestimmt zu viele Sorgen machen.
Der hat wohl allen Ernstes gedacht, wir seien übermäßig besorgte Eltern, die ihre Tochter kaum aus den Augen lassen, sich ständig ängstigen und übertrieben reagieren. So ungefähr. Ich denke, er sah das nicht so, wie es wirklich war.
Er meinte nochmals, Karin brauche einfach ihre Ruhe, und es sei ihr sicher zuviel, wenn man sie immer beobachte und sich um sie kümmere. Sie sei bestimmt zu irgend jemand gegangen, um mal ganz ungestört zu sein – daß niemand fragt oder nachsieht, wie es um sie steht.
Ich überlegte mir das und dachte, es könnte schon sein, daß sie sich irgendwo verkrochen hat. Aber dann hab' ich überall angerufen, wo ich's mir vorstellen konnte. Da war nichts! Karin war nirgendwo.

Morgens um sechs gingen wir noch zu Eugen. Wir dachten, um diese Zeit könnten wir bei ihm schon nachfragen. Ich hatte das Gefühl, daß Karin und er öfter miteinander über persönliche Dinge sprachen, deshalb glaubte ich, das wäre noch eine Möglichkeit. Da war sie aber auch nicht.
Dann rief ich noch bei meiner Kollegin an. Ihr Mann ist Polizist und hat viel mit Jugendlichen zu tun. Ich dachte, der wisse zumindest, wie so etwas funktioniert und was wir tun könnten. Jetzt wußte er noch gar nichts von Karin! Meiner Kollegin hatte ich alles erzählt, aber sie hatte ihrem Mann nichts gesagt. Ich erzählte es ihm also. Da meinte er, wenn er das gewußt hätte, hätte er sofort gesagt, wir müssen sie suchen lassen. »Die Erfahrung«, sagte er auf Anhieb, »die Erfahrung zeigt, daß der, der einmal einen Selbstmordversuch gemacht hat, es wieder probiert. Wer wirklich tot sein möchte, der versucht's wieder, vor allem, wenn er soweit war, daß er es als angenehm und gut empfunden hat.« Wenn Karin gesagt habe, daß es so schön gewesen sei und sie sich so wohl gefühlt habe wie seit ganz langer Zeit nicht mehr, dann werde sie's auf jeden Fall wieder probieren. »Dann ist höchste Gefahr und Eile geboten! Nur sofort eine Vermißtenanzeige aufgeben!« Er nannte mir eine Frau bei der Kriminalpolizei, an die ich mich wenden sollte, und die rief ich gleich an.
Dann haben wir den ganzen Tag, es war mittlerweile Donnerstag, nichts gehört. Wieder verging eine Nacht – nochmals mußten wir eine Nacht hinter uns bringen.
Die Nächte, die erlebt man überhaupt wie einen Alptraum. Ich war so wach und angespannt. Man versucht dann immer, sich ruhig zu verhalten. Jeder liegt allein für sich im Bett und versucht, den anderen nicht merken zu lassen, was ihm alles durch den Kopf geht.
Am Freitag morgen rief ich als erstes wieder bei der Kriminalpolizei an und fragte, ob sie irgend etwas über Karin wüßten. Ich bekam aber nur die Auskunft, die Beamtin sei gerade in einer Konferenz, sie werde zurückrufen. Da haben wir eben wieder gewartet.
Gegen neun oder halb zehn kam sie schließlich selbst zu uns. An der Tür hab' ich nur gefragt, ob sie etwas wisse. Ja, sagte sie, sie hätten Karin gefunden. Ich fragte: »Wo? – Was ist?« – »Ja«, sagte sie, »sie ist natürlich tot.«
Karin war also mit ihrem Auto in den Wald hineingefahren, ganz versteckt irgendwo, vom Weg ab. Das war alles ganz per-

fekt vorbereitet, sie muß das genau geplant haben! Und sie hat es so gemacht, daß niemand etwas bemerkte. Auch als sie vor der angeblichen Besprechung nochmals kurz ins Haus kam, um noch einige Sachen mitzunehmen, merkten die anderen nichts, obwohl sie in der Küche saßen.

Sie hatte Alufolie in ein Körbchen gepackt. Und dicke Handschuhe hatte sie dabei. Vielleicht waren die zufällig im Auto, das weiß ich nicht. Dann hat sie den Schlauch von der Luftmatratzenpumpe mitgenommen. Den hat sie ganz mit Alufolie umwickelt. Zufällig waren im Auto noch eine Menge Kleider, die sie für eine Familie aus ihrer Kindergruppe gesammelt hatte. Wir hatten zusammengepackt, was Karin nicht mehr paßte, und von einer Kollegin hatte ich auch noch einiges bekommen. Die hat Karin verwendet, um das Auto auszustopfen und alles abzudichten. Dann hat sie die Rücklehne runtergedreht, es sich im Sitz bequem gemacht und sich zugedeckt. Sie hatte eine bunte Decke, die sie sich selbst gemacht hatte, so eine Kuscheldecke – in die hat sie sich eingewickelt und...

Sie schrieb auch noch ein paar Sachen auf, sprach Felix und uns kurz an und auch noch die Freundin und einen Bekannten, die offenbar wichtig für sie waren und die sie mochte. Das hatte sie aber so versteckt, daß es die Leute von der Kriminalpolizei, die das untersuchten, gar nicht entdeckten. Das war natürlich auch eine gewisse Nachlässigkeit. Andererseits war für die wohl alles so eindeutig, daß das vielleicht auch dazu führte, sich nicht weiter darum zu kümmern.

Als das Auto dann bei uns stand – mein Bruder hatte es zusammen mit einem Bekannten geholt –, trieb es meinen Mann immer in die Garage. Er hatte keine Ruhe und ging immer wieder zum Auto. Wahrscheinlich wollte er einfach nicht glauben oder begreifen, daß nichts da war, oder vielleicht wollte er auch nur zu dem Auto hin. Das weiß ich nicht. Auf jeden Fall fand er schließlich unter den Kleidern die Zettel.

Das ist eigentlich etwas Äußerliches, aber für mich war die Vorstellung ganz schrecklich, daß sie aus dem Auto heraus in die Friedhofshalle in Xdorf gelegt wurde. Xdorf gehört zum Nachbarkreis, und weil alles über die dortige Polizei lief, erfuhren wir es nicht schon am Donnerstag, sondern erst am Freitag. Karin wurde nämlich am Donnerstag schon gefunden. Sie lag also in dieser Friedhofshalle, und das konnte ich mir kaum vorstellen. Es war richtig schlimm, weil man nichts machen oder ändern konnte. Wir gingen gleich zum Beerdigungsinstitut, da-

mit die Überführung so schnell wie möglich stattfinden konnte. Die Polizei mußte es ja erst genehmigen, sie freigeben. Sie kam dann, glaube ich, in das Anatomische Institut, aber wenigstens war sie von Xdorf weg. Und am Montag morgen hat man sie hierher zum Friedhof gebracht. Da konnten wir sie dann das erste Mal sehen.
Aber diese Zeit, die bis dahin vergangen war, war so schwierig! Ich hatte das Gefühl, ich kann das kaum aushalten oder die Tage überbrücken, bis es soweit ist – wie kann ich das ausdrükken? –, bis ich sie sehen konnte und das Gefühl hatte: Wenigstens auf diese Weise ist sie versorgt.

*Wußten Sie in dem Moment, als die Frau von der Kriminalpolizei an der Tür stand, daß man Karin gefunden hatte?*

Ja!

*Und daß sie tot ist?*

Ja! Eigentlich hätte ich nicht zu fragen brauchen. Das war ganz eindeutig. Irgendwie hab' ich's gespürt. Es war nur die Frage, wie und wo.
Nachher stellte sich heraus, daß mein Mann schon vorher festgestellt hatte, daß dieser Schlauch an der Luftpumpe fehlte. Das war besonders schlimm für ihn, weil ihm das wahrscheinlich schon eine Vorstellung von Karins Vorhaben vermittelt hatte. Später erzählte er, er habe, als er einmal eingedöst sei, so schreckliche Vorstellungen gehabt, daß Karin irgendwo auf einen Parkplatz oder an einen abgelegenen Ort gefahren sei und dort versucht habe, sich umzubringen, dann aber Angst bekommen habe und wieder weg wollte, das aber nicht mehr konnte. Es ist ganz furchtbar, das Gefühl zu haben, daß sie im Moment vielleicht irgendwo liegt, man weiß aber nicht, wo, kann nichts tun und niemand kann ihr helfen.
In meiner Vorstellung war es anders. Ich wußte ja nicht, daß dieser Schlauch fehlte. Und deshalb hatte ich immer noch Hoffnung, zumindest die erste Nacht. Ich hatte sie auch noch am Freitag morgen, zwar kaum mehr, aber man hofft ja immer noch, wenn auch immer weniger. Ich dachte nämlich, Karin würde Tabletten einnehmen. Ich hab' mir ausgemalt, daß sie sich Schlaftabletten beschafft hat, sich ins Auto legt, sie einnimmt und eben einschläft.
Überlegt hab' ich mir auch, daß sie zu den Tabletten vielleicht irgendwas Alkoholisches trinkt, damit sie schneller oder stär-

ker wirken, denn sie hat, als sie das Valium nahm, auch Alkohol dazu getrunken. Sicher wußte sie – sie muß sich ja vorher damit befaßt haben –, daß man das Valium selbst ausschlafen kann, es sich aber zusammen mit Alkohol anders auswirkt. Und das glaubte ich nachher zu verstehen, daß diese Angst, die ich bei ihr fühlte, als sie merkte, sie ist wach und lebt, die Angst davor war, was jetzt mit ihr passiert. Es war nicht die Angst vor dem Sterben, die hatte sie ja schon vorher nicht mehr. Es war die Angst vor dem Überleben mit den möglichen Folgen. So weit konnte sie da bestimmt nicht denken, aber ich glaube, eine instinktive Angst davor war es schon. Wir wußten damals ja nicht, daß sie Alkohol getrunken hatte, aber sie wußte es.
Ich hatte das Gefühl, ich muß mich beeilen, die Beerdigung so schnell wie möglich arrangieren. Eigentlich weiß ich nicht, was ich mir davon erhoffte, aber auf jeden Fall fühlte ich in der Zeit dazwischen einen starken Druck. Ich meinte, es fast nicht aushalten und erwarten zu können, bis der Montag, also der Beerdigungstag, endlich kam, und wahrscheinlich auch, bis er vorbei war. Ich konnte auch nicht mehr schlafen. Mittlerweile war ja eine ganze Woche vergangen.
Ich kann schlecht beschreiben, wie man sich da fühlt oder was man empfindet. Man kann ganz verschiedene Dinge nebenher machen, die einem selbst fast unbegreiflich sind. Am Montag morgen bin ich mit Felix in der Stadt herumgestiefelt, als ob's nichts Wichtigeres gäbe, als einen Mantel zu kaufen. Ich hab' mich einfach auf solche Dinge gestürzt, wahrscheinlich um nur irgendwas zu machen. Ich mußte einfach irgendwas tun – Unsinniges fast, Unwichtiges zumindest.
Am schlimmsten waren die Nächte, wenn man sich mit absolut nichts mehr ablenken und beschäftigen konnte. Deshalb dachte ich an jenem Freitag morgen: »Egal, was jetzt passiert, heut geh' ich nicht mehr ins Bett!« Ich wußte nicht, was ich anstellen oder probieren wollte, ich weiß nur noch, daß ich dachte: »Wenn ich heut abend noch mal ins Bett muß, das halte ich nicht mehr aus!« Das war so schlimm! Tagsüber hatte alles so seinen Rhythmus, aber in der Nacht ist alles ruhig und still, und alles ist aus. Und wenn man dann überhaupt nicht müde wird oder ohnehin wachliegt und dazu noch gezwungen ist, sich ruhig zu verhalten, ist das schrecklich.
Dieses Stilliegen hab' ich mir selbst aufgezwungen, ich glaubte, ich müßte das machen. Im Grunde genommen – das weiß man nachher – ist das Unsinn. Eigentlich hätten wir auch miteinan-

der sprechen und einander zeigen können, daß jeder von uns voller Angst wartet. Aber man glaubt dann, daß es schlimmer würde, wenn man seine eigene Angst zeigt. Vielleicht ist es auch eher wie bei Kindern: Solange man die Angst nicht zugibt und zeigt, ist es auch nicht so schlimm. Und wenn man sie zeigen würde, wäre das beinahe schon ein Eingeständnis. Man möchte es nicht fast zur Gewißheit werden lassen. Je mehr dieser Ansicht sind, desto wahrscheinlicher ist ja, daß etwas dran ist oder daß es tatsächlich so ist, wie man befürchtet.

Das sind Dinge, die einem im nachhinein schon bewußter werden. Und man macht auch ganz eigenartige Erfahrungen. Vielleicht ganz unbewußt versucht man, sich irgendwie aus der Situation wegzustehlen oder davonzurennen.

Ich zum Beispiel hatte gesundheitliche Schwierigkeiten, konnte plötzlich nicht mehr gehen, hatte sehr schlimme Rückenschmerzen und konnte mich kaum mehr bewegen. Ich hab' mich dann für ein paar Tage ins Bett gelegt. Auf einmal nahm ich mir vor, zum Frauenarzt zu gehen. Als das mit dem Rücken etwas besser war und ich mich wieder bewegen konnte, dachte ich: »Na ja, wenn ich jetzt schon krank bin, kann ich das auch gleich erledigen.«

Ich ging zu einer Vorsorgeuntersuchung in die Klinik. Das war nichts Besonderes, aber ich hatte es eben Jahre vor mir hergeschoben. Und dann hab' ich den Arzt mehr oder weniger überfahren. Er meinte, die Rückenschmerzen und das ganze könnten schon von der Gebärmutter kommen, aber er sei der Meinung, ich sollte zuerst zu einem Orthopäden gehen. Man könnte schon eine Totaloperation machen, aber vorher sollte man die anderen Möglichkeiten abklären. Ich hab' mich aber gleich daraufhin in der Klinik angemeldet und gesagt, daß ich mich sterilisieren lassen möchte. Ich weiß auch nicht wie, aber auf jeden Fall war ich da so unverfroren und bestimmt, wie ich das sonst sicher nicht bin. Ich bestand einfach darauf, daß ich gleich einen Termin bekam.

Ja, und am darauffolgenden Montag hab' ich dann ambulant die Sterilisation vornehmen lassen. Ich kann mich nur noch entsinnen, daß ich während der Narkose – das war sehr eigenartig – ein Gefühl hatte... Nein, es war kein Gefühl: Ich sah Karin richtig vor mir! Es war wie am Montag abend, der Abend mit den Tabletten, als sie im Bett lag und so weinte und ich sie im Arm hatte. Sie hatte das gleiche Nachthemd an. So hab' ich sie vor mir gesehen.

Irgendwie war es noch so, als ob sie schweben würde, immer so über mir und ein Stückchen weg. Und ich wollte mich noch mehr anstrengen und mich strecken. »Jetzt hab' ich sie gleich«, dachte ich. »Jetzt krieg' ich sie gleich! Jetzt kann ich sie gleich anfassen!«
Sie war mir nicht böse, nicht, daß sie mir irgendwie Vorwürfe machte. Ich dachte auch nicht daran, daß sie tot ist, sondern nur, daß ich sie erreichen und berühren möchte. Und dann war da dauernd irgend etwas, das furchtbar unangenehm und störend war. Ich merkte, daß sie versuchten, mich aufzuwecken. Schließlich wachte ich auch auf.
Nachher sagte die Schwester zu mir, ich wollte wohl überhaupt nicht mehr aufwachen. Es stellte sich heraus, daß ich erst mittags wieder wach wurde – eher wach gemacht wurde –, obwohl ich am Morgen die erste war, bei der der Eingriff vorgenommen wurde. Mir wurde nicht gesagt, was passiert war, aber ich bekam eben nachher mit, daß eine andere Frau, die erst um eins zur Operation gebracht wurde, schon kurze Zeit später wieder quicklebendig war. Sie ging um vier oder fünf schon wieder mit mir weg.
Was da eigentlich geschehen war, wurde mir erst nachträglich klar, und ich dachte: »Wie man unbewußt versucht, sich davonzumachen! Man wünscht es sich, aber selbst tut man's nicht oder möchte selbst nicht tatsächlich aktiv werden.« In dem Moment wünscht man sich einfach nur, daß man auch nichts mehr spürt oder sich mit nichts mehr auseinandersetzen muß. Ja, man wünscht sich, daß man auf diese Weise geschickt weglaufen, sich wegschleichen kann. Selbst scheut man sich, die Verantwortung auf sich zu nehmen oder jemandem weh zu tun und ihn zurückzulassen. Dann sucht man sich andere Wege.
Ich muß sagen, ich war mir vorher wirklich in keiner Weise im klaren darüber, warum ich mich so verhielt. Aber nachher kam es mir ziemlich deutlich zu Bewußtsein, weil es mir dermaßen unangenehm war und ich mich richtiggehend enttäuscht fühlte. Ja, ich war völlig enttäuscht.

*Weil Sie wieder aufgewacht sind?*

Ja. Nachträglich wurde mir eben bewußt, daß man wohl mehr oder weniger diesen Wunsch hat. Und dann weiß man ja: Narkose, das ist so eine Sache! Da kann immer mal wieder etwas passieren. Da weiß man nicht so genau, was daraus wird. Und in so etwas flüchtet man sich dann wohl.

*Bedeutet das, daß Ihnen durch Karins Tod der Gedanke an Ihren eigenen Tod näher gekommen ist, als das früher der Fall war?*

Ich glaube, man hat immer wieder Phasen, in denen es einem eigentlich nicht sehr erstrebenswert vorkommt, zu leben. Aber ich kann nicht sagen, daß ich mich irgendwann wirklich bewußt hätte umbringen wollen, auch wenn ich sehr unglücklich war. Und ich war schon sehr unglücklich. Ich hab' schon sehr schwierige Situationen durchlebt. Aber das war natürlich bei mir etwas völlig anderes, weil ich Kinder hatte, und das war für mich immer ein Punkt, der eben... Ja, man kann Kinder nicht einfach sich selbst überlassen. So ungefähr.
Andererseits weiß ich nicht, ob man es ganz ausschließen kann. Vielleicht müßte es einem eben entsprechend viel schlechter ergehen. Aber bei Karin kann ich nicht sagen, daß ich wirklich bewußt nicht mehr leben wollte – ich hätte mich nicht umbringen wollen. Es war eher so, daß ich überhaupt nichts mehr wollte. Das war eigentlich das Schlimmste. Als ob ich keine Gefühle mehr hätte, so hab' ich mich empfunden. Ich konnte auch keinerlei Freude oder irgend etwas verspüren. Das wird in einer solchen Situation wohl jedem so ergehen.

*Kann man sagen: Es war nichts mehr wichtig außer Karin?*

Eigentlich hatte ich damals nicht einmal das Gefühl, daß Karin so wichtig für mich wäre. Das ganze war mir nicht sehr bewußt, sondern mir war alles egal. Das wechselte aber häufig. Manchmal war es so nah, als ob es gerade erlebt und ganz frisch wäre, und dann war's wieder, als ob man einen Abstand hätte und alles weit weg und unbedeutend wäre.

*Haben Sie sich gefragt, warum sich Karin das Leben nahm, oder war das für Sie keine Frage, nachdem sie Ihnen gesagt hatte, sie wolle nicht mehr leben?*

Wir stellten uns diese Frage sehr oft und sprachen sehr viel darüber, weshalb sich das überhaupt so entwickelt hatte, auch warum sie sich umbrachte – das auch. Einen Grund? Ich glaube, man kann wirklich keinen nennen. Wir konnten nicht sagen: Dies oder jenes war der Grund.
An einem Abend kam der Pfarrer zu uns, der Karin auch kannte. Dieses Gespräch war insofern wichtig und gut, als die Schwester seiner Frau auch Selbstmord begangen hatte und er sich offenbar sehr damit beschäftigt hat.

Er empfand große Angst um seine Tochter, die anscheinend auch recht sensibel ist. Sie sei ein bißchen schwermütig oder habe die Anlage dazu, meinte er. Wenn sie mit irgend etwas nicht zurechtkomme, müsse er sie immer ansehen und überlege sich: »Reagiert sie auch so?« Er ziehe dann Vergleiche zwischen ihr und seiner Schwägerin.

Ja, wir haben uns viele Gedanken gemacht, was das Entscheidende gewesen sein könnte. Ich weiß nicht, warum sie so unglücklich war, warum sie nicht glauben konnte, daß sie liebenswert und für andere von Bedeutung ist.

Die Bestätigung von seiten der Eltern zählt in diesem Fall einfach nicht. Das verstehe ich auch erst nachträglich. Klar, die Eltern mögen einen, oder zumindest sagen sie es schon deshalb, weil man ja ihr Kind ist. Insofern ist es mehr oder weniger selbstverständlich.

Diese Bestätigung hätte sie eben noch von anderer Seite gebraucht. Und die hätte sie – davon bin ich eigentlich überzeugt – noch sehr oft bekommen, wenn sie nur mehr Geduld, Ruhe oder Zeit dafür gehabt hätte.

Karin hat viel Anerkennung gebraucht und auch gefordert. Sie hat von sich selbst sehr viel verlangt, aber eben auch von anderen, von Freunden oder Partnern. Sie wollte intensive Beziehungen, flüchtige Beziehungen konnte sie nicht eingehen. Entweder hat sie sich voll engagiert, oder es hat ihr nichts gegeben. Dann hatte sie kein Interesse und hat sich auch nicht weiter damit befaßt.

Das Schlimmste für sie war – das kam immer wieder zur Sprache –, daß sie jemandem, mit dem sie eine sehr enge Beziehung hatte, offenbar so wenig bedeutete. Ihr Freund war für sie sehr wichtig gewesen; daran änderte sich auch nichts, als sie sich nicht mehr verstanden oder sich aus Vernunftgründen trennten. Und daß ihm die Trennung offensichtlich wenig ausmachte, hat sie, glaube ich, sehr verletzt. Sie empfand sich als sofort oder jederzeit austauschbar. Von mir aus gesehen war das der allerwichtigste Punkt.

Sie sagte mir auch einmal, sie habe furchtbare Angst. Sie könne nicht glauben, daß sie jemanden finde, den sie mag und der sie mag. Irgendwie hatte sie das Gefühl, ihre Ansprüche stimmen nicht: Wen sie möge oder wirklich gern haben könnte, der interessiere sich nicht für sie. Und die Art Männer, die sich für sie interessierten, bedeuteten ihr nichts. Sie waren nach ihrem Empfinden nicht die richtigen für sie. Andererseits hatte sie ein

sehr starkes Bedürfnis, einen Partner zu finden. Ich glaube, das war eigentlich nicht nur auf einen Mann bezogen, sondern überhaupt auf Beziehungen. Sie wünschte sich auch immer eine richtig gute Freundin. Wie eine Schwester sollte sie sein.
Als Vierzehn- oder Fünfzehnjährige hatte sie eine Freundin, die ein paar Jahre älter war und die sie arg mochte. Von ihr sagte Karin immer, sie sei ihre Wahlschwester. Irgendwie ging diese Freundschaft kaputt, als es mit Karins Freund anfing. Die Mädchen hatten ihn gemeinsam kennengelernt, und sie waren alle miteinander befreundet. Sie wohnten in einer Art Wohngemeinschaft zusammen. Zuerst hatten sie ausgemacht, daß jeder sein eigenes Zimmer bekommt. Als Karin aber mit ihrem Freund zusammen war, verhielt sich die Freundin plötzlich seltsam und zog sich völlig zurück.
Das war für Karin schlimm. Sie und auch ihr Freund versuchten, sich mit der Freundin auszusprechen, aber das war nicht möglich. Ich weiß das, weil Karin ganz unglücklich hierherkam und es erzählte. Später kam sie noch mal mit ihrer Freundin zu uns. Weshalb die Freundin sich so verhielt, war nicht zu klären. Sie hat sich merkwürdig, man kann fast sagen krankhaft verhalten. Zum Beispiel kam sie nicht mehr aus ihrem Zimmer, wenn Karin und ihr Freund in der Wohnung waren. Sie versteckte sich quasi vor den beiden.
Karin machte das damals sehr zu schaffen. Und ich glaube, dieses Kaputtgehen von Beziehungen, die für sie von solcher Bedeutung waren – später zerbrach ja die mit ihrem Freund auch –, hat viel ausgemacht oder zumindest zu dem beigetragen, was dann geschah.
Ich weiß nicht, was da vielleicht sonst noch alles mitspielte. Möglicherweise waren's schon frühere Probleme bei uns in der Familie. Wir hatten es sehr schwer hier. Die Mutter meines Mannes war im Alter sehr krank und außerdem, ja, eine schwierige Frau. Als kleines Kind hatte Karin große Angst vor ihr. Später wurde daraus eine starke Abneigung gegen ihre Oma. Unter unserer Situation mußten auch die Kinder leiden. Vielleicht war das, was sie damals immer mitkriegen mußten, zuviel.
Ich glaube, daß Karin überhaupt alles sehr intensiv erlebte, also entweder als sehr schwer oder auch als besonders freudig empfand. ›Himmelhoch jauchzend oder zu Tode betrübt‹ traf auf sie schon zu.
Eine Sache ist mir unvergeßlich. An sich war das eine Kleinig-

keit. Wir hatten eine Aufnahme von Felix – ein kleines Schwarzweißbild nur –, wie der kleine Knopf in einer Wiese steht. Wahrscheinlich sortierten wir dann mal Fotos. Auf jeden Fall guckte Karin als ganz kleines Kind auch die Bilder an, und plötzlich fing sie an zu weinen. Die Tränen liefen ihr nur so herunter. Wir wußten gar nicht, was los ist. Ich sagte: »Ja, Karin, was hast du denn?« – »Der Kleine«, sagte sie, »der ist ganz allein!« Sie erkannte damals noch nicht, daß das ihr Bruder war.

Es war also für sie ganz, ganz schrecklich, daß das Kind da allein war! Ich glaube, Alleinsein war für sie etwas Beängstigendes. Deshalb hab' ich mir immer wieder überlegt, daß es für sie schon als Kind schlimm gewesen sein muß, wenn sich jemand allein fühlte.

Man stellt Überlegungen an: »An was kann es gelegen haben? Was war schon in der Kindheit? Was war damals nicht richtig? Hat man da...? Ist von Anfang an irgendwas falsch gelaufen?«

Ein Problem für sie war anscheinend, daß sie sich als Zweite fühlte, als nicht erstrangig und etwas benachteiligt. Das hat sich in der Schule gezeigt. Felix hatte immer sehr gute Noten und durchlief unserem Eindruck nach alles ziemlich problemlos. Er hatte weder in der Schule noch mit Verwandten, Freunden oder Kameraden Schwierigkeiten, sondern irgendwie lief immer alles gut. Er war ein verträglicher, ruhiger Typ, fiel nirgends unangenehm auf, hatte aber auch keinen großen Ehrgeiz.

Karin war da ganz anders. Sie plante oder machte immer irgendwas. Andererseits tat sie nur das, wozu sie Lust hatte, während Felix eher nach dem Motto ›Was sein muß, muß sein‹ vor sich hin schaffte, auch wenn er dabei meckerte. Karin schob weg, was ihr nicht lag und was sie nicht wollte. Wenn sie etwas gern tat, erbrachte sie besondere Leistungen. Bei ihr konnt's sein, sie saß mit einer Fünf da, andererseits konnte sie hart arbeiten und Spitzenergebnisse erzielen. Sie war eben nicht so ausgeglichen. Es gab Fächer, zum Beispiel Mathematik, da hab' ich gesagt: »Karin, da mußt du schauen, daß du dich verbesserst!« Sie meinte darauf, sie sei eben nicht so gescheit wie Felix. Solche Reaktionen kamen dann! Ich versuchte ihr zu erklären, daß es weniger an der Gescheitheit liege, sondern daß man bestimmte Sachen üben müsse. Bei Felix komme es genausowenig nur so dahergeflogen. Er arbeite einfach mehr, wenn etwas noch nicht so klappe. Ja, das lag ihr nicht so.

Sie wollte unbedingt Erzieherin werden. Das hatte sie sich von Anfang an vorgenommen. Ich hab' fast das Gefühl, das rührte noch vom Kindergarten her. Jedenfalls war die Vorstellung, Kindergärtnerin zu werden, das einzig Erstrebenswerte für sie. Gerade damals gab es viele Bewerberinnen. Da war zu befürchten, daß es nicht klappt. Sie war nicht gerade glänzend in allen Fächern, und eine Zwei im Schnitt mußte man haben.
Auf jeden Fall wollte ich ein bißchen vorbeugen und sagte zu ihr: »Karin, ich weiß nicht, hast du dir nicht auch noch was anderes überlegt? Es gibt doch noch andere wirklich interessante und schöne Berufe. Man muß sich immer ein paar Wege offenlassen, sich nicht gar so festlegen. Ich meine, vielleicht würde dir später was anderes mehr Spaß machen.« Ich fragte, ob sie nicht doch zuerst das Abitur machen wolle, dann könne sie sich das mit der Erzieherin noch überlegen. Wenn sie's dann immer noch wolle, könne sie das ja auch, hätte aber noch andere Möglichkeiten.
Karin meinte nur, sie habe es satt, in der Schule herumzusitzen. Sie wolle jetzt etwas Richtiges machen. Ja, wenn jemand so überzeugt ist und diese Vorstellung über Jahre beibehält, dann versucht man, das auch zu unterstützen, das ist klar. Deshalb kam es vor, daß wir sagten: »Karin, wenn du das unbedingt möchtest – du weißt ja, wie die Bedingungen sind –, dann mußt du dich auf den Hosenboden setzen und büffeln. Es gibt nur diesen Weg, einen andern gibt's nicht.« Sie hat das tatsächlich gemacht, und mit dem Notendurchschnitt hat's geklappt.
Nach der Ausbildung sagte sie jedoch immer häufiger, sie beneide Felix um sein Pädagogikstudium. Das wäre der Bereich, der sie interessieren würde.
Es ist ja auch ein Unsinn, daß es keine Möglichkeit gibt, ein Studium auf die Erzieherausbildung aufzubauen. Ihre Voraussetzungen waren eindeutig besser als beispielsweise die von Felix. Wenn man sich das überlegt, geht einem das wirklich fast nicht in den Kopf rein. So was Hirnverbranntes! Er kommt vom Gymnasium, gut, hat in bestimmten Bereichen mehr gelernt, aber doch nicht das, worauf es für dieses Studium ankommt. Na ja, gut.
Auf jeden Fall sagte ich gerade in der letzten Zeit öfter zu ihr: »Karin, du hast doch alle Möglichkeiten! Du kannst hier wohnen, kannst hier essen! Was du brauchst, hast du hier. Und wenn du etwas Besonderes möchtest, dann kannst du dir in den Ferien Geld verdienen, wie's Felix auch macht. Du hast genau

dieselben Möglichkeiten! Du kannst auch studieren, dem steht nichts im Weg. Melde dich in der Schule an und mach das!« Ja, das kam dann nicht mehr weiter zur Sprache. Jedenfalls war sie auch in dieser Beziehung nicht ganz zufrieden.
Es ist schwer, das als Mutter richtig zu sehen. Man versucht immer dahinterzublicken, was richtig ist oder ob es richtig ist, wie man es beurteilt.
Einerseits denke ich manchmal: »War's nicht klar genug? Hat sie nicht gelernt, einzustecken, ein bißchen mehr zu ertragen und damit fertigzuwerden? Hat man manchmal zu sehr Rücksicht genommen und immer an die anderen appelliert?« Auch zu Felix sagte man oft: »Ach, Felix, du weißt doch, sie ist jetzt gerade in einem kritischen Alter! Sei doch du vernünftiger!«
Und andererseits überlegt man sich: »Mein Gott, was hat man...? Was hat ihr gefehlt, was hat sie vermißt?« Wenn man berufstätig ist, dann kommt zwangsläufig noch das schlechte Gewissen dazu: »Hab' ich zuwenig Zeit für sie gehabt? Konnt' ich nicht genug auf sie eingehen?«
Man kann's nicht sagen. Ich kann's nicht sagen. Ich meine, die beiden Kinder sind unter denselben Bedingungen aufgewachsen, unter den gleichen Voraussetzungen und Möglichkeiten. Ich würde sogar sagen, auf Karin ging man immer mehr ein – einfach zwangsläufig, weil sie mehr Aufmerksamkeit forderte. Felix war immer unproblematischer, wie gesagt. Wir hatten eigentlich insgesamt mit unseren Kindern keine größeren Schwierigkeiten.

*Spielten Sie auch einmal mit dem Gedanken, Karin Vorwürfe zu machen, wie sie Ihnen das antun konnte?*

Das eigentlich nicht. In welchem Zusammenhang denn?

*Ich meine, hinterher, nachdem sie tot war. Haben Sie da in Gedanken mit ihr gesprochen?*

Manchmal schon. Gerade in der Zeit, als es besonders schwierig und ganz trostlos für mich war, hat sich eine Aggression oder so etwas gebildet. Ich hatte manchmal das Gefühl, daß ich sie anschreien wollte. Ich hätte sie greifbar haben und zu ihr sagen wollen: »Geht einfach weg! Bringt sich einfach um!« Dieses Gefühl war schon da, aber ich empfand es eher als eine Art Entladung oder als Sich-Luft-Machen. Es wäre gut gewesen, jemanden zu haben, bei dem ich's hätte anbringen können, den ich hätte beschuldigen oder einfach beschimpfen können, um mich zu erleichtern. Aber in dem Sinn, was sie uns da angetan habe, empfand ich das nicht. Auch mein Mann nicht, glaube ich.

*Aber es gibt Momente, in denen man das mal denkt?*

Ja, in denen man denkt: »Mensch, warum?!«, und das eben aggressiv denkt.

*Und was macht das mit Ihnen, wenn Sie kurz aggressiv werden?*

Ich hab' das als Anspannung erlebt, etwa so, wie wenn man sich streitet. Da entsteht eine Spannung. Dann explodiert man, entlädt sich ein bißchen oder versucht es zumindest. Ungefähr so habe ich es empfunden. Ich hätt' können...! Ich glaube, ich habe schon vor mich hin gescholten. Das war allerdings nicht oft der Fall. An eine Situation kann ich mich sehr gut erinnern, da war ich richtig aufgebracht und böse: »Was soll das eigentlich alles?! Wär' das nötig gewesen? War das gerechtfertigt?« Ich meinte damit, daß es uns allen so beschissen geht.
Diese Empfindungen zumindest kenne ich. Das ist aber irgendwie so nutzlos, weil man damit ja ins Leere läuft.

*Hat sich seit Karins Tod für Sie persönlich etwas verändert?*

Eigentlich läuft alles so weiter, wie es vorher war. Unser Leben, der ganze Rahmen und Ablauf sind ja gleichgeblieben, sofern sich nicht zwangsläufig etwas geändert hat.
Ich befasse mich intensiver mit Problemen und versuche, von anderen und über andere mehr zu erfahren. Ich interessiere mich überhaupt für Menschen: was mit ihnen passiert, was in ihnen vorgeht, was sie empfinden. Und weil ich glaube, daß man das normalerweise nicht erfährt oder erzählt bekommt, lese ich gern und sehr viel mehr als früher.
Und sonst? Ich würde mich gerne mit Dingen, die ich vorher schon schätzte, weiterhin beschäftigen. Ich kann aber nicht sagen, daß ich jetzt mehr Freizeit – mehr Zeit für mich hätte. Da hat sich nicht sehr viel geändert.
Am Anfang hat mich – wie ich schon sagte – kaum etwas interessiert. Es hat mir Schwierigkeiten bereitet, mich mit irgendwas zu befassen oder etwas von Bedeutung für mich zu finden. Das änderte sich inzwischen. Ich ging zum Beispiel sehr gern und auch sehr bald wieder ins Theater. Im Grunde genommen steht das im Zusammenhang mit Lesen, mit sich informieren und in vielen Bereichen aus unterschiedlicher Sicht möglichst viel mitzubekommen.

Ich hatte wenig Möglichkeiten. Das hab' ich immer bedauert. Insofern ist das nichts Neues. Jetzt hat es sich nur insofern verändert, als kaum mehr Ansprüche an mich gestellt werden. In diesem Sinn werde ich ja nicht mehr gebraucht – außer von meinem Mann. Felix ist selbständig und erwachsen, Karin wäre es auch und ist sowieso nicht mehr da. Vorher war ich in der Rolle der Mutter doch noch der Mittelpunkt, der von allen Seiten angelaufen wurde. Das hat sich jetzt stark verändert. Was mich betrifft, ist es sehr eng und klein geworden. Ich muß jetzt zwangsläufig stärker von mir aus nach außen gehen und versuchen, andere Möglichkeiten für mich zu finden, die mich beschäftigen und ausfüllen. Man muß sich eine Art Ersatz suchen.

In der ersten Zeit war das eher notgedrungen. Ich war gezwungen, wieder aktiv zu werden. Das verlangte einfach die Situation, auch weil mein Mann damals große gesundheitliche Schwierigkeiten hatte und man sich dauernd überlegen mußte, was man noch versuchen und unternehmen könnte. Dadurch wurde man immer wieder aus dem gleichmäßigen, gleichförmigen Rahmen herausgerissen.

Das sind keine guten Abwechslungen – also solche, die einem in dem Sinne helfen, daß man sich einmal freuen kann –, aber es sind Unterbrechungen. Vom eigentlichen Problem lenkt es zwischendurch ganz sicher ab, weil man sich zwangsläufig anstrengen muß, um weiterzukommen. Durch die ganzen Umstände kam ich nicht zu sehr dazu, dauernd zu brüten oder nachzudenken. Deshalb hatte ich persönlich fast nie die Möglichkeit, mich hängen- oder gehenzulassen. Es war völlig klar, daß ich nach außen immer noch zuversichtlich wirken und den Eindruck erwecken mußte, daß wir es schaffen. Das führte manchmal dazu, daß ich wirklich dachte: »Jetzt kann ich nimmer! Es geht nicht mehr!« Später konnte ich es den anderen sagen, daß ich auch nicht alles schaffe. Es war vermutlich ganz gut, ihnen zu zeigen, daß ich ebenfalls schwach bin. Ich glaube, mein Mann kam sich immer zu schwach und labil vor. Er meinte, für mich sei das alles so leicht. Als er dann sah, daß es bei mir nicht viel anders aussieht als bei ihm, hat uns das gegenseitig geholfen.

*Wie ging es Ihnen jetzt bei unserem Gespräch? Fiel es Ihnen schwer, über Karin und ihren Tod zu sprechen?*

Nein, es ist nicht schwer für mich, diese Dinge auszusprechen. Ich hab' nur manchmal Schwierigkeiten, überhaupt sprechen zu können. Es ist nicht so, daß ich nicht drüber sprechen wollte, aber dabei erlebt man es immer wieder aufs neue.

*Es ist dann plötzlich wieder sehr nah.*

Ja. Es ist deshalb nicht schwerer oder schlimmer, es ist nur im Moment wieder so intensiv.
Schlimmer empfinde ich eigentlich dieses Wegschieben und Verdrängen. Schlimm finde ich auch, daß mit der Zeit alles so verblaßt. Ich meine, diese Dinge kann man nicht vergessen. Was ich fürchte, ist, daß dieses unmittelbare Noch-Empfinden und die noch so lebendige Erinnerung verwischt werden und schließlich verlorengehen.
Ich möchte nicht – wie soll ich sagen? – so verkonservieren und in der Vergangenheit leben, überhaupt nicht! Aber Karin ist ein ganz wichtiger Teil meines Lebens, und ich hab' das Gefühl, je mehr es zur Seite geschoben wird, desto mehr...
Einerseits neigt man dazu, es zurückzudrängen, möchte es sogar, um es sich einfacher zu machen. Es geht einem ja immer besser, wenn man abgelenkt ist und sie vergißt. Aber andererseits möchte ich Karin wirklich richtig im Bewußtsein behalten.
Man will das Geschehene ja nicht als ein böses Erlebnis oder etwas Unangenehmes betrachten und denken: »Mein Gott, ja, mit der Zeit vergißt man's, und dann wird es besser. Dann ist es erledigt.« Also, ich möchte das nicht. Insofern nützt es auch nichts, das wegzuschieben oder nicht darüber zu sprechen.
Andererseits möchte ich mich nicht selbst quälen oder mir gewaltsam auferlegen, traurig sein zu müssen – es quasi als das mindeste oder meine Pflicht betrachten. Sicher wird sich das immer wieder ändern.
Anfangs dachte ich, es werde vielleicht mit Karins Zimmer ein Problem geben. Sie hatte eine ganz besondere, absolut nicht durchschnittliche Art, nicht diesen heute eher vorgegebenen Geschmack. In solchen Dingen war sie überhaupt nicht angepaßt, war auch ganz eigenwillig in ihrer Kleidung. Auch ihr Zimmer hatte eine ganz eigene Atmosphäre, völlig anders als das übrige Haus oder sonst eine Wohnung.
Da hatte ich die Befürchtung und richtiggehend Angst davor, später nicht mehr in ihr Zimmer gehen zu können. Ich dachte, es könnte nach einigen Tagen oder Wochen zu schwierig wer-

den, wenn ich es nicht gleich von vornherein einrichten würde, ihr Zimmer wie jedes andere zu betreten. Ich bin deshalb sofort in ihr Zimmer gegangen und hab' ihre Sachen ein bißchen durchgeschaut und geordnet. Ich versuchte auch, ein bißchen zu lesen, natürlich auch in der Hoffnung, auf etwas zu stoßen, das mehr Aufschluß darüber geben könnte, was sie beschäftigt hat, was sie wirklich gedacht hat.
Für mich wäre es unheimlich wichtig, zu wissen, was sie gedacht und zu verschiedenen Dingen empfunden hat. Aber es wird wohl immer so sein, daß man denkt, das wäre das Wichtigste. Das kann man eben nicht mehr feststellen – nie mehr fragen. Vielleicht könnte man auf diesem Hintergrund – dem Wissen darum, daß es keine weitere Gelegenheit mehr gibt – wirklich offen und ohne Scheu, sich bloßzustellen oder jemanden zu verletzen, über diese Dinge sprechen. Das erreichen oder erfahren zu können, würde ich heute für mich als das Wichtigste und Wünschenswerteste ansehen.

# 3. Gespräch: Felix Hoch

*Felix Hoch ist Mitte Zwanzig und Student. Der Suizid seiner Schwester Karin liegt ein Jahr zurück.*

*Im Verlauf eines kurzen Vorgespräches äußern wir die Vermutung, daß viele Betroffene das Bedürfnis hätten, über ihre Erfahrungen und ihr Erleben zu sprechen, aber schwer einen Gesprächspartner finden könnten.*

Ich glaube schon, daß es schwierig ist, mit anderen Leuten darüber zu sprechen. Das Bedürfnis dazu besteht aber sicher. Mir fiel zum Beispiel auf, daß viele der Verwandten und Bekannten, die nach Karins Tod zu uns kamen, kaum über ihren Tod sprachen, sondern ihn als Anlaß nahmen, von sich zu erzählen. Es kam zur Sprache, daß es Phasen gab, in denen sie selbst nahe am Selbstmord waren, beispielsweise in Zusammenhang mit ihrer Arbeitssituation oder Familie. Manche hatten Depressionen durchlebt, einige waren auch kurz in stationärer Behandlung in der Psychiatrie oder bei einem Psychologen. Sie waren also selbst an diesem Rand gewesen. Andere wieder hatten Erfahrungen damit, daß Leute sich umgebracht hatten.
Man redete also nicht davon, daß sich meine Schwester umgebracht hatte, sondern war ziemlich schnell beim eigenen Problem angelangt. Das waren wirklich erstaunlich viele Leute, jeder zweite oder dritte, der zu meinen Eltern kam. Die meisten kannte ich nicht. Auf jeden Fall hatte ich das Gefühl, es sei wichtig für sie, sich einmal über diese Dinge auszusprechen.
Umgekehrt war's so, daß man selbst wieder anfing, darüber zu reden – abgesehen davon, daß es in jenen Tagen nur dieses Thema gab.

*Wie wurde darüber gesprochen?*

Ich überlege mir schon längere Zeit, wie das gelaufen ist. Aus dem Abstand von einem Jahr kann man das eher beurteilen.
Am Anfang stand die Frage: »Warum?« Man wollte unbedingt eine Erklärung finden, wie's dazu kam. Das war ziemlich

zwanghaft, was wohl stark damit zusammenhing, daß man sich irgendwie schon schuldig fühlte. Da bringt sich die Schwester um – oder da bringt sich meine Schwester um, um das mal genauer zu sagen –, und man steht daneben. Irgendwie denkt man, man müßte doch eigentlich einen Halt darstellen können oder eine solche Bedeutung für jemanden haben, daß man ihm helfen könnte. Ja: »Warum bringt der sich um?« Und: »Konnte ich nichts machen?« Die Frage, ob man selbst einen so großen Anteil daran hat, daß man schuldig ist, wehrt man stark durch den Versuch ab, es an genauen Gründen festzumachen, die man dann verantwortlich machen kann. Man hofft, daß dabei vielleicht herauskommt, man habe selbst überhaupt nichts machen können. So war's am Anfang.

Nach einem Viertel- oder halben Jahr ließ dieses Interesse an Gründen bei mir stark nach. Ich versuche jetzt nicht mehr, bestimmte Dinge verantwortlich zu machen. Erst nach dieser Zeit hat sich herausgestellt, daß mein Problem eigentlich darin besteht, mit dem Geschehenen umzugehen.

Das hatte ja schon eine Vorgeschichte, die ungefähr über ein Jahr ging. Da lebte meine Schwester in einer unheimlichen Depression. Wir wohnten damals beide noch zu Hause, und zwischen uns war die Auseinandersetzung immer sehr intensiv. Ich wußte also Bescheid, daß Karin sich mit solchen Gedanken beschäftigte. Ein paarmal vermutete ich etwas, und manchmal sprach sie's auch aus, daß sie sich am liebsten umbringen würde.

Anfang der Woche unternahm sie den ersten Selbstmordversuch. Da wurde sie aber noch – na, gefunden kann man eigentlich nicht sagen. Sie hatte sich in ihrem Zimmer hingelegt, Alkohol getrunken und eine große Menge Valium genommen. Meine Mutter war aber darüber erstaunt, daß Karin um fünf Uhr nachmittags schon schlief und nicht zu wecken war. Dann brachte man sie in die Klinik und hielt sie so noch mal am Leben.

Nach der Klinik ging es noch zwei Tage. Sie war wieder zu Hause, und wir redeten auch über ihren Selbstmordversuch. Zuerst sagte sie, sie würde weiterhin versuchen, sich umzubringen. Für sie habe sich nichts geändert. Dann ließ sie sich schlagartig darauf ein, eine Therapie anzufangen. Sie hat alle beruhigt, sich ins Auto gesetzt, ist in den Wald reingefahren, daß das Auto festsaß – nichts mehr ging! –, und hat sich mit Abgasen umgebracht.

Sie war drei Tage vermißt. Man ließ sie durch die Polizei suchen.

*Schon mit der Vermutung, daß sie die Absicht hatte, ihren Versuch zu wiederholen?*

Mit dieser Vermutung, ja. Allerdings hatte sie manchmal gesagt, sie fahre jetzt einfach weg in eine andere Stadt und lasse alles hinter sich. Das hing oberflächlich auch mit einem Beziehungsproblem zusammen, und da meinte sie, sie wolle aus dem ganzen Schlamassel heraus und neu anfangen. An diese Hoffnung klammerte man sich eben ganz stark und wollte sich gar nicht eingestehen, daß sie sich jetzt umgebracht hat und man sie nur nicht findet.

Ich kam damals nach Hause zurück. Inzwischen war die Polizei dagewesen und hatte gesagt, man habe sie am Abend im Wald gefunden – sie sei tot. Ich hörte: »Karin ist tot.« Und erst in diesem Moment begriff ich, daß das eigentlich schon lange klar war...

Ich kann nicht sagen, daß ich zusammengebrochen bin, aber ein paar Stunden lang war ich erst mal... überhaupt nichts, ich saß nur da, heulte, konnte nicht reden. Mit dieser Tatsache hat man erst mal nicht gelebt, sondern die stand so vor einem, daß man sich nicht dagegen wehren oder sich mit ihr auseinandersetzen konnte.

Dann fing ein ständiges Darübersprechen an: »Warum? Wie?« Man versuchte, es zu begreifen, und man schuf sich Strukturen und Haltemöglichkeiten, um für die nächste Zeit damit leben zu können. Nach einiger Zeit ging's aber plötzlich wieder um die Fragen: »Warum? Hätte man nicht doch etwas tun können?« Es gab stundenlange Diskussionen, auch mit Freunden: »Wenn man es besser wahrgenommen hätte und mehr für sie dagewesen wäre...?«

Das waren Tage, die ich gar nicht richtig voneinander unterscheiden konnte und die sich auch in die Nacht hinein verwischten, wo man eben bis morgens um sechs dasaß. Es war so ein richtiger Gefühlssumpf. Man hielt sich wirklich mit Diskussionen über »Warum? Wieso? Was mach' ich jetzt?« über Wasser. Es gab dann auch Episoden, die davon überschattet waren, daß man es gar nicht glauben konnte oder sich weigerte, sich dessen anzunehmen. Ich weiß noch, es war lange Zeit so, daß ich mir immer wieder klarmachen mußte: »Ich seh' sie nie wieder, es gibt keine Begegnung in irgendeiner fernen Zukunft!«

Wahrscheinlich kamen da religiöse Vorstellungen, die wir früher hatten, auch wieder an die Oberfläche. Ganz plötzlich

tauchte immer wieder mal die Vorstellung auf, man könne irgendwann darüber reden. Irgendwann würde es die Möglichkeit geben, das mit ihr zu klären, was ich allein, ohne sie, nicht mehr klären zu können glaubte. Sonst ist man der große überzeugte Atheist und lehnt Kirche ideologisch ab, und dann muß man sich eben doch erst wieder klarmachen, daß es keine Begegnung im Jenseits gibt. Da merkte ich, wie tief diese Vorstellungen in mir stecken. Lange Zeit mußte ich richtiggehend meinen Verstand einsetzen, um zu begreifen, auf welche Gedanken ich da verfallen war. Das war ja nicht rational.
Wenn ich jetzt ›sich klarmachen‹ sage, kann ich nur von mir sprechen. Ich weiß nicht, wie's für meine Eltern war, ob Karins Tod für sie endgültiger war als für mich.
Teilweise hab' ich auch die Leute beneidet, die so supergläubig sind und sich dann in einer solchen Ideologie Trost und Halt suchen können. Der Tote lebt dann ja in einem Bewußtsein irgendwelcher Art weiter. Es ist nicht so schlimm, wenn irgendwann alles ungeschehen sein wird, weil man sich da im Jenseits wiedersieht.
Eine Zeitlang träumte ich überhaupt nicht, und plötzlich fingen dann doch die Träume von früheren Situationen an, in denen sie noch lebte. Das waren also keine Träume, in denen thematisiert wurde, daß sie wieder lebe, sondern sie lebte überhaupt auf irgendeine Art und Weise. Es dauerte lange, bis sie für mich wirklich tot war.

*Auch im Traum?*

Auch im Traum. Daneben gab's aber auch Träume, in denen sie tot war und in denen ich mich mit dem Problem, daß sie tot ist, beschäftigte. An die Trauminhalte selbst kann ich mich aber nicht mehr erinnern. Ich stellte eben am anderen Morgen fest, daß dieses Problem im Traum aufgetaucht war. Man kann sich ja im Moment des Aufwachens an bestimmte Szenen erinnern und eine Stunde später weiß man überhaupt nichts mehr davon.

*Hinterließ euch Karin einen Abschiedsbrief?*

Einen direkten Abschiedsbrief nicht, aber sie hat, als sie da im Auto saß, einiges auf Zettel gekritzelt. Man merkte ihnen an, daß sie auch kurz vor dem Einschlafen noch etwas festhalten wollte. Da hat man doch nahezu psychotische Zustände, in denen man zwischen Wirklichkeit, Gefühlen, Gedanken nicht

mehr richtig unterscheiden kann – fast so wie im Traum. Das konnte man an diesen Zetteln richtig sehen.
Sie begann damit, an einzelne Personen zu schreiben. Ihr war wohl noch mal der Gedanke gekommen, daß andere damit leben müssen und daß es für die ein Problem sein wird. Sie schrieb etwa: »Es tut mir leid, daß ich mich umbringe, aber ich muß jetzt egoistisch sein. Ich brauche das im Moment und kann keine Rücksicht nehmen. Ihr müßt eben schauen, wie ihr damit zurechtkommt.«
Sie lieferte keine Begründung, sondern die bestand eigentlich in dem Gefühl, es sei absolut unmöglich, so weiterzuleben. »Ich hab' absolut keine Lust mehr, ständig in diesem Gefühl befangen zu sein. Mir geht es so schlecht, und ich kann eigentlich kaum noch glücklich sein. Aber jetzt fühle ich mich ganz wohl.«
Als sie das erste Mal versuchte, sich umzubringen, hat sie etwas getrunken, Musik gespielt, sich ins Bett gelegt und sehr warm zugedeckt. An einen Freund von mir, in den sie sich gerade in dieser Zeit verliebt hatte, schrieb sie noch auf eine Schallplatte: »Es ist gerade unheimlich schön, und ich hör' noch mal eine schöne Musik. Ich hab' keine Angst mehr vor dem nächsten Tag, brauche sie nicht mehr zu haben. Ich fühle mich eigentlich sehr wohl.« Und damit war's zu Ende.
Da hatte man das erste Mal wieder eine Äußerung, daß sie sich wohl fühle, was vorher anscheinend überhaupt nicht mehr möglich war ohne den Gedanken, wie's weitergehe: »Wie komm' ich damit zurecht, wie's morgen wieder ausschaut?« Da wurde deutlich, was für ein unüberschaubarer Berg das für sie war.
Für mich war es natürlich schwer zu verstehen, daß ihr alles so immens erschien und sie so wahnsinnig belastete, daß ihr nur noch die Lösung übrigblieb, sich umzubringen. Darüber führte ich stundenlange Debatten mit ihr. Ich war der Meinung, es sei absoluter Unsinn, in etwas ein so riesiges Problem zu sehen. Lange konnte ich einfach nicht nachfühlen, daß etwas so brutal und so deprimierend sein kann, daß man nicht damit leben kann. Ich konnte nicht verstehen, warum es nicht viele andere Dinge gibt, die einem viel wichtiger sind.
Ich hatte ähnliche Probleme wie sie und auch die gleichen Möglichkeiten, die mir etwas wert waren. Aber unsere völlig unterschiedliche Bewertung konnte ich nicht begreifen, auch lange nachher nicht. Noch heute habe ich eine andere Sicht-

weise, sonst würde ich schon sagen, daß sich jeder – auch ich – wegen solcher Dinge umbringen müßte.

*Und wie siehst du den Suizid deiner Schwester heute?*

Ich hab' in der Zwischenzeit begriffen, daß ich es nicht mehr an gewissen Punkten festmachen kann, wie sie sie teilweise auch selbst äußerte. Ich kann's also nicht mehr daran festmachen, daß die lange Beziehung mit ihrem Freund auseinanderging. Diese Beziehung hatte Karin recht früh, und sie zog viel Sicherheit daraus. Ihr Ende war für sie der Hauptgrund oder vordergründig das Hauptproblem.
Heute meine ich, es war ein Prozeß, der sich über ihr ganzes Leben erstreckte. Mir ist inzwischen viel aus der Zeit eingefallen, als ich vielleicht dreizehn oder vierzehn war. Ich meine Situationen, die sie in unseren Gesprächen beschrieb und aus denen sie immer die gleichen Folgerungen zog: daß es niemanden gebe, der sie so leiden könne wie sie sei. Oder daß sie von sich selbst nicht glauben könne, ein Mensch zu sein, der einem etwas gebe und mit dem man längere Zeit zusammenleben könne. Diese Zweifel kamen immer wieder. Am Anfang waren sie vielleicht leichter wegzudrängen. Aber später sah sie sich in dieser Rolle, wie sie sie beurteilte, wohl ihr Leben lang. Da konnte passieren, was wollte, sie betrachtete es unter diesem Deutungsschema. Sie begriff so jede neue Situation als eine weitere Niederlage. Das prägte sie natürlich auch in diese Richtung.
Als einzige Möglichkeit, das zu ändern, sehe ich, daß sie selbst genau diesen Prozeß verstanden hätte. Die Ursachen hätte sie begreifen müssen, vielleicht über eine große Analyse oder eine andere Therapie. Es hätte ihr sicher nicht weitergeholfen, wenn man ihr irgendwelche vordergründigen Erklärungen gegeben oder ein Problem für sie gelöst hätte.

*Hast du dir Gedanken darüber gemacht, ob Karin krank war? Oder habt ihr in eurer Familie einmal darüber gesprochen?*

Wie – ›krank‹? Geisteskrank? Na ja, ich kann mit dem Geisteskrankheitsbegriff nicht umgehen, aber zumindest war sie über zwei Jahre lang wirklich so depressiv, daß sie ständig suizidal gefährdet war. Von daher muß man schon sagen, klar war sie geisteskrank in dem Sinn, in dem eine so tiefe Depression eine Geisteskrankheit ist. Aber es hatte nichts mit einem Realitätsverlust in irgendeiner Form zu tun, was man dann als psychotisch bezeichnen müßte. Überhaupt nicht!

Aber depressive Episoden, die hatte sie schon früher. Wenn man Dinge, an die ich mich erinnern kann, zusammendeutet, dann muß man sagen, daß eine depressive Struktur bei ihr da war. Zum Beispiel sprach sie bereits mit zehn Jahren davon, es könne sie ja eh niemand leiden. Sie habe keine Freundinnen, oder denen, die sie habe, würde nichts an ihr liegen. Sie stellte sich als Person sehr stark in Frage. Ein anderes Indiz für mich ist, daß sie bis zwölf Bettnässerin war. Das drückt für mich einiges aus, zumindest im nachhinein. Karin hat sich wohl immer auf irgendeine Art vernachlässigt gefühlt, oder es hat ihr viel gefehlt. Rational und von dem her betrachtet, was in der Familie ablief, war eher das Gegenteil der Fall.

*Heißt das, daß du Karins Suizid als mehr oder weniger zwanghaft begreifst, also daß es irgendwie in ihrer Persönlichkeit steckte?*

Ich bin nicht der Meinung, daß es so oder so passieren mußte. Das würde ich für zu einfach halten. Wenn sie die Beziehung mit ihrem Freund weitergeführt hätte, dann hätte das sicher problemlos bis in ihr Alter weiterlaufen können. Aber eine andere Art, an Probleme ranzugehen, die kannte sie nicht. Ich meine damit, nicht dauernd an sich selbst zu zweifeln und sich nicht gleich zu fragen, ob man selbst etwas darstellen und leisten könne. Von daher war bei ihr eine größere Gefährdung vorhanden als bei anderen. Aber das bedeutet für mich nicht, daß es passieren mußte oder daß sie prädestiniert war, sich irgendwann umzubringen: Egal, was passiert, es geht auf diesen Punkt zu. Das stimmt nicht! Ihre persönliche Sicherheit war dennoch so schwach, daß die Grenze, an der sie sich entschließt, sich umzubringen, schon wesentlich näher lag als bei anderen Menschen.
Ich denke, es hätte bei den meisten Leuten länger gedauert, bis sie gesagt hätten: »Ich hab' so geringe Perspektiven, und es werden sich auch keine neuen für mich entwickeln.« Da stellt man die Frage nach dem Sinn des Lebens. Und es war schon eine Sinnfrage, die sie sich stellte.

*Wie geht es dir heute, wenn du über Karins Tod redest?*

Im Moment geht's mir so, daß es mit recht wenig Gefühlsaufwallungen verbunden ist. Es ging mir aber auch schon genau andersherum. Da war es dann so aktuell, daß man wirklich nur in dem Gefühl befangen war: »Sie ist tot!«, und darüber kam man einfach nicht hinaus. Es war das einzige, was existierte! Und das kann ich nicht ändern, mit keiner rationalen Diskussion, mit keiner Darstellung, mit keinen Gründen, die ich mir ausdenke, sondern ich werde einfach nicht damit fertig, daß sie tot ist! Das passiert mir heute noch genauso wie vor einiger Zeit, aber nicht mehr in dem Maß oder in der Häufigkeit.

Manchmal ging es mir so, daß für mich selbst alles recht sinnentleert war. Auch zum Studium hatte ich keine Lust mehr. Ich wußte zwar, daß ich weiterstudieren wollte, aber ich dachte: »In diesem Semester tu' ich einfach nichts!« Für mich waren die Dinge, die mit Karin zusammenhingen, wichtiger. Die trivialen oder scheinbar trivialen Sachen, die mir heute wieder wichtig sind, interessierten mich damals absolut nicht. Zum Beispiel hatte ich an einer politischen Arbeit plötzlich kein Interesse mehr, weil ich so in meinen eigenen Problemen drinhing, daß die für mich das einzig Wichtige waren.

Inzwischen hab' ich wirklich begriffen, daß sie tot ist. Das hat mir aber noch nicht dazu verholfen, daß es mir keine Schwierigkeiten mehr macht, weil es eben etwas absolut Unausweichliches ist. Das ist mir heute klar. Und wenn ich daran denke, erscheint es mir unheimlich hoffnungslos. Ich habe dauernd das Gefühl, daß sich für einen Teil meines Lebens eine relative Sinnlosigkeit ergeben hat.

Eine so intensive Beziehung, wie ich sie zu Karin hatte, kann ich, glaube ich, nicht mehr aufbauen. Und das ist etwas Trauriges.

Langsam hat meine Auseinandersetzung mit ihrem Tod eher egoistische Züge bekommen. Am Anfang war der Gedanke für mich sehr, sehr schlimm, wie einsam man sein muß, um sich irgendwo nachts im Wald ins Auto zu setzen und sich umzubringen. Es war für mich furchtbar, mir vorzustellen, wie meine Schwester, die ich eigentlich recht lieb hab', im Auto sitzt und total allein ist, wenn sie sich umbringt.

Inzwischen ist es stark dahin gegangen, daß ich es bin, der damit fertigwerden muß. Daß jetzt nicht mehr sie die Schwierigkeiten hat, leben zu müssen und mit so etwas leben zu müssen, sondern jetzt hab' ich Probleme, damit nicht richtig umgehen zu können, daß sie sich umbrachte. Am Anfang versetzte ich mich noch stärker in ihre Rolle, und jetzt bin ich wieder mehr bei mir angelangt: daß mir viel fehlt.

Ein etwas komisches Gefühl ergab sich durch das Nebeneinander von Alltag und der Sache mit Karin. Die war ja in den gan-

zen Wochen danach das dominierende Thema. Ich meinte, daneben könne es nichts anderes geben. Trotzdem stellte ich fest, daß mich nebenbei die Überlegung beschäftigte, wie ich weiterhin mein Geld verdiene. Eigentlich hätte mir das in der Situation scheißegal sein müssen, wenn ich mir das jetzt so überlege.
Ich erinnere mich auch, daß einmal eine ganz irrationale Eifersucht wegen meiner Freundin aufkam, obwohl die Geschichte mit Karin überhaupt nicht verarbeitet und an diesem Abend genauso vorhanden war wie sonst auch. Das existierte richtig nebeneinander, so daß ich mir manchmal überlegt habe, daß das Leben ganz gespalten ist. Ich lebe weiter und muß mich mit einem trivialen Tagesproblem auseinandersetzen. Und dann ist da das andere. Wenn ich an dieses Problem denke, meine ich plötzlich, nichts kann so wichtig sein. Jedoch fünf Minuten später ist das andere Problem, von dem ich glaubte, es könne im Vergleich mit Karins Tod gar keine Rolle spielen, auf einmal ein Riesenproblem. Dieses Nebeneinander gab es eine lange Zeit und gibt's auch heute noch manchmal.

*Und wie fühlst du dich bei diesem Nebeneinander?*

Ein bißchen unnormal, so unwirklich kommt's mir dann vor. Eine solche Endgültigkeit und dann eine normale, ganz einfache Lebensbewältigung, das paßt gar nicht zueinander. Sicher stellen sich im Alltag Probleme, aber die sind in zwei Tagen gelöst. Vielleicht ist Geld das Problem, dann gehe ich eben irgendwo arbeiten und hab' wieder Geld. Dem steht aber ein viel größeres Problem gegenüber, eines vollkommen anderer Art, für das es eine solche Lösungsmöglichkeit nicht gibt. Deswegen hat das so unnatürlich gewirkt.
Manchmal kamen dann Schuldgefühle auf, zwar nicht explizit und nicht häufig, aber in manchen Phasen gehörte das vielleicht dazu. Als mir meine persönlichen Vergnügen wieder wichtig wurden und zum Beispiel Gedanken an einen Urlaub auftauchten, zeigte es sich bei mir.
Richtig fiel mir das auf, als ich das erste Mal wieder zu einem Fest ging. Da merkte ich, daß ich wieder danach suchen konnte, etwas Lustiges zu machen, und daß mir das wichtiger war als weiter nachzugrübeln. Ich war so froh, bemerken zu können, daß es noch was anderes gibt, das mich auf andere Gedanken bringen kann.
Es war also nicht bloß die Überlegung, daß mein Verhalten

ganz schön übel war, teilweise war es auch eine Erleichterung.

*Du warst erleichtert, weil du wieder lustig sein konntest?*

Ja, das war das eine. Aber daran sah ich auch, wie ich den Problemen doch ein wenig ausweichen wollte. Und damit war wieder ein Schuldgefühl verbunden, daß man nicht... Also, wenn meine Schwester sich umbringt, dann bedeutet das ja soviel, daß man denken könnte... Ich meine, ich kann keinen Wert auftrauern, bis er abgegolten ist, aber man denkt immer: »Das ist ja so schlimm, dem muß doch auch die Trauer in ihrer Unverhältnismäßigkeit entsprechen!« In manchen Kulturen drückt sich so etwas ja in jahrelangem Trauern oder im Tragen von Trauerzeichen aus oder darin, daß dieses oder jenes nicht mehr getan werden darf. Heute passiert mir das nicht mehr. Vielleicht erinnere ich mich aber auch bloß nicht mehr daran.

*Daß du dich schuldig fühlst?*

Ja, schuldig deshalb, weil alles so weitergeht.

*Das hat ja auch mit ›Das darf man nicht‹ zu tun.*

Das war etwas, was ich mir oft überlegte: »Was denken eigentlich die anderen Leute über mein Verhalten?«

*Weil du zu einem Fest gehst?*

Das weniger. Das Fest fand erst längere Zeit danach statt. Aber ich fuhr zum Beispiel zwei Wochen nach Karins Tod zu Freunden. Die Stimmung hat's natürlich ständig überschattet, aber es gab Momente – als man wanderte oder am Abend in die Kneipe ging –, in denen ich mir überlegte, ob sie eigentlich von mir erwarteten, daß ich die ganze Zeit tieftraurig sein müßte. Es war für mich schon eine Frage, ob meine Freunde verstehen können, daß ich auch mal mitlache oder mich freue, sie nach längerer Zeit wieder einmal zu sehen, oder ob ich daran kein Interesse mehr haben sollte.
Ich hab' mir da schon Gedanken über die Erwartungen anderer Leute gemacht. Extremer war's eigentlich noch, wenn ich in der Straße bei mir zu Hause auftauchte. Da war es nicht nur mein Gefühl, sondern ich wurde tatsächlich komisch und interessiert angeschaut: »Wie reagiert der jetzt wohl?«

*Bedeutet das, du sahst dich plötzlich als in gewissem Maße öffentlich?*

Als sehr öffentlich, ja.

*Du sagtest, daß du jetzt mehr über dich und deine Schwierigkeit, mit Karins Tod zu leben, nachdenkst. Hast du schon einmal eine Art Ärger über deine Schwester empfunden?*

Ich hab' mir überlegt, ob es überhaupt möglich ist, da auf jemanden böse zu sein. Das ist etwas, was ich mir gar nicht vorstellen kann, weil dieses Gefühl aus einer unheimlichen Traurigkeit kommen würde, daß man ihn nicht mehr hat. Der andere tut einem damit nichts an! Er schneidet einem ja nichts ab, sondern er fehlt einem. Ich kann schlecht ausdrücken, was ich meine. Etwas anderes wäre es vielleicht, wenn man zum Beispiel eine Mutter nimmt, die sich nicht von ihren Kindern lösen will und sie damit erpreßt, daß sie sagt: »Ich bring' mich um, wenn du... So kann ich nicht leben!« Und man wäre dann aus seinem Schuldgefühl heraus gezwungen, in der Nähe wohnen zu bleiben, ständig hinzugehen und sie zu versorgen. Dadurch würde man sich in seinen Möglichkeiten beschnitten fühlen. Man müßte tun, was man nicht wirklich wollte.
Aber diese Situation unterscheidet sich von der anderen: nicht, daß da etwas für mich unmöglich ist, weil es verhindert wird, sondern weil es nicht mehr da ist. Es ist objektiv nicht möglich. Es geht nicht um eine Möglichkeit, die mir verwehrt wird, sondern es ist eine absolute Unmöglichkeit.

*Du sprachst vorhin einmal davon, du hättest es nicht fassen können, daß Karin letztendlich so allein war. Wie gehst du damit um, daß sie auch dir eine Absage erteilt hat?*

Das war eine der Fragen, die ich mir stellte. Ich verstand ihren Selbstmord zwar nicht als Absage an mich, aber ich fragte mich immer wieder, warum es dazu kam. Und das ging, wie gesagt, auch in die Richtung, daß ich für sie wohl nicht so jemanden darstellte, der ihr in einer solchen Situation helfen konnte.
Ich denke, ich wäre lieber zu ihr gegangen und hätte mich halten lassen, als mich allein irgendwo hinzusetzen und mich umzubringen. So würde für mich vernünftigerweise Hilfe aussehen und nicht darin bestehen, daß ich mich umbringe. Karin versuchte zwar oft, Hilfe zu finden, aber offensichtlich war das, was sie bekam, nicht wirklich hilfreich für sie. Und das beschäf-

tigte mich häufig, daß ich ihr von meinen gefühlsmäßigen Möglichkeiten her oder aus meinem Egoismus heraus nicht genug geben konnte. Mit mir hat sie oft genug versucht, ihr Problem zu bewältigen. Irgendwann hat sie dann gesehen, daß es ihr auf die Dauer nicht weiterhilft. Deswegen hat sie auch, glaube ich, darauf verzichtet und gesagt: »Mir kann sowieso keiner helfen.«
Das ist jetzt meine vernunftmäßige Begründung, weshalb sie nicht mehr zu mir kam. Eigentlich hatte ich immer ein gutes Gefühl, wenn ich stunden- oder nächtelang mit ihr gesprochen und es ihr ausgeredet hatte, wenn sie mal wieder an einem ähnlichen Punkt war. Sie meinte dann: »Na ja, du hast ja recht.« Wir verstanden uns gut, gingen zusammen einen trinken, und der Abend wurde vielleicht noch ganz lustig. Doch am nächsten Morgen wachte sie auf und lag heulend im Bett. Es hatte sich also gar nichts geändert.
Mir vorzustellen, wie schlecht sie sich tatsächlich gefühlt haben muß, ist weiterhin schlimm für mich. Ich kann das sehr gut nachempfinden: Wenn ich mich letztendlich so allein lasse, erscheint es mir besser, mich umzubringen, als weiterzuleben. Die Vorstellung, daß sie stundenlang einsam im Auto im Wald saß, ist unheimlich traurig und trostlos.
Es war keine Kurzschlußhandlung. Das sah ich bei ihr klar wegen ihres ersten Versuches und weil sie in den drei, vier Tagen dazwischen nicht ein einziges Mal von der Absicht abging, sich umzubringen. Sie war auch nicht psychotisch in diesen Tagen, daß sie etwa nicht mehr richtig begriffen hätte, was da lief.
Sie hatte längere Zeit sporadisch ein Tagebuch geführt. Einmal schrieb sie, sie habe endlich den Entschluß gefaßt, sich umzubringen, und habe nur noch Angst vor dem Wie. Im Moment sei sie zu feige, sonst hätte sie es schon lange hinter sich gebracht. Dann war da ein Sprung, als sie meinte, sie packe es jetzt und es gehe aufwärts. Dann gab's wieder eine Unterbrechung von vielleicht einem halben Jahr, und plötzlich war festzustellen, beziehungsweise sie stellte selbst fest: »Wenn ich diese Sachen jetzt durchlese, muß ich mir an den Kopf fassen. Da hab' ich mir bloß wieder etwas vorgemacht!« Je mehr es in diese Richtung ging, desto stärker war die Selbstmordvorstellung vorhanden.
Nach ihrem ersten Versuch redete ich mit ihr. Sie sagte ganz offen, dieser erste Versuch sei für sie wichtig. Es sei eine sehr angenehme Erfahrung gewesen. In der Klinik mit Schläuchen und solchen Dingen aufzuwachen, habe sie als schrecklich emp-

funden, aber das Erlebnis selbst sei schön gewesen. Dadurch habe sie die Angst verloren und kein Problem mehr damit, sich umzubringen.
Ich ließ sie nicht allein und meine Eltern und ein paar Freunde auch nicht. Das wollte ich nicht zulassen! Ich versuchte, sie zu überzeugen, daß auch eine Therapie die Möglichkeit bieten könnte, aus einem persönlichen Tief herauszufinden, auch wenn man sich das im Moment nicht richtig vorstellen könne. Sie ging darauf ein, aber wahrscheinlich nur, um abzulenken. Ich nehme an, daß sie nur deswegen sagte: »Na gut, ich mach' das!« Sie ging das richtig euphorisch an, und ich nahm es ihr auch ab. Ich hätte das gern gesehen und glaubte ihr deswegen.

*Hat sich für deine Person oder Persönlichkeit durch den Tod von Karin etwas geändert?*

Für einen selbst ist das schwer zu beurteilen. Ich selbst empfinde mich nicht als verändert. Ich kann nur weitergeben, was mir andere Leute in der Zwischenzeit gesagt haben. Ihrer Meinung nach bin ich wesentlich härter geworden – meine Freundin zumindest bezeichnet es so. Vielleicht ist fatalistischer der bessere Ausdruck dafür. In manchen Dingen bin ich ein bißchen zynischer geworden.
Lange Zeit sah ich auch für Blödeleien oder solche Dinge keinen Grund. Zu einer normalen Lustigkeit war ich nicht imstande. Wenn andere über irgendeinen Blödsinn lachten oder etwas machten, was vielleicht lustig war, fand ich das absolut nicht wichtig und recht langweilig. Das geht mir heute noch manchmal so. Wenn ich mit Leuten zusammen bin und über ein wenig interessantes oder wenig sinnvolles Thema geredet wird, dann passiert's mir ab und zu, daß ich recht arrogant darüberstehe und sage: »Was soll der Unsinn? Man macht Konversation und vollführt ein blödes Geschwätz über den TÜV.« In diese Richtung hat es sich bei mir entwickelt.
Seither messe ich auch mit einem anderen Maßstab. Mein Verhalten kommt sicher daher, daß ich doch alles in Relation zu dem Selbstmord meiner Schwester setze und anderen Sachen keine Bedeutung mehr zumesse. Und dann spreche ich Personen oder irgendwelchen Ereignissen ab, wichtig zu sein.
Als ich das häufiger hörte, nicht nur von meiner Freundin, sondern auch von anderen Bekannten, erschreckte mich das schon.

*Du erzähltest, daß Karin die Selbsttötung schon längere Zeit als Möglichkeit für sich gesehen und auch darüber gesprochen habe. Wie war damals deine Einstellung zu Suizid, und hat sich daran möglicherweise durch Karin etwas geändert?*

Eigentlich hab' ich dazu heute noch dieselbe Haltung: Selbstmord stellt für mich nur eine Lösungsmöglichkeit dar, wenn's objektiv sinnlos ist. Ich gestehe Leuten das Recht zu, Selbstmord zu begehen, wenn sie denken, daß sie nichts mehr weiterbringt, und wenn objektive Umstände dafür sprechen, daß sie ihre Situation nicht mehr ändern können. Genau das habe ich Karin gegenüber vertreten. Aber ein subjektives Elend – ein Problem, von dem ich denke, daß ich momentan nicht darüber hinwegkomme – ist etwas, weswegen ich Selbstmord nicht unbedingt akzeptieren würde. Das würde ich auch mir selbst nicht zugestehen, sondern ich würde anfangen, bei anderen Hilfe zu suchen.

Das kann aber auch ganz anders aussehen. Wenn jemand mal fünfzig oder sechzig Jahre alt ist und sagt: »Ich hab' ein Problem, ich finde keinen Arbeitsplatz, und das wird sich auch nicht ändern«, oder: »Ich bin taub, mag nicht taub sein«, oder: »Ich hab' keine Lust, siebzig zu werden und pflegebedürftig zu sein. Ich bringe mich um!«, oder wenn ich eine Krankheit hab', mit der ich nicht umgehen kann, dann betrachte ich Selbstmord schon als ein Mittel, das zu meinem Bewußtsein und zu meiner Persönlichkeit genauso dazugehört, wie wenn ich sage: »Ich mache eine Therapie«, oder: »Ich leg' mich ins Bett und lass' mich pflegen.«

Wenn ich mir überlege, mich umzubringen, weil's mir schlecht geht und ich gerade nicht darüber hinaussehe oder meine, die Kraft, diese Situation zu überwinden, nicht aufbringen zu können, dann sind das Gedanken, die weniger vom Verstand getragen werden können. Bei solchen Entscheidungen würde ich trotzdem, auch in Zukunft noch, verlangen, daß derjenige Anstrengungen unternimmt, seine jetzige Situation vielleicht zu überwinden. Und das war bei meiner Schwester... Nein, so explizit war's nicht.

Diese Dinge wurden mir erst im Verlauf der ganzen Geschichte klar, einige sogar gerade jetzt erst. Vorher hatte ich nicht so deutlich darüber nachgedacht.

An und für sich ist Selbstmord für mich kein Mittel, weil er eher eine Flucht darstellt als eine Lösung. Schon aus einem politischen Verständnis heraus lehne ich das für mich ab. Ich hab' aber trotzdem keine Lust, jemanden zu verurteilen, wenn er sich umbringt. Aber für mich selbst würde ich es nicht akzeptieren, mich wegen irgendwelcher Schwierigkeiten umzubringen, nur weil ich noch nicht genau weiß, wie ich aus ihnen herauskommen kann.

*Du erzähltest zu Beginn, daß in eurer Familie nach Karins Tod oft darüber gesprochen wurde. Habt ihr auch darüber geredet, wie es jedem einzelnen von euch ging?*

Ja, manchmal, das erste Mal gleich nach der Mitteilung durch die Polizei, vielleicht eine halbe Stunde später. Da ging's aber nicht von mir aus, sondern mein Vater sagte plötzlich zu mir: »Gell, das ist unheimlich schlimm für dich – gerade für dich.« Ansonsten sprach man in der ersten Phase nicht so sehr darüber, wie der einzelne empfand. Später war das öfter der Fall, vor allem in der Familie.
Dann gibt es eben bestimmte Tage, an denen man noch mal darüber redet. Ein halbes Jahr später hätte Karin Geburtstag gehabt, und ich war zu Hause, obwohl ich nicht mehr bei meinen Eltern wohnte. Zuerst sagte niemand etwas, aber der Stimmung nach war es bei allen gegenwärtig. Plötzlich redete man dann darüber, wie es einem im Moment erging. Schließlich war doch jedem aufgefallen, wie die andern dasaßen. Das Thema stand im Raum, bis es unausweichlich wurde, darüber zu sprechen. Das gleiche passiert an Tagen wie Weihnachten.

*Würdest du sagen, daß die Möglichkeit, darüber zu reden, wie es ihnen geht, für Angehörige wichtig ist?*

Das finde ich schon. Es ist aber auch bei uns nicht häufig der Fall, in letzter Zeit eigentlich immer seltener, vielleicht deshalb, weil dieses Thema wieder alles dominieren könnte. Oft spreche ich es deshalb nicht an, weil ich mir denke: »Wenn ich damit anfange, dreht sich das Gespräch den ganzen Abend nur noch darum.« Ich selbst bin mir vielleicht sicher, es aushalten zu können, aber ich weiß nicht so genau, wie's mit den anderen aussieht. Und im Verhältnis zu meinen Eltern oder zu Freunden sind mir auch viele andere Dinge wichtig, so daß es dann manchmal unausgesprochen bleibt. Wenn es aber als Problem erkennbar wird oder die Stimmung zeigt, daß es auch für die anderen im Raum steht, besteht immer die Möglichkeit, darüber zu reden.

*Hat es dir geholfen, daß das in eurer Familie möglich ist?*

Ja, es war eine Erleichterung für mich, meine Gefühle mitteilen zu können. Es ging mir dann besser, als wenn ich's in mich reingedrückt hätte.
Im Freundeskreis war das nicht so. Da hat mir die Möglichkeit zu reden gefehlt. Das hat mich manchmal fast gestört. Ich hab' es unseren Freunden auch gesagt, daß mir das fehlt und daß ich nicht verstehen kann, wie so ein Thema einfach übergangen wird.

*Daß dich niemand darauf anspricht?*

Ja, obwohl das von beiden Seiten ausging. Andere hatten auch das Bedürfnis, sprachen das Thema aber nicht an, weil sie nicht wußten, wie ich dazu steh'. Und ich dachte: »Ich bringe es von mir aus nicht auf den Tisch. Ich will damit niemandem auf die Nerven gehen. Vielleicht ist es für sie abgeschlossen, weil sie größere Distanz dazu haben.« Ich stellte aber fest, daß es für andere genauso unerledigt war wie für mich selbst. Es war für sie sogar wichtig zu sehen, daß die Sache für mich nicht einfach passiert und vergessen war.

*Noch schwieriger wird ein Gespräch – gerade in der Familie – wahrscheinlich dann, wenn unterschiedliche Standpunkte vorhanden sind, zum Beispiel wenn einer meint, der oder die Tote sei krank gewesen, und ein anderer dem nicht zustimmen kann.*

Ja. Eine Erklärung wie Geisteskrankheit bedeutet eben auch, daß man selbst keinen großen Anteil daran hat. Wenn jemand geisteskrank ist, dann bringt er sich um, weil er nicht richtig begreifen kann, was er tut. Da kann man nichts machen, da liegt die Ursache im Körper oder im Kopf, und die Leute um ihn herum sind nicht verantwortlich. Wahrscheinlich hat jeder Angst, auch daran beteiligt zu sein. Und man ist ja tatsächlich beteiligt.

*Wie ging es dir während unseres Gesprächs? Du sagtest vorhin, es berühre dich emotional nicht sehr.*

Das hat sich geändert, gerade gegen Ende. Es rückt eben im Gespräch jedesmal wieder viel näher, und ich erinnere mich stärker. Als ich erzählte, was mein Vater zu mir sagte, merkte ich, daß es mir in dem Moment unheimlich naheging.
Und trotzdem erledige ich in solchen Gesprächen jedesmal

Teile davon, die es mir danach nochmals leichter machen, damit umzugehen. Es dringt dadurch immer mehr und immer tiefer in mein Verstehen und Bewußtsein ein, daß es so ist, wie es ist. Und daß ich damit leben muß und auch damit leben kann. Im wesentlichen sind auch die Gespräche dafür verantwortlich, daß ich mich nicht immer in einem Kreis bewege, aus dem ich ja nicht herauskomme, wenn ich nur alleine herumbohre.

*Meinst du, es macht viel aus, die Dinge auszusprechen?*

Ja, ich denke, es auszusprechen heißt, es ein Stück weit zu akzeptieren. Indem ich darüber rede, wird's deutlicher. Da wird's noch mal als Tatsache festgestellt, und zwar als eine unabänderliche Tatsache, die ich auch so nehmen muß, wie sie ist.

# 4. Gespräch: Frau Cost

*Frau Cost ist 28 Jahre alt. Sie arbeitet als Psychologin in einer Beratungsstelle. Ihre Eltern verlor sie vor siebzehn Jahren. Nach den Erkenntnissen der Staatsanwaltschaft tötete ihr Vater ihre Mutter und nahm sich anschließend selbst das Leben.*

Ihr wißt ja schon, daß es sich um meine Eltern handelt. Sie haben sich umgebracht. Genauer gesagt ist es so, daß mein Vater zuerst meine Mutter umbrachte und dann sich selbst. Das passierte vermutlich innerhalb von ein bis zwei Stunden, also nicht erst nach ein paar Tagen, als er realisierte, was er getan hatte. Er hatte also wohl die feste Absicht, meine Mutter und sich selbst zu töten. Das mal vorweg.
Ich hab' mir gestern schon ein bißchen überlegt, wie ich es euch erzählen soll, und habe es als sinnvoll erachtet, daß ich ganz von vorne, also eigentlich bei meiner Geburt, anfange. Ich glaube, die Geschichte mit meinen Eltern und mir ist schon wichtig, um das ganze zu verstehen.
Ich bin in Amerika zur Welt gekommen. Meine Eltern hatten sich in Amerika kennengelernt, dort geheiratet, und dort wurde ich auch geboren. Vier Jahre nach meiner Geburt gingen wir nach Deutschland zurück. Meine Eltern waren beide Deutsche. Nach der Rückkehr mußten und wollten sich meine Eltern hier eine Existenz aufbauen. Sie waren aber, wie ich im nachhinein erfahren habe, wohl nicht sehr bemittelt. Deswegen haben meine Eltern mich erst einmal bei meinen Großeltern mütterlicherseits sozusagen abgeliefert, abgestellt.
Abgesehen von einigen Unterbrechungen war ich vom vierten bis zum elften Lebensjahr bei meinen Großeltern, immer in der Hoffnung lebend, wieder zu meinen Eltern zurückzukommen. Sie hatten es mir immer wieder versprochen: »Ja, ja, wir wollen zuerst eine richtige Wohnung haben, und das Geschäft muß laufen. Und dann kommst du zu uns! Das wird schon noch klappen!«
Andererseits fühlte ich mich bei meinen Großeltern sehr wohl. Ich ging in den Kindergarten, fand Freundinnen, lernte schnell

Deutsch und kam in die Grundschule. Ich fühlte mich bei meinen Großeltern zu Hause, aber mir war immer bewußt, daß es nicht meine Eltern waren, bei denen ich lebte. Und eigentlich wollte ich zu meinen Eltern.
Als ich auf das Gymnasium kommen sollte, war es endlich soweit. Da war klar: »Jetzt kommst du zu deinen Eltern!« Sie lebten damals in Astadt und hatten sich dort eine Wohnung gemietet. Mein Vater hatte ein Fotolabor und gleichzeitig auch ein kleines Reisebüro in einer Stadt aufgemacht, die einige Kilometer von Astadt entfernt lag. Er war sehr häufig im Ausland unterwegs. Da nahm er mich auch öfter mit.
Mit elf Jahren kam ich also zu meinen Eltern. Wann immer das möglich war, hatten sie mich vorher an den Wochenenden besucht. Ich war ihnen schon vertraut. Es war nicht so, daß es etwas völlig Neues war, aber es war bisher sozusagen eine Wochenendbeziehung gewesen, und insofern war es eben doch anders.
Als ich schließlich bei ihnen war, merkte ich bald, daß meine Eltern sich oft stritten und es viel Krach gab. Mir fiel auch auf, daß sie nicht sonderlich gut ausgestattet waren. Unser Wohnzimmer war bis auf einen Schreibtisch leer. Offensichtlich klappte es mit dem Geldverdienen nicht so ganz. Ich spürte das, heute weiß ich es. Damals dachte ich nur: »Mensch, warum haben wir kein richtiges Wohnzimmer?« Und wenn ich etwas zum Anziehen wollte, dann merkte ich, daß sie nicht viel Geld hatten.
Das war der eine Punkt. Ein anderer Punkt war der: Ein paar Tage, nachdem ich zu meinen Eltern gezogen war, ging mein Vater mit mir in ein Café, und wir lernten dort einen Amerikaner kennen, der an unserem Wohnort bei der Armee war. Mein Vater war sehr kontaktfreudig und hatte viele Freunde, hauptsächlich Ausländer. Er beherrschte viele Sprachen. Diesen Amerikaner hat er zu uns nach Hause mitgebracht, das heißt, er beauftragte eigentlich mich: »Nimm du ihn und bring ihn nach Hause, ich komme später nach!« Na ja, das muß ich jetzt vielleicht nicht so ausführlich erzählen. Was schließlich dabei herauskam war, daß meine Mutter und dieser Amerikaner ein Verhältnis miteinander anfingen.
Der Amerikaner hatte auch Familie und eine Tochter in meinem Alter. Für mich war es schön, die Leute zu besuchen und wieder ein bißchen Amerika, eben ein bißchen Heimat zu schnuppern. Das ging so lange, bis ich merkte, daß das zu Auseinandersetzungen zwischen meinen Eltern führte. Schließlich kam es soweit, daß mein Vater knallhart vor meiner Mutter zu mir sagte, er

wolle nicht, daß wir da weiter hingingen, weil meine Mutter mit diesem Amerikaner befreundet sei. Ob ich nicht auch dafür sei, nicht mehr hinzugehen? Ich war ganz verdattert und sagte ja, obwohl ich das eigentlich nicht so ganz wollte. Na ja, das ist vielleicht auch nicht so wichtig.

Jedenfalls gab es während der drei Monate, die ich bei meinen Eltern war, riesige Auseinandersetzungen. Das ging soweit, daß die Nachbarn die Polizei holten. Mein Vater zerriß den Paß meiner Mutter und hat sie, na, nicht geschlagen, aber irgendwann blutete sie mal. Das weiß ich noch genau. Ich bekam fürchterliche Angst. Und irgendwann sagte er zu mir, ich solle ihn an seinem Grab besuchen, ich solle ihm Blumen an sein Grab bringen.

Mir wurde es natürlich unheimlich. Ich spürte die Bedrohung und sagte dann, ich wolle wieder zu meinen Großeltern zurück.

Mein Vater war deswegen ziemlich gekränkt. Auf der anderen Seite verstanden wohl beide meinen Wunsch. Sie ließen mich auch gehen, aus unterschiedlichen Motiven vielleicht. Ich kann mir vorstellen, daß es bei meiner Mutter auch Angst war, es könnte etwas passieren. Und bei meinem Vater vermute ich, daß er schon die Absicht hatte, sich selbst und meine Mutter umzubringen, und daß er mich verschonen wollte. Das ist natürlich jetzt schwer zu sagen. Darauf müssen wir vielleicht nachher noch mal zu sprechen kommen.

Ich versuche jetzt erst einmal, den Ablauf zu schildern. Ich kam also zu meinen Großeltern zurück. Als meine Mutter mich zurückbrachte, versprach sie mir, daß sie mich besuchen komme. Das war an einem Montag, und sie sagte, sie komme am Wochenende, am Samstag.

Als ich dann am Samstag aus der Schule nach Hause kam, saß der Amerikaner bei uns im Wohnzimmer. Alle hatten ganz bedrückte Gesichter. Ja, er hätte versucht, in die Wohnung meiner Eltern zu kommen, es hätte aber niemand aufgemacht. Man müsse jetzt schauen, was da los sei.

Natürlich sagten sie mir nicht, was sie befürchteten, aber ich wußte das ja vielleicht besser als sie, weil ich alles hautnah mitgekriegt hatte. Für mich war vollkommen klar: »Da ist was passiert!« Ich rechnete schon damit, daß sie sich umgebracht hatten, aber als Kind drückte sich das so aus, daß ich dachte: »Da ist was ganz Schlimmes passiert!«

Am Tag danach kam mein Großvater wieder zurück, nahm

mich auf den Schoß und sagte: »Sie sind jetzt beide im Himmel.«
Ich kann mich ganz genau erinnern, daß das etwa um elf Uhr war, und um zwölf Uhr gab es Mittagessen. Das war gar keine Frage, es gab Mittagessen! Grüne Bohnen gab es, das weiß ich noch genau. Ich konnte überhaupt nichts essen, aber ich mußte essen: »Essen muß man weiterhin!« Da fing es an, das war, meine ich, das erste Tabu: »Man darf sich jetzt nicht hängenlassen, sondern man muß essen.«
Eines hab' ich noch vergessen: Als meine Mutter am Montag wegging, wollte ich ihr eigentlich sagen, sie solle nicht mehr in die Wohnung meines Vaters gehen, weil ich einfach Angst hatte. Ich brachte das aber nicht heraus. Ich dachte: »Ich kann doch meiner Mutter nicht sagen: ›Geh nicht mehr zu meinem Vater!‹« Das auszusprechen war damals für mich selbst schon tabu. Nie hätte ich ihr sagen können: »Wenn du zu ihm gehst, dann bringt er dich vielleicht um!«
Ja, und dann war die Beerdigung. Nur meine Mutter wurde in dem Ort beerdigt, in dem ich mit den Großeltern lebte. Mein Vater wurde tabuisiert. Ich weiß bis heute nicht, wo mein Vater begraben ist. Er war einfach nicht wichtig, und er war – irgendwie habe ich es gefühlt – böse. Was genau passiert war, wußte ich ja nicht. Auf jeden Fall ist mein Vater nicht dort begraben, sondern nur meine Mutter. Es war eine ganz kleine Beerdigung, nur meine Großeltern, ich, der Amerikaner und ein Pfarrer waren dabei.
In der Schule erzählte ich dann, daß meine Eltern noch lebten. Obwohl wir in einem sehr kleinen Ort wohnten und meine Schulkameraden es zum Teil sicherlich wußten – das hatte sich bestimmt herumgesprochen –, erzählte ich noch jahrelang, meine Eltern seien noch am Leben.
Wenn es zu Schuljahresbeginn hieß, man solle seine Personalien und die der Eltern angeben, hatte ich immer furchtbaren Bammel. Da zog der Lehrer immer eine Karteikarte hervor und fragte, ob noch alles stimme. Ich bin mir ziemlich sicher, daß wir offiziell schon den Großvater als meinen Vormund angegeben hatten, und ich kann mich auch nicht mehr genau erinnern, was auf der Karte stand. Aber ich weiß noch, daß ich jedesmal am ersten Schultag gern fehlen wollte, weil ich immer Angst hatte, daß alle mich fragen würden, warum nicht mein Vater auf der Karteikarte stehe.
Das war eine meiner Reaktionen darauf.

Dann sprach ich, bis ich sechzehn, siebzehn war, eigentlich nie mehr mit jemandem darüber, mit meinen Großeltern überhaupt nicht. Bei ihnen hieß es eben nur: »Man-geht-jetzt-auf-den-Friedhof-zum-Grab.« Das wurde alles versachlicht.
Auch der Geburtstag meiner Mutter oder meiner Eltern wurde nicht erwähnt, also daß sie an diesem Tag Geburtstag gehabt hätten. Ich dachte jedesmal daran, ich hab' das nie vergessen!
Mich sprach auch nie jemand aus der Bevölkerung oder von den Nachbarn auf meine Eltern an, auch die Eltern von Freundinnen nicht. Das wurde tabuisiert.
Erst als ich sechzehn, siebzehn war, kam ich darauf, daß es vielleicht gut wäre, darüber zu sprechen. Ich hatte einfach auch das Bedürfnis, darüber zu sprechen. Das war sicher vorher schon vorhanden, aber da fühlte ich, daß es keinen Ansprechpartner für mich gibt. Das war einfach nicht drin! Es war natürlich auch noch insofern etwas Besonderes, als es eben nicht nur ein Selbstmord war, sondern eigentlich ein Mord und ein Selbstmord und also eine ganz besondere Schande.
Ich konnte später mit Freundinnen und mit Freunden schon darüber sprechen. Mein Großvater ist inzwischen gestorben, mit ihm konnte ich also nie reden. Mit meiner Großmutter habe ich bis vor einigen Monaten auch nicht darüber gesprochen, also praktisch siebzehn Jahre lang geschwiegen.
Vor zweieinhalb Jahren begann ich eine Psychoanalyse, nicht zuletzt auch deswegen, weil ich merkte, da ist noch sehr viel Trauerarbeit zu leisten, das ganze ist noch nicht verarbeitet. Und gegen Ende der Analyse war dann immer stärker davon die Rede, daß ich doch noch mit meiner Großmutter reden sollte. Zum Teil brachte mich der Analytiker darauf, zum Teil sah ich es selbst ein: »Wenn ich wirklich – ja, wenn ich wirklich erwachsen werden und mich wirklich von dem ganzen lösen will, dann muß ich mit meiner Großmutter darüber sprechen!« Das schob ich aber Monate vor mir her.
Endlich faßte ich mir ein Herz und sprach sie darauf an. Dabei erfuhr ich Sachen, die ich überhaupt nicht gewußt hatte, zum Beispiel, daß meine Eltern geschieden waren. Sie hatten sich schon in Amerika scheiden lassen. Es hatte also damals schon Streit gegeben. Ich hörte auf diese Weise von einigen Konflikten in unserer Familie, die aber vielleicht nicht unmittelbar mit dem Selbstmord zusammenhingen.
Über den Selbstmord an sich oder die Tatsache, daß mein Vater

meine Mutter umgebracht hatte, sprachen wir so direkt auch nicht. Zum Beispiel redete ich mit meiner Großmutter nicht darüber, wie sie es getan hatten oder wie mein Vater das gemacht hatte. Allerdings hatte ich das ganz zu Beginn meiner Psychoanalyse bei der Staatsanwaltschaft in Astadt erfragt. Erst zu der Zeit brachte ich den Mut auf, dort anzufragen. Vorher überwog einfach eine ganz fürchterliche Angst zu erfahren, was genau passiert war. Als ich dann die Analyse angefangen hatte, dachte ich: »Na ja, jetzt ist jemand da, der mich auffangen kann, wenn es ganz schlimm wird.«

Aus dem Brief der Staatsanwaltschaft erfuhr ich schließlich, daß mein Vater meine Mutter zuerst mit Äther betäubte, ihr dann ein Pflanzenschutzmittel einflößte und sich anschließend ebenfalls mit Pflanzenschutzmittel umbrachte. Auch das hatte ich also die ganze Zeit nicht gewußt.

Ich überlege mir gerade, ob ich mir als Kind Gedanken darüber machte, wie sie das gemacht hatten. Eigentlich weniger, glaube ich.

Was mich oft beschäftigte, war vor allem die Frage, ob sie wirklich tot sind. Ich wurde sehr katholisch erzogen, zumindest in der Schule, von meinen Großeltern und meinen Eltern her weniger. Wenn ich dann sonntags in der Kirche war, überlegte ich oft, ob sie mir jetzt wohl zugucken, ob sie im Himmel sind und sehen, ob ich brav bin. Und wenn ich in der Schule gute Noten hatte oder auch mal schlechte, dachte ich darüber nach, ob meine Eltern das wohl mitkriegen.

Sehr oft habe ich von ihnen geträumt. Auch jetzt noch, allerdings seltener als früher, träume ich, daß sie wiederkommen, daß sie gar nicht tot sind, daß sie noch leben und daß alles ein Irrtum war.

Besonders über meinen Vater dachte ich das, weil ich ja auch nie gesehen habe, wo er begraben ist. Da hatte ich tatsächlich immer noch so die Hoffnung: »Er ist irgendwo! Vielleicht ist er im Gefängnis, und das will man mir nicht sagen.« Da träumte ich dann, daß mein Vater zurückkommt und mich besucht.

Ich überlegte mir oft, ob ich es hätte verhindern können. Schon als Kind machte ich mir darüber viele Gedanken. Das zeigte sich ja auch darin, daß ich mir, als meine Mutter an diesem Montag wegfuhr, überlegt hatte: »Soll ich sie nicht doch warnen? Soll ich ihr nicht doch sagen: ›Fahr nicht weg, fahr nicht zu Vater, sondern bleib bei dem Amerikaner in der Wohnung!‹?«

Was ich in meiner Analyse dann tatsächlich neu erfuhr – das fiel mir wirklich so nach und nach ein –, war auch, daß ich manchmal gedacht hatte: »Ich bin schuld daran, daß sie sich umbringen! Jetzt, wo ich zu ihnen komme, bringen sie sich um!« Ich dachte das in dem Sinn, daß ich auch die kindliche Vermutung hegte, sie stritten sich über mich, weil ich böse war, und sie stritten sich so heftig, daß sie sich umbrachten und es eben wirklich endete. »Vielleicht habe ich das verschuldet. Vielleicht war ich nicht brav.«

*Sagte man dir damals nur, deine Eltern seien jetzt im Himmel? Sonst nichts?*

Sonst nichts.

*Das Wort ›tot‹ fiel nicht?*

Nein, also ich bin ganz sicher, mein Großvater sagte nicht ›tot‹, sondern: »Sie sind jetzt im Himmel, und das ist auch gut so.« Wie man eben so sagt: »Es ist vielleicht das beste so.«

*Und von da ab wurde nicht mehr darüber gesprochen, auch am Beerdigungstag nicht?*

Nein, überhaupt nicht. Man pflegte das Grab sehr sorgfältig, aber es war *das Grab.* Man ging nicht zur Mama, sondern ging an das Grab.
Es gab vielleicht noch zwei, drei Situationen, in denen meine Großmutter das Wort Mama in den Mund nahm. Wenn sie zum Beispiel im Kleiderschrank einen Mantel von meiner Mutter fand, und ich stand gerade daneben und fragte, was sie da habe, dann kam: »Das ist noch von der Mama.« Aber das war dann alles, und ich wagte auch nicht, weiterzufragen. Es war einfach klar: »Ich darf da nicht fragen!«
Als Kind durfte ich es nicht. Und später, als ich älter war, dachte ich, ich würde alte Wunden aufreißen, wenn ich jetzt noch mal davon anfinge. Ich tat es schließlich doch, weil ich mir eigentlich schon darüber im klaren bin, daß es meine Großmutter im Grunde genommen auch nicht verarbeitet haben kann. Sie hat zwar siebzehn Jahre lang darüber geschwiegen, aber es ist für sie vielleicht doch hilfreicher, wenn ich mit ihr darüber spreche, als wenn sie es während ihrer letzten Jahre auch noch totschweigt.
Nachdem ich mit ihr gesprochen hatte, schrieb sie mir, es habe sie sehr beschäftigt. Sie habe sich nach meiner Abfahrt noch

sehr aufgeregt. Das ganze sei nicht sehr angenehm gewesen, und deswegen habe sie auch nie davon gesprochen. Über Unangenehmes rede man eben nicht so gerne. Sie habe in dem Gespräch mit mir gespürt, daß ich wohl ein bißchen böse auf sie sei, weil sie mir nie etwas davon erzählte. Gewollt hätte sie es schon, aber sie habe es einfach nicht fertiggebracht, weil es doch etwas sehr Schlimmes gewesen sei. Und es sei ja auch für sie nicht einfach gewesen. Das begründete sie nicht, sondern schrieb nur: »Es war eben eine schlimme Zeit damals, nachdem das passiert war.«

Ich nehme an, daß es in so einer Kleinstadt tatsächlich schwierig ist, dann zum Beispiel in einen Laden zu gehen. Alle Welt weiß es, aber natürlich spricht keiner darüber. Ich verstehe schon, daß meine Großeltern da ganz schön zu leiden hatten.

*Kam niemals etwas über deinen Vater, auch nicht versteckt oder als Anspielung?*

Der war total weg!

*Also noch weiter weg als deine Mutter?*

Über ihn gab es überhaupt nie ein Wort.

Mein Vater hat noch eine Schwester, die in Edorf lebt. Sie versucht bis heute, Kontakt mit mir zu halten. Ich verstehe mich an sich auch recht gut mit ihr. Diese Tante rief ein-, zweimal im Jahr bei uns an, meine Großmutter und mein Großvater wollten aber mit ihr überhaupt nicht reden. Wenn sie anrief, hieß es immer: »Edorf hat angerufen«, oder: »Edorf ist am Telefon«, also nie: »Tante Grete ist am Telefon«. Womöglich zu sagen, meine Tante sei am Telefon, das würde ja bedeuten, daß mein Vater mit uns verwandt ist. Und das war also vollkommen weg!

Mich wundert eigentlich, daß meine Großeltern nie versuchten, mir einen anderen Namen zu geben. Ich habe natürlich den Namen meines Vaters, meine Großeltern heißen also anders als ich. Sie haben sich nie darum bemüht, glaube ich. Im nachhinein erstaunt mich das wirklich, weil mein Name noch ein ziemlich deutliches Kennzeichen dafür ist, wo ich herkomme.

Mit meiner Tante sprach ich auch nie über die Sache selbst, also über die Tatsache, daß mein Vater meine Mutter und sich selbst umgebracht hat. Sie erzählt allerdings von ihm, wenn ich sie besuche: was früher mit ihm war und was sie mit ihm im Krieg und so erlebt hatte. Aber wenn es dann um das Ende geht,

kommt nur ein Seufzen: »Ja, ja, und so ist es dann gegangen, und so hat es enden müssen.«
Sie zeigt mir auch Fotos von ihm und hat mir auch Fotos besorgt. In den Fotoalben meiner Großeltern gibt es kein einziges Bild von meinem Vater. Da waren zweifellos Bilder von ihm drin, die haben sie alle herausgerissen! Von meiner Tante bekam ich dann ein Foto meines Vaters. Ich hätte noch weitere Bilder haben können, aber das wollte ich gar nicht.
Und die Gründe, weshalb mein Vater das getan hat, waren zum einen vermutlich finanzielle. Mein Vater hatte sich permanent übernommen. Er hatte tausend geschäftliche Unternehmungen geplant, das Reisebüro aufgemacht, das Fotolabor auf die Beine gestellt und war wohl in ganz beträchtliche Schulden geraten. Nachdem er gestorben war, bezahlten meine Großeltern seine ganzen Schulden. Sie hatten ihn immer unterstützt, ihm immer wieder fünftausend Mark gegeben und noch mal einen Tausender, aber das war wie ein Faß ohne Boden. Er kam einfach auf keinen grünen Zweig! Und meine Mutter machte ihm auch Vorwürfe, er würde es zu nichts bringen. In dieser Hinsicht hatte sie zweifellos recht. Daran ist er sicherlich gescheitert.
Zum anderen vermute ich auch, daß er in der Spielbank gespielt hat. Ich weiß es nicht, habe auch keinerlei Anhaltspunkte dafür, aber das ist so eine Überlegung von mir, weil er eben auch sehr viel an dem Ort mit der Spielbank war. Ich kann mir vorstellen, daß er einfach noch alles auf eine Karte setzte, spielte und verlor.
Außerdem wollte meine Mutter sich trennen. Das sprach sie ganz klar aus: Sie läßt sich scheiden! Ich wurde von meinen Eltern gefragt, zu wem ich wolle, und ich sagte dann, ich wolle zu meiner Mutter. Da sah ich einfach noch meine Großeltern im Hintergrund. Und ich wollte an und für sich lieber in Richtung Mutter, Großeltern und den Ort, wo ich aufgewachsen war, und nicht zu meinem Vater.
Dann war mein Vater in der Nazizeit wohl einer von den etwas engagierteren Nazis und saß dafür auch in Amerika im Gefängnis. Ich weiß nicht, ob er da nicht auch schon Menschenleben auf dem Gewissen hatte und damit vielleicht nicht fertigwurde. Es könnte sein, daß ihn das noch beschäftigte. Ich weiß es nicht. Meine Mutter hatte sich deshalb schon in Amerika von ihm scheiden lassen, als sie erfuhr, daß er aktiver Nazi war. Vielleicht hat sie ihm das später noch vorgeworfen.

Ich habe immer sehr viel entschuldigt und entschuldige auch heute noch sehr viel. Für meinen Vater habe ich sehr viel Verständnis, obwohl ich in der Analyse eher vom Kopf her gelernt habe, daß es vielleicht besser gewesen wäre, wenn ich mit meinen Eltern ein bißchen mehr geschimpft hätte. Das wäre wohl auch heute besser. Sicherlich bin ich durch die Analyse ein bißchen kritischer geworden, aber ich habe immer noch einen sehr großen Rest von Verständnis für die Lage meines Vaters.
Wenn ich mich wirklich noch mal auf die ganze Geschichte einlasse und mich damit beschäftige, was es für mich bedeutet hat, ohne richtiges Elternhaus bei den Großeltern aufzuwachsen, dann ist das jedesmal so eine Stimmung aus Verzweifeltsein und Traurigsein: »Warum habe ich nicht ein schönes Elternhaus und richtige Eltern?« Es ist eine Mischung davon und dem Gedanken: »Menschenskind, warum haben sie so einen Mist gemacht? Warum haben sie mich allein gelassen?« Manchmal kann ich schon auch böse werden oder eher abrechnen und denken: »Die Verantwortung hätten sie eigentlich zeigen müssen! Ein Kind in die Welt zu setzen und dann einfach zu gehen! Die Verantwortung hätte mein Vater zeigen müssen! So was kann er eigentlich nicht bringen! Was die beiden da gemacht haben oder was mein Vater tat, ist eigentlich eine Sauerei!«
Manchmal wurde ich schon echt wütend, lag auf dem Bett und brüllte und schimpfte. Aber zwei Tage später wurde ich wieder ganz ruhig, fing an, das zurückzunehmen, und sagte mir, daß sie ja auch ihre Gründe hatten.
Ich sage ja immer sie, was *sie* getan haben. Manchmal hatte ich schon die Phantasie, daß meine Mutter vielleicht irgendwie selbst die Schnauze voll hatte und sagte: »Ja, gehen wir beide!« Ich weiß es nicht.
Der Brief von der Staatsanwaltschaft läßt eigentlich nur den Schluß zu, daß mein Vater meine Mutter wider ihren Willen umbrachte. Dem konnte man nicht entnehmen, daß das freiwillig war. Aber in meiner Phantasie überlegte ich mir schon manchmal, ob es ihr auch zuviel war.
Ich konnte beide Gefühle, sowohl Verständnis als auch Wut empfinden. Vorherrschend ist, glaube ich, das Verständnis. Auch wenn ich wütend werde, ist das Fazit eigentlich doch immer wieder entschuldigend. Dazu kann ich natürlich auch ins Feld führen, daß mein Vater mich verschont hat. Er hätte ja auch sagen können: »Wir alle drei haben hier nichts mehr zu suchen!« Aber mich ließen sie in Ruhe, und er tat es erst, nach-

dem er wußte, daß ich versorgt bin. Und das wußte er ja, weil ich vorher schon sechs, sieben Jahre lang bei meinen Großeltern wirklich gut versorgt worden war.
Das Überwiegende ist also, daß ich sie immer noch eher entschuldige als angreife.

*Bedeutet das auch, daß du dir ein bißchen sagst: »Vielleicht war es ganz gut so, wie es gelaufen ist.«?*

Das dachte ich mir schon manchmal, das stimmt! Ich bin mit meinem Leben, wie es bisher gelaufen ist, ganz zufrieden. Und manchmal hab' ich schon überlegt: »Wie wäre es gewesen, wenn ich bei meinen Eltern groß geworden wäre? Wie hätten sie mich erzogen?« Vielleicht hätten sie mich – ja, ich sage mal so – sehr viel konservativer erzogen. Vielleicht wäre ich etwas ganz anderes... Nein! Mit Sicherheit wäre ich jemand ganz anderes geworden. Eigentlich hätte es nur schlechter sein können, hab' ich so das Gefühl.
Meine Großeltern boten mir an sich ganz gute Bedingungen. Sie ließen mich das Abitur machen, studieren, haben mir viel Freiheit gelassen. Sie ließen mich einfach laufen, zum Teil sicher aus Unvermögen, weil sie gar nicht wußten, wie sie mich als Teenager halten sollten. Ich hatte wirklich sehr viel Freiheit. Es ist sicherlich richtig, daß ich manchmal schon dachte: »Vielleicht war es ganz gut so.«
Auf der anderen Seite hat mir natürlich doch auch etwas gefehlt, das ist klar. Eine meiner Freundinnen hatte zwei Brüder und richtig dufte Eltern – für mein Empfinden damals jedenfalls. Sie waren sehr liberal, hatten ein schönes Haus, fuhren zweimal im Jahr in Urlaub. Das war eine Familie, in der es einen Tisch gab, an dem immer viel gesprochen und diskutiert wurde, wo man Anregungen bekam und sehr viel mehr erfuhr als ich bei meinen Großeltern.
Meine Großeltern waren sehr, sehr schweigsam. Es war immer ruhig, sie zeigten mir auch nie irgendwas und gaben mir nie ein Buch in die Hand. Das mußte ich alles selbst lernen. Das machte mich schon sehr oft traurig: »Warum hab' ich kein richtiges Elternhaus? Eines, in dem man auch so richtig fragen und Vertrauen haben kann!« Dann kam aber gleich wieder der Gedanke: »Wer weiß, ob mir meine Eltern ein so ideales Elternhaus hätten bieten können?« Sie wären wahrscheinlich, wie ich das heute sehe, auch nicht die idealen Eltern gewesen.

*Wenn du dir als Kind überlegtest, ob du am Tod deiner Eltern schuld hattest, was machte das dann mit dir? Wie gingst du damit um?*

Das sah so aus, daß ich immer wieder die Situation vor Augen hatte, in der ich meiner Mutter hätte sagen können, sie solle nicht zu meinem Vater zurückgehen. Ich sah genau vor mir, wie sie die Treppe runterging und dann unten stand. Sie winkte und rief »Tschüs« oder so ähnlich. Ich weiß noch genau, daß es mir richtig im Halse steckenblieb, als ich sagen wollte: »Halt! Ich möcht' dir noch was sagen! Geh da nicht hin!« Und dann stand ich am Fenster und sah sie ins Auto einsteigen. Das Auto wendete auf der Straße, und mit dem Winken war es ein bißchen kompliziert. Das weiß ich noch ganz genau. Und in dem Moment dachte ich: »Au, Mensch, hätte ich es doch gesagt! Jetzt ist es zu spät!«
Immer wieder sah ich dieses Bild und diese Gedanken vor mir. Als Kind mußte ich oft weinen, wenn ich mir das vorstellte. Was die begleitenden Gedanken beim Weinen waren, weiß ich nicht mehr. Ich kann mich nicht erinnern, ob es mehr in diese Richtung ging: »Es ist blöd, daß ich das nicht gemacht hab'!« Oder habe ich mir wirklich vehement Vorwürfe gemacht und gesagt: »Menschenskind, du bist schuld daran!«? Ich glaube, so war es nicht. Ich dachte, ich hätte meinen Teil dazu beitragen können, da etwas zu verhindern, aber ich meinte nicht, ich sei für ihren Tod ganz allein verantwortlich. Das hab' ich nie gedacht. Vielleicht hätte ich es aber doch versuchen können.
Ich weinte oft, aber immer allein, auf meinem Bett. Da lag eine weiße Decke drauf. Ich erinnere mich noch ganz genau, wie sie aussah. In diese Decke weinte ich immer rein und hatte dann Angst, meine Großmutter könnte es sehen. Die Decke war ziemlich dünn, und wenn da ein paar Tränen draufkamen, gab es einen nassen und dunklen Fleck. Ich hab' sie dann manchmal herumgedreht, damit meine Großmutter ja nicht sieht, daß ich geweint habe.
Meine Großeltern stritten sich auch oft. Ich meine, wer streitet sich nicht? Aber sie stritten sich eben manchmal lauthals. Und wenn sich die beiden abends noch im Schlafzimmer stritten und es zuerst ganz laut war und dann mit einem Schlag ruhig wurde, hatte ich oft die ganze Nacht die Angst: »Wenn ich jetzt aufstehe und rübergehe, dann liegen sie vielleicht auch tot in ihren Betten.«

In dem Gespräch vor ein paar Monaten erzählte mir meine Großmutter, ich hätte mich irgendwann, als meine Großeltern sich stritten, an sie gehängt und gesagt: »Jetzt fangt ihr auch noch an!«
Ich konnte auch ganz schlecht einschlafen, nachdem das mit meinen Eltern passiert war. Das fiel mir jetzt gerade wieder ein. Aber eigentlich dachte ich da nicht so sehr an meine Eltern, sondern ich konnte nicht einschlafen, weil ich unbedingt einschlafen wollte und schon mit der Angst ins Bett ging: »Heute schlafe ich wieder nicht ein.« Oft lag ich bis eins, halb zwei wach und stieg dann zu meiner Großmutter ins Bett. Und da konnte ich sofort einschlafen.
Ich bin mir aber ziemlich sicher, daß mich die Sache mit meinen Eltern da gar nicht so beschäftigte. Das war eigentlich was anderes. Aber immerhin war es kurz danach, das weiß ich noch.

*Was meinst du, welchen Einfluß dieses Erlebnis auf dich hatte? Siehst du Zusammenhänge zwischen deiner Entwicklung und dieser Erfahrung?*

Ja. Ich würde mir zum Beispiel sehr gut überlegen, ob ich Kinder in die Welt setze. Vielleicht nehme ich einmal ein oder zwei Kinder zu mir, die auf irgendeine Art – das muß nicht Selbstmord sein – ihre Eltern verloren haben.
Es ist schwer zu sagen, welchen Einfluß es auf mich hatte, das weiß ich, aber ich bilde mir ein, daß es mich insofern prägte, als ich mir ein bißchen mehr Gedanken über Ehe und Familie gemacht habe als zum Beispiel die Mehrheit meiner Klassenkameraden. Die waren eben alle mit zweiundzwanzig Jahren verheiratet und haben schon zwei, drei Kinder. Ich habe vielleicht stärker das Bewußtsein entwickelt, was es heißt, Verantwortung für ein Kind zu tragen. Das ist mir vielleicht klarer als anderen, weil ich eben damals spürte, was es bedeutet, in die Welt gesetzt worden zu sein und dann einfach allein gelassen zu werden.
Was es für ein elfjähriges Kind heißt, mit niemandem über solche Erlebnisse sprechen zu können, sehe ich zum Teil auch an den Kindern, mit denen ich in meinem Beruf zu tun habe. Ich mache Erziehungsberatung, und da gibt es auch Fälle, in denen viele Parallelen vorhanden sind. Zum Beispiel hatte ich mal einen Jungen in Betreuung, dessen Vater versucht hatte, sich aufzuhängen. Der Junge hatte das genau mitgekriegt, er stand richtiggehend daneben und rannte dann schnell zu seiner Mut-

ter, damit sie ein Messer holte. Der Mann wollte sich beim Apfellesen am Baum aufhängen. Er hat es überlebt.
Dieser Junge machte auch die Erfahrung, daß man zu Hause nicht mehr darüber sprach. Er war ebenfalls elf Jahre alt. Die Mutter hatte mir am Telefon kurz gesagt, er hätte was Furchtbares erlebt, aber sie könne gar nicht darüber sprechen. Und er bestätigte mir dann, daß man zu Hause nicht darüber reden könne. Ich konnte mich in diesen Jungen gut einfühlen und sehr viel mit ihm besprechen.
Gerade merke ich, daß ich die Frage nicht so richtig beantworten kann. Meinst du, ob bei mir heute etwas da ist, von dem ich weiß, daß es durch die damalige Erfahrung entscheidend mitgeprägt wurde? Auf einer Ebene wirkte sich diese Erfahrung vielleicht auf meine Berufswahl aus.
Etwas anderes: Ich weiß nicht, ob ich zu meinen Großeltern mehr Vertrauen gefaßt hätte, wenn das nicht passiert wäre. Sagen wir mal, ich wäre einfach wie anfangs weiterhin bei meinen Großeltern untergebracht gewesen und das mit meinen Eltern wäre nicht passiert. Ich vermute fast, ich wäre auch mit anderen Problemen nicht zu ihnen gekommen. Ich glaube auch, meine Großeltern waren überhaupt sehr wenig warmherzig oder vertrauenerweckend für ein Kind oder eine Jugendliche. Insofern wäre es vielleicht nicht ganz richtig, zu sagen, der Tod meiner Eltern habe bei meinen Großeltern bewirkt, daß sie nichts mehr mit mir redeten und daß ich kein Vertrauen zu ihnen haben konnte.
Ich sage das deswegen, weil ich vorhin auf die Frage spontan antworten wollte, es habe mich wahrscheinlich insofern geprägt, als ich Schwierigkeiten habe, mich jemandem anzuvertrauen. Es kann sein, daß es damit zusammenhängt. Ich meine, es war ja wirklich *das* Erlebnis meiner Kindheit, und damit konnte ich mich niemandem anvertrauen. Als Kind hab' ich es dann sicher verallgemeinert: »Wenn man mit so etwas nicht kommen kann, kann man ja mit allem anderen auch nicht kommen.«
Mit meinen Großeltern sprach ich eigentlich nie über meine Gefühle oder Probleme. Solche Dinge wie Noten und Schulprobleme besprach ich *nie* mit ihnen. Ich ging damit eben zu Klassenkameraden.

*Hattest du später Schwierigkeiten, eine engere Beziehung einzugehen?*

Ja. Ich hab' zum Beispiel hier in der Wohngemeinschaft sehr häufig das Gefühl, daß sich die anderen nicht für das interessieren, was mich beschäftigt. Was soll ich mich denen dann anvertrauen? Ich suche nicht unbedingt so viel Nähe, wie das die anderen tun. Und die Leute, mit denen ich Nähe will, wähle ich sehr gut aus.
Es ist vielleicht auch kein Zufall, daß mein Mann ähnliche Erfahrungen gemacht hat. Seine Eltern haben sich zwar nicht umgebracht, aber bei ihnen ging es auch sehr hoch her! Es ging so weit, daß mein Mann ständig ein Messer neben dem Bett liegen hatte, weil er nie wußte, ob sein Vater ihn nicht angreift. Er hatte immer Angst, und er hat auch heute noch Angst.
Weihnachten zum Beispiel hatte er die Befürchtung: »Wenn ich jetzt bei meinen Eltern anrufe, dann hat mein Vater etwas angestellt, meine Mutter umgebracht oder so.«
Ich sagte ja schon, es ist vielleicht kein Zufall, daß ich mit ihm zusammen bin, weil wir unsere Erfahrungen sehr gut austauschen können und da sehr viel Gemeinsames haben.
Es fällt mir schon schwer, mich jemandem anzuvertrauen und wirklich Nähe zuzulassen. Ich hatte früher relativ viele Freunde. Die Beziehungen dauerten meistens nur zwei Monate. Wenn man sich dann mal abgeklopft hatte und wirklich nah beieinander sein sollte – ihr wißt sicher, was ich meine –, dann bekam ich immer Angst und ging.

*Du beschäftigst dich heute noch sehr viel mit dieser Erfahrung?*

Ja, schon. Es kann ein Fernsehfilm, ein Krimi sein, in dem etwas Ähnliches vorkommt, oder wenn ich etwas über Eifersuchtsdramen in der Zeitung lese, dann lege ich eigentlich jedesmal die Zeitung weg und muß noch mal daran denken, was damals bei uns passierte. Ich male mir dann aus, was es für die Leute bedeutet, wenn sich ein Ehepaar umgebracht hat und die Kinder übriggeblieben sind.
Mit meinem Schwiegervater ist mir etwas Ähnliches passiert. Wir hatten über irgendwas gesprochen, und plötzlich nahm er mich so richtig persönlich ran und sagte, er habe in der Zeitung etwas gelesen, das eigentlich unglaublich sei. Da habe doch in ihrem Wohnort ein Mann seine Frau und dann sich selbst umgebracht! Und beinahe hätte er den Liebhaber seiner Frau auch noch umgebracht, der habe nur Glück gehabt, daß er noch mal davongekommen sei.

Ich war mir hundertprozentig sicher, daß er nicht wußte, was mit meinen Eltern war. Nur meine Schwiegermutter weiß Bescheid. Mein Mann hat es ihr erzählt. Sie hat aber dieses Thema mir gegenüber und mit Sicherheit auch ihrem Mann gegenüber noch nie erwähnt. Sie setzt das Tabu also fort, und ich bringe es auch nicht fertig, es zu brechen. Aber trotzdem, also mir blieb echt der Atem stehen! Ich sagte dann, das sei schon schlimm oder so, und mein Mann fing von etwas anderem an, damit das Thema vom Tisch war.

Also so etwas kann mich schon noch manchmal vom Stuhl hauen, aber es ist nicht mehr so schlimm wie noch vor zwei, drei Jahren. Da hätte ich das alles überhaupt nicht erzählen können, ganz bestimmt nicht!

Als ich das erste Mal an einer Selbsterfahrungsgruppe teilnahm, kamen wir auf Eltern zu sprechen, und ich sollte auch ein bißchen von meinen Eltern erzählen. Da bin ich tatsächlich zusammengeklappt! Ich konnte zwar noch gehen, aber sie mußten mich wirklich nach Hause führen.

Mit Freundinnen hatte ich schon häufiger freiwillig darüber gesprochen, aber in dieser Gruppe war es so halbfreiwillig. Ich spürte den Druck: »Jetzt muß ich auch was erzählen!« Und unter diesem Druck tat ich es dann auch. Ich merkte aber, daß ich mich damit vollkommen überfordert hatte, und das war auch der Anlaß, eine Analyse anzufangen. Zwei Wochen später sagte ich mir: »Ich muß noch unheimlich viel darüber sprechen, ich muß damit fertigwerden!« Dann ging ich sofort los und suchte mir einen Analytiker.

Ich schaue mir heute noch häufig Fotos an. Das muß nicht unbedingt einen Zusammenhang haben, aber ich habe eben noch ein paar Bilder von meiner Mutter und – wie gesagt – eines von meinem Vater und meiner Mutter. Anhand der Bilder versuche ich zu rekonstruieren, was früher war. Das ist mir natürlich auch entgangen. Über meine frühe Kindheit weiß ich überhaupt nichts. Ich habe keine Eltern, mit denen ich darüber sprechen könnte, was damals war. Das macht mich auch oft traurig, daß ich...

Da gab es auch mal so eine Geschichte, als die Mutter meiner Zimmernachbarin zu Besuch war. Die beiden verstehen sich in letzter Zeit sehr gut, sind fast wie Freundinnen. Da merkte ich so richtig, daß ich das kaum aushalte. Ich kann fast nicht mit anschauen, daß die beiden die Möglichkeit haben, über Konflikte zu sprechen und Konflikte aufzuarbeiten, die früher ent-

standen sind, oder daß sie einfach miteinander über sich selbst sprechen können.
Zunächst reagierte ich da wütend und unwirsch. Als die Mutter der Zimmernachbarin mich fragte, ob ich nicht rüberkommen wolle, gab ich eine patzige Antwort und rannte aus dem Zimmer. Das tat mir dann doch leid, und ich fragte mich: »Warum bin ich so?«
Es brachte mich zum Nachdenken, und plötzlich wurde mir klar: »Ich ertrage es einfach nicht, daß jemand mit seiner Mutter richtig reden kann und sie richtig verfügbar hat!« Ich hab' halt nur noch Fotos.
Gut, aus der Quelle Großmutter konnte ich ein bißchen schöpfen, ich habe einmal mit ihr gesprochen. Aber ich spüre heute schon, daß es schwierig sein wird, wenn ich sie wieder besuche. Es geht nicht einfach so weiter, daß ich zum Beispiel das nächste Mal locker sagen könnte: »Wo sind denn eigentlich die Bilder von Mamas Hochzeit?« Ich schaue dann lieber selbst im Schrank nach, ohne meine Großmutter zu fragen. Das ist immer noch ein Tabu. Sicherlich hat es uns beiden weitergeholfen, wenigstens einmal darüber gesprochen zu haben. Aber es fängt schon wieder an, ins alte Gleis zu geraten: daß wir wieder nicht darüber sprechen können.

# 5. Gespräch: Herr Kuhn

*Herr Kuhn ist Ende Zwanzig und Jurist. Der Suizid seines Bruders Rainer liegt zwei Jahre zurück.*
*Rainer wurde erst einige Tage, nachdem er verschwunden war, tot aufgefunden. Er war durch die Einnahme von Medikamenten gestorben.*

Rainer hat mich noch kurz vorher in Xstadt besucht, hauptsächlich wegen der Geschichte mit seinem Studium. Er wollte unbedingt Medizin studieren, bekam aber keinen Studienplatz, und einer meiner Bekannten wußte von Möglichkeiten im Ausland. Wir trafen uns dann mit ihm in einer Kneipe. Edgar versprach Rainer, sich gleich um die nötigen Unterlagen zu kümmern.
Als wir danach zum Auto gingen, kamen wir an einer Buchhandlung vorbei. Da war das Buch von Jean Améry über Selbstmord ausgestellt, und plötzlich fing Rainer an, darüber zu sprechen. Es wunderte mich, wie er auf so etwas kam, ich sagte aber nur: »Also ich kenn's nicht und weiß nicht, was ich davon halten soll.« Damit war das Thema erledigt.
Ursprünglich wollte er einen Tag länger bleiben, hatte es sich aber offenbar anders überlegt und sagte an diesem Abend, er müsse am nächsten Morgen wieder fahren, weil er etwas vorhabe. Rainer wohnte noch bei unseren Eltern. Ich hab' dann nichts mehr von ihm gehört.
Jetzt komme ich auf einen Punkt zu sprechen, der mir seltsam vorkam. Vielleicht gibt es so etwas wie eine Verbindung zwischen Brüdern.
Rainer wurde einige Tage vermißt, bis man wußte, was passiert war. In der Nacht, als er von zu Hause verschwand, kam ich ziemlich früh heim und legte mich gleich ins Bett. Ich konnte aber nicht schlafen und war wahnsinnig unruhig, auch körperlich spürte ich das. »Das hat so keinen Sinn!« dachte ich mir dann, »du kannst sowieso nicht schlafen. Jetzt stehst du auf, gehst raus und unternimmst was.« Das war keine Unruhe, von der man sagen könnte, sie sei verhältnismäßig neutral gewesen, sondern es war eine sehr negative Empfindung. Ich ging dann

weg, trank ein paar Bier und zog mit ein paar Typen durch die Lokale.
In dieser Nacht war's mir also richtig... Ich weiß nicht, es war ganz merkwürdig.
Als ich wieder zurückkam, setzte ich mich hin und schrieb. Daß es ein Gedicht wurde, kann man nicht sagen, ich hab' einfach versucht, die Stimmung einzufangen, die ich in dieser Nacht empfunden habe. Das landete irgendwo in meinem Schreibtisch, und ich vergaß es. Erst hinterher stieß ich wieder darauf und stellte fest, daß es von meinen Worten her sehr stark auf Tod und ähnliches hinsteuerte, eben unheimlich destruktiv war.
Direkt mitgekriegt hab' ich das ganze erst, als ich dann zu den Eltern gefahren war. Daß er schon mehrere Tage nicht mehr zu Hause war, hatte man mir vorher nicht gesagt. Ich war im ersten Moment sehr davon überzeugt, daß da nichts passiert war. Ich dachte eben, er sei für ein paar Tage weggefahren.
Zwischendurch hatte ich kurz mit Rainer telefoniert, nachdem Edgar die Unterlagen für das Auslandsstudium besorgt hatte. Da hatte er sich nur bedankt und sonst über Alltägliches geredet. Als mein anderer Bruder mich darauf ansprach, daß er echt besorgt sei, war ich mir eigentlich sicher, daß kein Grund zur Sorge bestehe. Von Rainers Stimmung bei dem Telefonat her hatte ich den Eindruck, daß er das Auslandsstudium machen wollte. Für mich deutete nichts darauf hin, daß er in eine solche Richtung ging.
Was solche Dinge angeht, ist Rainer nicht der erste, der mich mehr oder weniger direkt betrifft. Die anderen Leute, mit denen ich in solchen Situationen in Berührung kam, waren aber vorher schon in einer sehr deprimierten Stimmung. Das konnte man ihnen sehr deutlich anmerken. Bei Rainer hatte ich diesen Eindruck nicht, und deshalb schloß ich aus logischen Gründen diese Möglichkeit zu diesem Zeitpunkt aus. Ich wurde erst später unruhig, als er immer noch nicht auftauchte und man ihn trotz Herumtelefonierens nirgends erwischte.
An und für sich glaubte ich's auch in diesem Moment noch nicht, weil er mir mal erzählt hatte, daß er oft einfach wegfahre und spazierengehe oder sonst etwas unternehme. Ich dachte halt, er sei irgendwo versumpft oder habe im Augenblick etwas Besseres zu tun, als nach Hause zu kommen oder sich zu melden. Es war für mich überhaupt nicht vorstellbar, daß er sich was antut oder wie er jetzt dazu kommen sollte.

Eine Vorstellung davon vermittelte mir erst der Brief, den er hinterließ. Da wurde mir klar, daß er immer eine gehörige Maske getragen hatte. Da kommt auch klar zum Ausdruck, daß er das sehr bewußt getan hat und daß ihm die Idee schon lange vertraut war. Er schrieb, er wolle sich endlich so darstellen, wie er wirklich sei, und das sei ihm anders als durch seinen Tod nicht mehr möglich. Ja, Maske, das würde ich nach wie vor noch sagen.
Sicher kann man jetzt im nachhinein sagen, es hätte Anzeichen gegeben. Die gibt's wahrscheinlich in allen solchen Fällen, weil keiner sich selbst vollständig verbergen kann. Aber ob die Anzeichen in diese Richtung deuteten oder nicht, war mir zumindest zu diesem Zeitpunkt nicht klar. Ich glaube, daß die Nähe, die man zueinander hat, einem oft den Blick für solche Zeichen verstellt, weil man sich einfach weigert, sich mit solchen Gedanken zu beschäftigen. Man weigert sich wahrscheinlich bis zu dem Zeitpunkt, wo dann gerade so etwas zum ersten Mal passiert. Vielleicht wird man dann hellhörig. Ich weiß es nicht.
Ja, und dann kam das, wie Bruno, ein Freund unserer Familie, zu mir ins Zimmer stürmte und mich aufweckte. Er schrie: »Wach auf! Wach auf! Der Rainer ist tot!« In dem Moment fuhr ich hoch, rannte ins Erdgeschoß runter und dachte: »Jetzt mußt du gucken, was da los ist!« Einen anderen Gedanken konnte ich überhaupt nicht fassen.
Als ich nach unten kam, saß Mutter heulend im Sessel. Und Vater saß kopfschüttelnd da und sagte immer nur: »Nein, nein!« Bruno und der andere Bekannte, die uns benachrichtigt hatten, standen hilflos herum.
Da hab' ich's immer noch nicht geglaubt. Bruno konnte auch nichts Konkretes sagen. Er wußte nur, daß die französische Gendarmerie seiner Frau am Telefon gesagt hatte, man habe Rainer tot aufgefunden. Ich dachte mir, wenn man das jetzt einfach so hinnähme, dann würde nichts passieren, und deshalb war für mich klar: »Sofort ins Auto, rüber nach Frankreich und schauen, was überhaupt gelaufen ist!«

*Du hast nicht geglaubt, daß Rainer tot ist?*

Ich weiß nicht, ob ich's geglaubt hab'. Es ist vielleicht ein schon beruflich bedingter Skeptizismus, daß ich dachte: »So unüberprüft nehm' ich das nicht hin! Das will ich genauer wissen!« Deshalb telefonierte ich etwas später, morgens um sieben etwa, mit unserem gemeinsamen Freund Jean in Frankreich, und der

bestätigte es mir dann. Danach war es mir dann schon klar. Kurz darauf fuhren Bruno und ich los nach Frankreich.
Das ist für mich heute noch schmerzhaft und geht mir noch sehr nah, wenn ich die gleiche Strecke fahre wie Rainer damals. Ich konnte an diesem Morgen unheimlich gut nachempfinden, wie er mitten in der Nacht diesen Weg fuhr. Als wir wegfuhren, war es auch noch dunkel. Während der ganzen Fahrt überlegte ich mir: »Was muß in ihm vorgegangen sein, als er da gefahren ist?« Dafür gibt's für mich keine Worte, ich kann das nicht in Worte fassen. Ich hatte nur damals schon das Gefühl: »Wenn das wirklich passiert ist, dann ist er ganz bewußt nach Frankreich gefahren.« Wir haben ein Haus dort, und Rainer hatte mir einmal erzählt, daß es für ihn so eine Art Zuflucht darstelle. Mir kamen seltsame Gedanken, Begriffe wie Ruhestätte gingen mir durch den Kopf.
Eine andere Sache fiel mir sofort ein: Nicht lange vorher hatten wir uns in Frankreich getroffen. Er kaufte sich dort oft Chansonplatten, und da hatte er eine neue Platte und spielte die ab. Ich erinnerte mich, daß er damals schon beinahe ekstatisch dieses Chanson »Je vais mourir en France« mitgesungen hat.*
Wir fuhren also nach Frankreich. Geredet wurde nicht viel. Bruno glaubte es immer noch nicht ganz, er meinte immer noch, Rainer sei vielleicht im Krankenhaus. Ich sagte ihm: »Bruno, das stimmt nicht! Jean hat mir gesagt, daß Rainer tot ist.« Das konnte er beinahe nicht fassen.
Als wir in dem Ort ankamen, fuhren wir gleich zu Jean. Zusammen gingen wir zum Arzt, der den Tod festgestellt hatte. Er sagte uns, Rainer habe sich mit Medikamenten vergiftet. Der Arzt ging mit zur Polizei, und die gaben uns dann den Abschiedsbrief. Zu diesem Zeitpunkt hatten wir Rainer noch nicht gesehen.
Sie gaben mir den Brief, und Jean meinte, er habe versucht, ihn für die Polizei zu übersetzen, aber die Formulierungen seien für ihn zu schwierig, er habe vieles nicht verstanden. Also mußte ich den Brief vorlesen und ihm erklären, was er nicht verstand.
Eigentlich ist es müßig, den ganzen Tagesablauf zu berichten. Auf jeden Fall war es eine Riesenhektik mit der Hin-und-her-Fahrerei. Man mußte in die Hauptstadt des Departements fah-

* Übersetzung: Ich werde bald in Frankreich sterben. Oder auch: Ich möchte in Frankreich sterben.

ren, um so eine komische Ausfuhrgenehmigung für die Leiche und weiß der Teufel was zu kriegen, und zum Leichenbestatter, um einen Sarg zu bestellen. Es gab auch noch Probleme wegen der Bestimmungen für einen solchen Fall. Mir kam das ganze auf jeden Fall ewig lange vor.
Erst ganz zum Schluß kamen wir in so eine Art Schuppen beim Krankenhaus. Da lag er. Und als ich ihn da sah, hab' ich erst wirklich begriffen, daß er tot ist. Gewußt hab' ich das vorher schon, aber in dem ganzen Trubel war das fast untergegangen. Da kam natürlich noch so viel hinzu, zum Beispiel überlegte ich mir, was jetzt wohl daheim abläuft. Ich wollte zu Hause anrufen, aber das war einfach von der Zeit her nicht möglich. Prompt war das Resultat, daß sie's immer noch nicht glaubten, als wir zurückkamen.
Sie fragten mich, ob er wirklich tot sei. Im Lauf des Tages müssen weiß der Teufel was für Gerüchte umgegangen sein, er sei gar nicht tot. Meine Eltern glaubten, er könne irgendwo auf der Intensivstation liegen. Zumindest machten sie sich noch Hoffnungen.
Ich war dann nur ungefähr zwei Stunden daheim. Morgens um zwei fuhren wir gleich wieder los nach Frankreich, um Rainers Leiche zu überführen.
Was mein eigenes Erleben angeht, lief in diesen Tagen bei mir nur Äußerliches ab. Es war mir in diesem Moment auch wesentlich wichtiger, die Leute um mich herum ein bißchen zu stabilisieren, als mich meinem Schmerz oder sonst irgendwas hinzugeben.
Ich hätte damals Jean echt eins auf die Nase hauen können, als er gleich am ersten Tag sagte: »Na ja, er ist tot. Er wird uns immer in guter Erinnerung bleiben, aber das Leben geht weiter.« Ich meine, nach außen hin stimmt das auf alle Fälle. Man muß wohl akzeptieren, daß einfach alles weitergeht, auch wenn man es selbst nicht so sehen will. Deshalb hat sich in dieser Zeit, was mein Verarbeiten betrifft, an und für sich wenig getan. Später hab' ich's dann schon verarbeitet, soweit ich das selbst sagen kann. Ich glaube nicht, daß ich irgendwas verdrängt habe. Mir wurde zwar vorgehalten, ich hätte sehr viel verdrängt, aber diesen Eindruck hab' ich nicht.
Mit der Hektik ging es dann noch einige Tage weiter. Das erste Mal, daß in mir etwas passierte, war bei der Geschichte mit der Beerdigung.
Kaum war ich wieder zu Hause, hörte ich, daß meine Eltern so

einen komischen Wolkensheriff engagiert hatten, damit er eine schöne Messe zelebrierte. Rainer war aus der Kirche ausgetreten und wollte ausdrücklich kein kirchliches Begräbnis, aber sie bestanden darauf. Es war mir klar, daß ich das nicht mitmachen konnte! Ich hätte wahnsinnig viel von dem Gefühl hergegeben, das ich Rainer gegenüber hatte, wenn ich zugelassen hätte, daß man ihm jetzt tatsächlich dieses kirchliche Begräbnis verschafft. Und deswegen stellte ich mich auch auf die Hinterbeine. Zu verhindern, daß man ihn in seinem Tod noch vergewaltigte, war vielleicht das letzte, was ich für ihn tun konnte. Ich sah die Bemerkung in seinem Brief, daß er kein kirchliches Begräbnis wollte, als eine Art testamentarischen Auftrag an.

Ich glaube, und das geht für mich aus seinem Brief hervor, daß er in der letzten Zeit sehr hellsichtig war und sehr viel wußte. Sein Brief war nicht so abgefaßt, wie Bruno das meinte, bösartig und mit Spitzen gegen andere. Ich denke, der hätte wesentlich bösartiger ausfallen können. Der war absolut nicht mit Anschuldigungen gegen irgend jemanden gefüllt. Für mich war er eher versöhnlich, sehr versöhnlich sogar.

Natürlich kann man aus einem Abschiedsbrief immer Anschuldigungen herauslesen, wenn man Wert darauf legt, Schuldgefühle haben zu müssen, oder glaubt, jemand anderes müßte sie bekommen. Aber das war nicht so! Für mich zumindest hat sich das absolut nicht so dargestellt. Ganz im Gegenteil!

Durch diesen Brief ist bei mir viel ausgelöst worden. Ich sehe heute vieles anders. Ich weigere mich auch, im Zusammenhang mit einem solchen Tod in Begriffen wie Schuld zu denken. Natürlich hab' ich ihm gegenüber als älterer Bruder eine Menge Mist gebaut. Da könnte ich jetzt sagen, meine Erziehung sei schuld daran gewesen. Als wir noch kleine Jungen waren, war es zweifellos so, daß meine Eltern über mich als Zwischeninstanz sehr stark auf ihn einwirkten. Und sicherlich wurde er immer ein bißchen an den Rand gedrängt – aus welchen Gründen weiß ich nicht. Auch von seinen Brüdern wurde er an den Rand gedrängt.

Eines werfe ich mir vor: Nachdem ich von zu Hause weg war, habe ich es nicht geschafft, ihm ein bißchen dabei zu helfen, sich freizuschwimmen. Sicherlich hatte ich genug damit zu tun, mich selber zu lösen. Das kommt natürlich dazu. Ich versuchte immer, mich von daheim fernzuhalten und nicht so viel damit

in Berührung zu kommen, daß ich jetzt auch noch auf die beiden Kleineren einwirken sollte. Das wollte ich nicht! Deswegen hab' ich mich emotional und auch rational zu wenig mit dem beschäftigt, was zu Hause vorging. Sonst hätte ich wahrscheinlich schon gesehen, daß da einiges nicht gut war. Aber genau das hab' ich verdrängt. Und so entstanden dann immer wieder solche blöden Situationen, in denen der größere Bruder dastand und seinem kleineren Bruder die Leviten las.
Andererseits hab' ich das mit einem guten Gewissen gemacht, und deswegen lehne ich so etwas wie Schuld ab. Ich hab' nicht versucht, ihn zu etwas zu treiben, wovon ich nicht geglaubt hätte, daß man es machen könnte oder sollte.
Es fing mit der Geschichte an, als er aus dem Internat rauswollte. Wir waren alle drei im gleichen Internat, und nach der mittleren Reife wollte Rainer sich unbedingt ein privates Zimmer nehmen. Ich stand da schon kurz vor dem Abitur. Damals war ich mir sicher, daß er das nicht packt, und zwar nicht von der Intelligenz her, sondern eher, weil gleichzeitig von daheim der Druck kam: »Wenn das nächste Schuljahr nicht klappt, mußt du heim!« Das kam mir viel erschreckender vor, als noch im Internat zu bleiben. Ich war also zu dieser Zeit absolut dagegen, daß er das Internat verläßt, weil ich glaubte oder eher fühlte, daß er es unter diesen Umständen nicht schaffen würde. Und das sagte ich ihm auch: »Du, wenn du's packst, ist es gut! Wenn nicht, dann ist es arg blöd für dich! Und deswegen würde ich mir das überlegen.«
Prompt passierte es dann: Er fiel im nächsten Schuljahr durch und mußte nach Hause. Damit ging es mit der Unterdrückung erst recht los, und das hat sicherlich noch wesentlich mehr bewirkt als alles andere. Ich war Mitveranlasser, daß es so kam, weil ich einfach bei den ganzen Unterdrückungsmechanismen half und mich nicht genau genug erkundigte, was da eigentlich passierte oder warum das geschah. Da hab' ich ihn bestimmt ganz gewaltig unterdrückt.
Das gab sich eigentlich erst, nachdem ich eine Zeitlang in Xstadt war. Da hatten wir dann ein anderes Verhältnis zueinander, auch was diesen Kampf mit dem älteren und erfolgreichen Bruder anbelangte. Wobei man sagen muß, daß der ja gar nicht erfolgreich war, sondern ihm und nach außen hin immer nur so dargestellt wurde. Man muß das wirklich mal ganz objektiv sehen, daß der ältere Bruder ziemlich gefaulenzt hat.
Von außen gesehen bin ich meinen Weg sicher glatt und rei-

bungslos gegangen. Wahrscheinlich bin ich Rainer insofern sehr ähnlich, als ich anderes von mir auch nie zeigte.
Bei mir liefen die Geschichten etwas anders. Ich wäre natürlich auch gern aus dem Internat herausgekommen, klar. Deswegen neidete ich's ihm nicht, als er rauswollte. Aber bei mir hatte man eben den ganz subtilen Unterdrückungsmechanismus eingesetzt: »Deine Brüder sind noch zu jung. Wenn du jetzt rausgehst, dann wollen es die beiden auch. Und was machen wir dann? Du könntest schon raus, aber...« Nicht? Das war letztlich der Grund, weshalb ich neun Jahre im Internat war, also länger als die beiden anderen, und vor allen Dingen mehr unter Druck.
Ich schaffte es dann anders. Vielleicht bin ich realistischer orientiert, oder ich kämpfe einfach lieber. Es kann auch sein, daß Rainer als Kleiner zu viel kämpfen mußte und deswegen sehr schnell müde wurde. Ich mußte anfangs nicht sonderlich kämpfen. Da war schon mal das Primat der Erstgeburt, das mir erst in der Pubertät etwas verlorenging. Heute muß ich sagen: »Gott sei Dank!«, obwohl das auch andere Folgen zeitigte.
Damals entstand sehr viel von dem, was den Weg bedingte, den er dann ging. Das ganze sensibilisierte ihn wohl wesentlich mehr als mich, und er wurde sehr hellhörig und wach und achtete auf seine Umwelt. Das setzte sich natürlich nach dem Abitur fort, als er den Notendurchschnitt für das Medizinstudium nicht geschafft hatte und wußte, daß er für lange Zeit auf der Straße sitzen würde. Er fing dann an zu jobben und kam in einen ganz anderen Bereich und eine andere Problematik hinein. Ich glaube, das weckte ihn noch mehr auf. Manchmal hatte ich den Eindruck, daß er durch die Schafferei wie die meisten anderen abstumpfen würde. Er wurde aber gar nicht dumpf, im Gegenteil, er war unheimlich hellhörig! Daß mein Eindruck falsch gewesen war, wurde mir in solchen Situationen deutlich, in denen er mir etwas erzählte. Da merkte ich, wie gut er Leute und Ereignisse beschreiben konnte. Wahrscheinlich hat sich dadurch unser Verhältnis sehr verbessert. Das Dumme war nur, daß ich letzten Endes immer noch das alte Bild von ihm mit mir herumschleppte, er sei in vieler Hinsicht oberflächlich.
Ganz anders wurde das erst, nachdem er für einige Monate von zu Hause weg war. Das war sowieso ein totaler Bruch! Ich glaube, daß das den Ausschlag für seinen Weg gab. Da wurde ihm bewußt, was sich heutzutage die wenigsten Menschen eingestehen können: daß man eigentlich immer allein ist. Man

kann verheiratet sein oder mit jemandem zusammenleben oder dauernd viele Leute um sich herum haben, aber man ist und bleibt trotzdem einsam. Was dich selbst betrifft, mußt du mit dir allein ausmachen! Das mußt du auch selbst aushalten. Ich glaube, er hat das in diesen Monaten sehr, sehr deutlich gespürt, und da hat es ihn gepackt. Von dem Moment ab ist das, was von außen kam, eigentlich nur noch in ihn hineingesickert, und da ist es auch geblieben. Nach außen verhielt er sich aber nach wie vor anders, weil er trotzdem ein lebhafter Kerl war, der auf Kontakte mit anderen Leuten wahnsinnig viel Wert legte.
So empfand ich das, oder das ist mein Versuch, nachzuempfinden, wie er dorthin gekommen sein könnte, wo er schließlich landete.
Da spielt für mich so viel mit herein, wie beispielsweise eine gewisse Bereitschaft dazu, die äußere Kaputtheit der Welt so zu akzeptieren, wie er das tat. Ein typisches Beispiel ist für mich seine Zuneigung zu den Liedern von André Heller und zu dieser Thematik oder der Art, wie sie abgehandelt wird. Mir wäre das zu schwülstig, aber ich verstehe, daß darin eine kaputte Welt zum Ausdruck kommt. Und daß man diese kaputte Welt letzten Endes in Todesschmerz ummünzt, ist für mich der kitschige Schluß. Und um da mitzumachen, bedarf es eben einer gewissen Neigung.
Ich finde nicht unbedingt falsch, was der Heller singt, nur das *Wie* finde ich so falsch. Wenn wir über solche Themen, über Gott und die Welt diskutierten, versuchte ich immer, sie materialistisch zu betrachten. Das ist sicherlich auch meine Einstellung, ich mag das Metaphysische nicht sonderlich. Über eine kaputte Welt kann ich Schmerz empfinden, aber daß mich das dann zu einer Todessehnsucht führen muß, das sehe ich absolut nicht.
Deswegen und auch hauptsächlich wegen seines Briefes meine ich, daß er seinen Weg nicht mit Schuld anderer beladen ging, sondern er hätte es wahrscheinlich auch getan, wenn die Umstände anders gewesen wären. Ob er genau dahin oder genauso schnell zu dem Punkt gekommen wäre, weiß ich nicht.
Da gibt es diese Geschichte, daß kein Mensch weiß, ob da etwas mit einer Frau war oder nicht. Brachte ihn das dazu oder nicht? Das ist mir auch scheißegal, denn für mich ändert das nichts. Ich lese eben aus seinem Brief, daß er einfach müde war und nicht mehr wollte.
Natürlich fällt es mir schwer, das zu akzeptieren. Ganz klar, wenn jemand stirbt, den ich lange Zeit kannte, dann hinterläßt

das in meinem Leben immer zuerst einmal schwarze Löcher oder weiße Flecke – wie man jetzt auch sagen will –, weil einfach etwas weg ist, was mal da war. Sicherlich verursacht das bei mir Schmerz, aber das ist nur die Kehrseite davon, daß man lernen muß – oder ich das gelernt hab' –, zu akzeptieren, daß es eigentlich keinen Selbst-Mord gibt, sondern daß man in einem solchen Fall wirklich nur von Frei-Tod sprechen kann.
Das sind Dinge, die in anderen Kulturen leichter akzeptiert wurden, siehe das alte Rom, wo der Freitod mit schon fast perverser Exzessivität betrieben und wirklich bis zum Selbstmord hochstilisiert wurde.
Aber wenn jemand nicht aus der Verzweiflung und Ausweglosigkeit einer Situation heraus stirbt, sondern mit der Hellsichtigkeit, noch einen so klaren Brief schreiben zu können, dann spricht das für mich dafür, daß er müde war, für sich den Schlußstrich zog und sagte: »Ich will nicht mehr.«
Er ging den Weg so bewußt. Ich glaube, er hatte den Brief schon bei sich, als er losfuhr, und er hatte Hunderte von Kilometern Zeit, es sich zu überlegen. Auch nach seiner Ankunft hatte er noch ein paar Stunden Zeit dazu.
Es ist klar, daß das bei denen, die zurückbleiben, auf alle Fälle Gefühle von Schmerz bis manchmal hin zu Neid hervorruft. Der Neid über den Weg, den er genommen hatte, war ab und zu deutlich zu spüren.

*Hast du den auch bei dir verspürt?*

Ja, weil es manchmal Situationen gab, in denen ich ebenfalls kurz davor war. Im Moment würde ich es nicht tun, aber endgültig würde ich es für mich nicht ausschließen. Zur Zeit bleibe ich eigentlich lieber hier und kämpfe, bis man mich kaputtmacht, als daß ich mich selbst kaputtmache.
In einem solchen Fall halte ich dieses Schuldgefasel für sehr, sehr vordergründig und irgendwo kulturell bedingt im Ego liegend. Es ist so einfach, es für sich damit abzutun, daß man sagt: »Ich bin schuld daran. Hätte ich mich nicht so verhalten, wär' das nicht so gelaufen!« Solchen Leuten kann ich nur sagen: »Das wäre in diesem Fall zu irgendeinem Zeitpunkt wahrscheinlich genausoweit gekommen. Der Weg wär' nicht viel anders gewesen.«
Ich glaube nicht, daß Rainer zum Beispiel ein besseres Abitur gemacht hätte. Den Unterdrückungsmechanismen, denen er ausgesetzt war, ist heutzutage jeder von uns in gleicher Weise

ausgesetzt. Ihre Intensität unterschied sich, denke ich, nicht sonderlich von der in anderen Familien. Und auch innerhalb unserer Familie hat sie jeder von uns – wenn auch vielleicht auf andere Weise – zu spüren gekriegt.
Deswegen halte ich das Schuldgefasel für einen Vorwand. Man muß sich dann eigentlich mit nichts weiter beschäftigen. Der Tod hinterläßt vielleicht ein bohrendes Schmerzgefühl. Man denkt ungern daran und verdrängt das ganze dann eben. Aber man kümmert sich nicht um das, mit dem man sich eigentlich beschäftigen müßte, nämlich damit, daß jemand ein Zeichen gesetzt hat und wie er es gesetzt hat.
Man verhindert dadurch die Auseinandersetzung mit sich selbst. Es ist schon fast fies, einem Menschen so etwas anzutun und sich damit zu begnügen, sich Schuld zuzuschreiben und beispielsweise immer dafür zu sorgen, daß ein herrlich geschmücktes Grab da ist. Und das schmückt man zudem nicht mal selbst, sondern läßt es für teures Geld von irgend jemand erledigen. Für mich dürfte so etwas auf keinen Fall daraus resultieren! Es zeugt auch davon, daß die Leute letzten Endes nichts daraus lernen, daß es ihnen kein Anstoß ist, sich damit auseinanderzusetzen. Das ist wirklich so in der Art wie Jean sagte: »Das Leben geht weiter.«
Wenn man ihn in Erinnerung behalten will, darf man das Geschehene nicht mit Hilfe von Schuldgefühlen verdrängen. Sonst denkt man vielleicht noch einmal im Jahr an ihn. Gut, jetzt ist das sicher noch häufiger der Fall, aber wie sieht das in zehn Jahren aus? Einmal im Jahr fällt's einem dann wieder ein: »Ah ja, da war doch das.« Und damit hat sich's.
Ich war seit Rainers Begräbnis ganz bewußt nicht mehr auf dem Friedhof. Ich hab' mich geweigert, an sein Grab zu gehen, weil er für mich nicht dort liegt. Es ist für mich auch kein Mahnmal oder Monument, sondern erweckt in mir eigentlich eher Übelkeit. Das hat mit dem, was war, nichts zu tun, aber schon gar nichts! Für mich ist das ein Zurschaustellen, wie sehr viel zur Schau gestellt wurde oder werden sollte. Auch mit der kirchlichen Beerdigung wäre etwas zur Schau gestellt worden, und deswegen finde ich es gut, daß ich mich da wehrte. Ähnlich ist es mit den Bildern von Rainer. Natürlich mußten sie im ganzen Haus Fotos und Bilder von ihm aufstellen oder an die Wand hängen! Das ist ein typisches Zeichen!

*Du sagtest, du hieltest nichts von diesem »Schuldgefasel«, habest aber dir selbst auch Vorwürfe gemacht. Das habe dich auf dich selbst zurückgeworfen, und du setztest dich durch Rainers Tod mehr mit dir selbst auseinander.*

Ja, sehr sogar. Natürlich mußte ich mich fragen: »Warum bin ich noch da? Warum mache ich noch weiter?« Was heißt, ich mußte mich fragen? Ich wollte mir diese Fragen stellen. Ob sich das andere auch fragten, weiß ich nicht. Diese Fragen stellten sich mir sehr direkt, denn kurz nach Rainers Tod stand mein Examen an. Also: »Wozu das alles? Wozu Karriere machen?«
Sicher fügt man anderen Schmerz zu, wenn man so etwas tut wie Rainer. Aber hast du denn Verantwortung dafür, daß die Menschen um dich herum keinen Schmerz verspüren? Fügst du ihnen den nicht zu, dann macht's irgendein anderer.

*Warst du wütend auf Rainer?*

Als ich vor die Tatsache seines Todes gestellt wurde, tat es weh, aber ich hatte nie Aggressionen in dem Sinn, wie er so etwas tun konnte.
Das liegt daran, daß ich das vorher schon ein paarmal durchgemacht hatte. Und dann kommt sein Brief hinzu. Rainer legte darin alles so durchdacht und klar dar. Deswegen hinterließ es in mir keine Aggressionen. Ich konnte es als seinen Weg annehmen.
Wenn ich Wut auf ihn hätte, weil er mich verließ, wäre das schon ein Armutszeugnis für mich. Wie könnte ich von jemandem verlangen, dazubleiben? Wie könnte ich vor allen Dingen von jemandem, der sich durch einen Brief so darstellte, verlangen, daß er dableibt? Meiner Ansicht nach wäre das das Arroganteste, was überhaupt irgend jemand fordern könnte! Nur deswegen, weil man ihn mit Gefühlen belegte, hat man nicht das Recht, zu sagen, er dürfe nicht gehen oder hätte das nicht tun dürfen. Solche Forderungen kann ich einfach nicht akzeptieren, die finde ich dumm!
Wenn ich auf jemanden wütend bin, weil er seinen Weg geht, dann hat das nichts mit ihm, sondern mit meiner Schwäche zu tun. So radikal möchte ich das wirklich sehen. Und das gilt für jeden: Wenn er seinen Weg geht, kann man nicht aggressiv darauf reagieren.
Wenn dir beispielsweise die Frau oder Freundin davonläuft,

weil sie einen anderen Kerl kennengelernt hat oder aus irgendwelchen Gründen nicht mehr mit dir ausgekommen ist, und sie es dir dann ins Gesicht schmeißt und sagt: »Paß auf, du warst eigentlich ein blöder Typ! Ich weiß nicht, weshalb ich so lange mit dir zusammengeblieben bin!«, dann kannst du wütend sein.

*Da erteilt sie dir eine Absage. Hat das Rainer nicht auch getan?*

Er erteilt eine Absage, das stimmt. Aber das tut er gegenüber der ganzen Welt, nicht nur gegenüber den Leuten, die er kannte. Er erteilt eine Absage an die Welt, indem er ihr alles – auch sich selbst – um die Ohren schlägt. Mein Gott, hat er Jamaica gesehen? Nein! Da hätte es noch viel gegeben, was er hätte tun können. Er hatte auch noch nicht alles gelesen und wußte noch nicht alles, und trotzdem erteilte er allem eine Absage, auch seinen Sachen, an denen er hing.
Vielleicht richtet sich seine Absage auch an die Leute, die um ihn herum waren. Das stimmt, ja, und trotzdem...
Das erinnert mich – wenn ich dich jetzt richtig verstanden habe – verdammt an eine verwaltete Welt. Wir verwalten nicht nur uns selbst, sondern hauptsächlich die Leute um uns herum. Die verwalten wir mit unseren Gefühlen, indem wir sie mit ihnen eindecken, und wenn so etwas passiert, dann registrieren wir es als Absage.
Ich finde eben, man muß das wirklich völlig kompromißlos sehen: Mein Menschenbild ist, daß der Mensch frei ist! Er ist heute sowieso nach außen hin sehr wenig frei, aber er hat noch die Freiheit, sich von mir zu verabschieden! Und wenn jemand diese Freiheit wahrnimmt, dann darf man nicht sofort davon ausgehen, daß er eine Absage an die Leute um sich herum erteilen wollte. Das kann man vielleicht so sehen, wenn jemand das aus einer Notsituation heraus tut. Aber davon kann ich bei Rainer nach seinem Brief, wie gesagt, nicht ausgehen.
Gut, die Absage trifft einen. Natürlich trifft mich das auch, daß er sich verabschiedet hat! Aber das ist eine Form von Absage, die mir wesentlich lieber ist, als wenn jemand sich dadurch verabschiedet, daß er sich beispielsweise als Beamter sein Häuschen baut und mit der Frau Kinder aufzieht und dann eigentlich überhaupt nicht mehr lebt.
Bei Rainer weiß ich zumindest, daß noch eine Entwicklung da war und daß in diesem Moment einfach seine Freiheit überwog.

Daß es uns, die dageblieben sind, trifft, hat natürlich etwas damit zu tun, daß er sich seine letzte Freiheit nahm. Ich bin mir sicher, er wußte das. Das geht für mich aus dem Brief hervor und auch schon daraus, daß er ihn überhaupt schrieb. Und die Versöhnlichkeit, die für mich aus ihm spricht, deutet sehr darauf hin, daß er die Absage nicht als Zurückweisung der anderen meinte.
Das hört sich jetzt möglicherweise brutal an, aber das war das erste und einzige Mal, daß er etwas Entscheidendes ganz allein machte. Alles andere wurde ihm ja auch vorverwaltet. Nachdem er das Internat verlassen hatte und wieder zu Hause wohnte, war immer seine Mutter da, die ihn eindeckte, versorgte und erdrückte. Das hat jetzt nichts mit Schuld zu tun, so meine ich das nicht. Aber den anderen mit einer Affenliebe belegen und letzten Endes erdrücken hat sicher eine Rolle gespielt. Ich verstehe es irgendwo, aber für mich war das mit ein großer Anlaß. Rainer war, denke ich, im emotionalen Bereich nicht sonderlich fertig mit sich selbst, und deswegen konnte ihn das auch überschwemmen und fast erdrücken.

*Widerspricht das dann nicht der freien Entscheidung? Wie du sagst, ist sein Weg doch ziemlich stark mitbestimmt worden.*

Das geht wohl nicht anders. Man ist ja hier nicht im luftleeren Raum. Jeder von uns kriegt seine Eindrücke mit. Daß der Weg deswegen nie ganz frei ist, ist klar. Sicherlich wird man immer von irgendwas irgendwohin getrieben, aber das sind für mich Anlässe.
Insofern gibt es keine Schuld in dem Sinn: »Wenn jemand sich so verhält, dann sind die anderen schuld daran!« Schuld ist sowieso ein dummes Wort. Ich lehne es vielleicht auch nur ab, weil ich's als Jurist scheußlich finde. Und ich lehne es vor allem deshalb ab, weil es für mich viel mit Theologie und Unterdrükkung zu tun hat. Und selbst wenn man keinen anderen damit unterdrückt, unterdrückt man sich selbst! Was Schuldgefühle bewirken, sieht man an Menschen wie meinem Vater, der sich von einer Schuld zur nächsten hangelt und letztlich überhaupt nie zu sich selbst gekommen ist.

*Wie gehst du mit den Vorwürfen, die du dir selbst machst, um?*

Ich kann mit ihnen nicht umgehen. Vielleicht drückt mich das einmal in meiner Sterbestunde.
Ich finde es ganz schlimm, daß ich mich so verhalten habe. Man

ist so leicht versucht, ich war's früher auch, zu sagen: »Ah ja, freilich, aber du hattest ja einen Grund, dich so zu verhalten.« Das stimmt gar nicht! Den Grund hätte ich nämlich nicht unbedingt gehabt, sondern ich ging einfach den Weg, der mir wahrscheinlich am leichtesten vorkam. Ich sehe heute, daß ich zu wenig überlegt und auch zu wenig gewußt habe. Das sage ich nicht als Entschuldigung, sondern da liegen meine Fehler. Das ist in mir drin. Ich weiß, das sind meine Erfahrungen, die ich gemacht habe.

Umgehen kann ich damit nur, indem ich versuche, diese Fehler in Zukunft zu vermeiden. Ich versuche, aus ihnen zu lernen, damit sie mir nicht mehr unterlaufen, aber ich kann sie trotzdem nicht ungeschehen machen.

Ich will nicht in moralischen oder theologischen Kategorien wie Schuld denken. Das hab' ich mir abgewöhnt. Schuld ist für mich das totale Unterdrückungsinstrument. Aus ihr lernst du auch nichts. Schuld treibt dich nicht an, sie treibt dich nur in eine immer tiefere Schuld hinein. Schuld bringt dich nicht zu dir selbst. Sie kann dich nur immer abhängiger von Dingen oder Menschen machen. Schuld macht nichts besser, sondern macht alles nur negativer. Deswegen kommt jemand, der schuldig ist, auch in den Knast. Schuld ändert gar nichts, bessert niemand, bessert auch keine Verhältnisse.

Besser werden kann es nur, finde ich, wenn sich Leute aufgrund von Fehlern, die sie machten, mit sich selbst auseinandersetzen und zu Ergebnissen kommen, weil sie sich plötzlich sagen müssen: »Mensch, dann werd' ich ja wieder schuldig! Ich mag den Fehler nicht mehr machen!«

Aber das Schuldgefühl ist uns von Kind auf anerzogen worden. Du kannst dich ja richtiggehend drin suhlen! Ich denke, insofern werden Menschen in der westlichen Kultur wahnsinnig masochistisch erzogen. Und das ist fies, denn es macht dich abhängig. Es macht dich als Kind in der Familie abhängig und später von deinem Partner. Wenn du einen Fehler gemacht hast, heißt es gleich: »Du bist schuld, daß ich jetzt traurig bin.« Falsch! Das ist Quatsch! Gut, das mag dem andern weh tun. Aber wenn du einem anderen Fehler zubilligen kannst – und das mußt du eigentlich –, dann kann's nicht soweit kommen.

Ich weiß auch nicht, ob Rainers Entscheidung ein Fehler für ihn war. Ich halte es von mir aus für einen Fehler, weil ich ihn lieber hier hätte, aber es war trotzdem seine Entscheidung.

*Und du konntest es von Anfang an als seine Entscheidung akzeptieren?*

Nach dem Brief schon. Ich war geradezu erschlagen, als ich las, was drinstand. »Das gibt's gar nicht!« dachte ich. »So hast du ihn nie gesehen! Er war wirklich ganz anders!«
Ich hatte vorher nicht erkannt, was für ein Mensch da unter der Oberfläche steckte. Das setzte sich erst hinterher aus den ganzen Mosaiksteinchen bruchstückhaft zusammen.
Sicher hätte ich es schon früher sehen können! Aber das wirkliche Bild war von einem ganz anderen überlagert, hinter das ich nicht geschaut hab'. Wenn ich ihn erst später kennengelernt hätte, dann wäre das alte Bild bei mir nicht dagewesen, und ich wäre für das richtige frei gewesen. Aber so war es eben nicht. Und deswegen hab' ich von dem Moment an wirklich versucht, es als seine Entscheidung zu akzeptieren.
Natürlich bin ich auch nicht frei davon, Gedanken an Schuld anzuhängen. Ich versuche sie nur sehr bewußt auszuschalten, wenn ich mich dabei ertappe. Das heißt aber nicht, daß mich meine Fehler nicht mehr belasten würden. Das ist absolut nicht weg. Und ich weiß, daß ich ihn sehr unterdrückt hab', wahrscheinlich mehr als sein anderer Bruder. Das lag einfach daran, daß ich Rainer gegenüber die größere Macht hatte, eine psychische Macht als Mittler zu den Eltern.
Trotzdem hängt das für mich nicht mit Schuld zusammen. Ich versuche auch nicht, ein anderes Wort für Schuld zu finden. Ich denke, es ist klargeworden, daß sich das, was ich jetzt erzähle, weniger mit Rainer als mit meinen Vorstellungen darüber befaßt, wie Menschen sich sehen sollten, wie sie miteinander umgehen könnten oder sollten. Und es sind meine Gedanken darüber, wie ich mich zu sehen versuche und wohin ich will.

*Hat Rainers Tod diese Vorstellungen beeinflußt?*

Ja, sogar sehr. Er hat mich in dieser Hinsicht sehr frei gemacht. Wenn mir beispielsweise früher jemand widersprach, dachte ich mir eben: »Laß den doch! Ist doch egal.« In der Zwischenzeit schlucke ich das nicht mehr. Ich versuche auch in dieser Beziehung frei und radikal zu sein. Wenn ich mit Leuten rede, die ich besser kenne, dann ist mir ziemlich gleichgültig, was aus einer solchen Gesprächssituation entsteht. Das versuche ich auch in Beziehungen zu verwirklichen. Es ist mir lieber, wenn mich jemand nicht aushält, als daß ich mich noch einmal auf solche

Lügen einlasse, wie ich das früher tat. Besser geht der dann, oder ich geh'.
Ich glaube, Lügen haben auf Rainers Weg auch mitgespielt. Mir wurde klar, daß er an ihnen oft gescheitert ist. Ich hab' gelogen – sicher nicht völlig bewußt. Ja, ich täuschte ihm unbewußt etwas vor, weil ich ihm ein Bild vermittelte, das ich eigentlich auch nicht hätte vertreten können oder dürfen. So hab' ich gelogen, und so haben ihn, meine ich, alle anderen angelogen, seine Mutter, sein Vater. Wie's bei seinem anderen Bruder war, kann ich schwer entscheiden. Aber auch bei Bruno war's so. Ich denke, eigentlich alle, die lange mit ihm zusammen waren, haben ihn ziemlich angelogen – ich zumindest hab' ihm viel vorgemacht.

*Wenn ich dich richtig verstanden habe, dann hat die Erfahrung mit Rainer eine Veränderung deiner Lebensperspektive bewirkt?*

Ich weiß es nicht. Ich denke, früher hab' ich einfach zuwenig bewußt gelebt. Ansatzweise waren meine heutigen Vorstellungen, glaube ich, immer schon da. Aber das stellt man erst dann fest, wenn man gezwungen ist, über seine eigenen Ziele nachzudenken, und zurückschaut. Vielleicht versucht man an diesem Punkt dann auch, sich den bisherigen eigenen Weg deutlicher vorzuzeichnen. Sein Tod war ein Bruch, sogar ein sehr gewaltiger Bruch! Ob's letztlich ein Aufbruch war oder ein Neuerstehen wie Phönix aus der Asche, weiß ich nicht.
Natürlich bin ich bei einer solchen Beurteilung in mir selbst befangen. Daß solche Vorstellungen, wie ich sie heute habe, früher schon dagewesen sein müssen, kann ich nur daran feststellen, daß ich mich schon vor langer Zeit mit solchen Dingen beschäftigt habe. Das sehe ich an Büchern, die ich damals las und in denen ich Inhalte unterstrich, die in diese Richtung gingen.
Aber gedanklich weitergekommen bin ich erst, als ich dann die Freiheit hatte, so darüber nachzudenken. Genauer gesagt, habe ich mir diese Freiheit dann erst genommen, ganz einfach, weil ich sah, daß es für mich anders nicht weitergeht. Sonst wäre ich irgendwann an dem Punkt angekommen, an dem ich auch an den Lügen gescheitert wäre, an dem, was ich mir selbst vormachte.
Letztlich war das wohl der Grund, weshalb ich dann das Staatsexamen schrieb und auch bestand. Wenn ich mich mit so etwas nicht mehr hätte auseinandersetzen können, wäre ich sicherlich

krank geworden. Ich hätte das Examen nicht gepackt, da bin ich mir ganz sicher, weil mich sein Tod erdrückt hätte. Ich mußte mich mit ihm auseinandersetzen. Daß diese Auseinandersetzung dann auch über mich und mein Leben lief, war für mich existenzerhaltend, das kann man schon sagen.
Sie hat mich sehr viel gekostet, aber ich bin deswegen nicht böse oder abgeschreckt. Ganz im Gegenteil! Ich weiß seither, was der Mensch in Kauf nehmen kann, bis er an so eine Grenze kommt. Und die Chance, bis an die Grenzen zu gehen, versuche ich auch wahrzunehmen.
Das wirkte sich bisher nicht sonderlich positiv aus, weil ich dadurch einfach auch Schwierigkeiten habe, mit Leuten umzugehen. Ich mag dieses Blabla nicht mehr. Bei seichten Gesprächen komme ich dann sehr schnell an den Punkt, an dem ich mich frage, was sie mir bringen. Und wenn ich das dann auch offen sage, sind die Leute, die anders darüber denken, wahnsinnig abgeschreckt und verunsichert.
Ich habe im Moment eigentlich nur einen Freund, mit dem ich mich so unterhalten kann, wie ich mir das vorstelle. Bei ihm setze ich mit jedem Gespräch die Freundschaft aufs Spiel, aber ich mache das bewußt, weil ich auch weiß, daß diese Art, miteinander umzugehen, etwas sehr Positives bedeuten kann.
Es gab einen Moment, wo diese Freundschaft am Abgleiten war. Da machte ich einen Fehler, der für mich auch aus dem Internat resultiert: Als mein Freund sich zurückzog, weil er Probleme hatte und meinte, er könne nicht mehr mit mir reden, ging ich nicht auf ihn zu und versuchte, mit ihm zu sprechen, sondern ich hielt mich zurück.
Im Internat war man ständig auf der Hut, ob nicht der, der heute noch dein bester Freund war, dir morgen eins in die Schnauze knallte. Da hab' ich mir gesagt: »Was gehen mich die andern an? Da kann mir doch am nächsten Tag irgendwas Blödes passieren.«
Deswegen ließ ich meinen Freund auch eine Zeitlang an mir vorbeiziehen, und das war eben nicht das richtige, das sehe ich jetzt auch. Ich versuche auch auszuschalten, daß mir so etwas noch mal passiert. Wenn bei Leuten, an denen ich ein Interesse hab', irgend etwas los ist, wenn sie sich zurückziehen, dann will ich das nicht mehr passiv über mich ergehen lassen, sondern aktiv eingreifen.
Es war oft so, daß ich mich sehr passiv verhalten habe, obwohl ich hätte aktiv sein können oder sogar sollen. Sicherlich hätte

ich aktiv sein sollen, dann hätte ich heute ein besseres Gefühl!
Bei Rainer war ich auch passiv und ließ ihn einfach an mir vorbeiziehen. Das war sicher einer meiner Fehler. Beispielsweise ging ich in Gesprächen nicht ernsthaft auf das ein, was er erzählte, oder fragte noch mal nach, sondern sagte mir einfach: »Na gut, wenn er nicht will, was soll's? Erzählt er eben nicht.« Aber das war falsch! Da hab' ich mich sicherlich sehr geändert. Das würde ich heute nicht mehr machen.
Wenn ich beispielsweise in Beziehungen merke, daß den anderen etwas bedrückt, dann will ich wissen, was los ist. Ich sage: »Du! Bitte raus damit! Was paßt dir nicht?« Und wenn jemand versucht, das zu verschweigen, sag' ich: »Okay, wenn du meinst, mir das verschweigen zu müssen, oder wenn du mir nicht sagen kannst, was in etwa los ist, dann lassen wir das! Dann brauchen wir gar nicht mehr miteinander zu reden. Entweder du willst es, oder du willst es nicht!«
Meistens bin ich dann so radikal und denke mir: »Es bringt nichts, mit so jemandem eine Beziehung weiterzuführen! Wozu, wenn dir der andere nicht vertraut? Lieber bleiben lassen!« Es ist einfach auch nicht ehrlich, denn irgendwann müßte ich zu lügen anfangen. Das akzeptiere ich heute einfach nicht mehr. Da spiele ich nicht mehr mit! Das hat sich geändert.

*Was empfindest du heute, wenn du an Rainer denkst?*

Vieles. Sehr Unterschiedliches. Es ist erst mal immer so ein seltsam gemischtes Gefühl aus Schmerz und Leere und Sehnsucht nach ihm. Er könnte immer noch dasein. Diese Empfindung drückt sich oft in Bildern aus: Rainer steht da und sagt etwas. Ich sehe ihn vor mir, und das trifft mich dann sehr. Andererseits empfinde ich auch Freude darüber, daß er mir noch sehr oft einfällt. Ja, ich empfinde Freude darüber, zu sehen, daß ich's nicht verdränge – ihn nicht verdränge. Und ich freue mich auch, zu sehen, daß ich keine äußeren Anhaltspunkte brauche, um an ihn zu denken.
Ansonsten ist das, was ihn selbst angeht, immer noch eine riesengroße Leere, weil ich ihn trotz allem nicht ganz verstehe. Ich versteh' auch nicht genau, was passiert ist. Das meine ich jetzt nicht in bezug auf die äußeren Anlässe. Mir ist nicht wichtig, ob irgendwas mit einer Frau war oder nicht. Das ist banal! Das sind Dinge, die nicht helfen. Nein, wenn man so sagen kann, dann empfinde ich fast schon Neugier auf all die ungesprochenen Ge-

spräche. Aber das ist einfach leer! Da ist so wahnsinnig wenig ausgefüllt.
Ich bin mir darüber im klaren, daß das, was ich sagte, nur mein persönliches Erklärungsmodell für das Geschehene sein kann. Ja, auf eine komische Art macht es mich auch stolz auf ihn, daß er es schaffte, seinen Abgang so mysteriös zu gestalten, daß ich nicht mit ihm fertigwerde. Er wird mir sicherlich zeit meines Lebens wie ein Stachel im Fleisch sitzen, weil ich mir einfach nicht erklären kann, was in ihm vorging.
Eigentlich ist es ja lächerlich, daß man anhand dieses bruchstückhaften Rekonstruierens versucht, eine Theorie oder Hypothese zu konstruieren. Ich hab' meine Überlegungen dazu auch nur deswegen erzählt, weil ihr die Umstände oder das, was es bei mir bewirkte, wissen wolltet. Vielleicht auch deswegen, weil man wohl über einen solchen Tod nicht anders reden kann.
Natürlich habe ich auch versucht, mir eine Erklärung zu fertigen, aber ich weiß, daß es *meine* Erklärung ist. Sie kann nicht darlegen, was tatsächlich in ihm vorging. Deshalb ziehe ich mich auf den Brief zurück. Mein Gefühl beim Lesen dieses Briefes, in dem für mich so viel zwischen den Zeilen steht, was ich nicht ausdrücken kann, *das* ist für mich die Haupterklärung.
Ja, gäb's den Brief nicht, dann fiele es mir wahrscheinlich leichter, das alles zu deuten. Dann wäre es eben eine Notsituation gewesen. Aber weil dieser Brief in dieser Form existiert, muß ich mich damit beschäftigen. Ich komme nicht darum herum! Ich bin mir ziemlich sicher, daß das seine Absicht war. Er wollte etwas in dieser Hinsicht hinterlassen, das weiß ich fast sicher. Rainer wollte uns damit noch etwas von sich vermitteln: »Hört mal, so war ich ungefähr. Und das lest mal raus.«
Es ist auch so auffällig, daß der Brief vom Schriftbild und von allem her sehr flüssig geschrieben ist. Wer seine Gedanken so konzentriert und klar aufs Papier bringt, für den – mein Gott – ist das, was uns hier beschäftigt, wahnsinnig weit weg. Rainer sah uns von einer ganz anderen Warte aus, als wir, die wir hier unten herumackern, uns jemals sehen können. Deshalb denke ich, er hat versucht, sich sein Stück Freiheit zu nehmen. Inwieweit er sie hatte, lassen wir mal beiseite. Und so möchte ich es begreifen, auch wenn es mir sehr schwerfällt: als ein Stück Freiheit und nicht als negative Absage an die Leute, die auf Erden zurückbleiben.

Vorhin sagte ich das mit der Müdigkeit. Ich weiß es auch nicht, vielleicht war er tatsächlich nur einfach müde und sagte sich: »Was soll ich noch weiter hier? Ich hab' genug gekämpft, und was ich zu erfahren hatte, hab' ich erfahren, und das reicht mir. Ich will nicht mehr!«
Und jetzt komme ich nochmals auf die Schuld zurück. Auch deshalb ist es richtiggehend arrogant, Schuld zu empfinden. Man maßt sich viel mehr an, als einem zukommt. Fehler hat man gemacht, okay. Aber sich Schuld zu geben, ist wirklich arrogant.

*Meinst du, man überschätzt auf diese Weise seine eigene Bedeutung für andere Menschen?*

Ja, so ungefähr. Man glaubt, die Dinge würden bei einem selbst liegen, wobei man gerade in diesem Fall sehen müßte, daß sie beim andern liegen, weil der nämlich die Entscheidung so und nicht anders getroffen hat. Und er hat sie nicht zwanghaft getroffen, da bin ich mir sicher.
Das Anmaßende daran ist, daß man demjenigen nicht einmal die Chance auf die Freiheit seiner Entscheidung lassen will, sondern darüber hinaus für sich beansprucht, gewaltig daran beteiligt gewesen zu sein.
Ich würde versuchen, das auszuschließen, wenn ich jemals an diesen Punkt kommen sollte. Ich würde sagen: »Freunde, ihr habt nicht mehr und nicht weniger schuld an dem Geschehen als ich! Das ist mein Weg. Ich war so frei, mir die Freiheit zu nehmen und von hier abzuhauen. Schert euch nicht um eure Schuld: Ihr habt keine!«

*Wäre Suizid heute eher eine Möglichkeit für dich als vor Rainers Tod?*

Nein, im Gegenteil, das ist für mich eher weniger eine Möglichkeit. Ich behalte mir zwar die Freiheit vor, aber, wie ich schon sagte, gibt's im Moment für mich noch viele Dinge, an denen ich ein vitales Interesse habe, um die ich kämpfen möchte. Ich bin einfach noch nicht müde! Sicher bin ich manchmal müde, aber noch nicht so, daß ich aufgeben wollte. Ich kann immer wieder aufstehen und von neuem anfangen, wobei es mir egal ist, ob es letztlich eine Sisyphusarbeit wird. Zur Zeit empfinde ich sogar Befriedigung dabei!

*Du sagtest vorhin, du erinnertest dich oft in Bildern an Rainer. Träumst du auch von ihm?*

Ja, sicher, aber eigentlich nur im Zusammenhang mit dem Internat, nie davon, wie er älter war.
Seit das passierte, träume ich wieder sehr intensiv von dieser Zeit im Internat. Es hängt sicher damit zusammen, daß damals viel an Unterdrückung und Prägendem geschah. Wahrscheinlich ist das auch in mir unverarbeitet. Ich sehe das aber nicht nur negativ, es arbeitet auch positiv in mir weiter, indem mir Dinge klarwerden, zum Beispiel, daß man Unterdrückungsmechanismen ausweichen kann. Man darf sich nicht von irgend jemand imperativ vorspiegeln lassen, so oder so sei es richtig, wenn man selbst fühlt, daß das gar nicht stimmt.
Vielleicht ist es so eine Art Menetekel, wenn ich nicht soweit komme, über Rainers späteres Leben zu träumen.
Rainer ist mir ein anderes Mal begegnet, aber das kann ich schwer in Worte fassen. Ich kann's nur umreißen. Was wirklich geschah, kann ich eigentlich nicht sagen. Ich hatte schon vorher mit autogenem Training angefangen. Dabei gibt es einen Punkt, an dem man versucht, sich irgendwelche Dinge vorzustellen. Jemand sagte mir mal, das könne soweit gehen, daß man beispielsweise auf einen Berg steige, dort oben jemanden treffe und mit ihm ein Problem ausmache. Man rede mit ihm, und dadurch werde einem etwas klarer. So ähnlich war es auch, als mir Rainer begegnete.

*Du bist ihm begegnet und hast mit ihm gesprochen?*

Ja. Ich sagte ja, daß er mir sehr oft in Bildern erscheint. Mir fallen gemeinsame Erlebnisse ein, Unternehmungen, Gespräche. Diese Situationen sehe ich plastisch vor mir, es sind Filme, die in mir ablaufen. Das passiert mir häufig, aber weniger im Traum als bewußt oder semi-bewußt.

*Und bei solchen Gelegenheiten setzt du dich mit Rainer auseinander?*

Ich weiß nicht, ob ich mich mit ihm auseinandersetze. Es kann ja keine reale Auseinandersetzung sein, weil nur ich daran beteiligt bin. Auch die Bilder, die ich vor mir sehe, sind mein Produkt. Es ist nicht Rainer, der in mir auftaucht. Natürlich ist es bezeichnend, daß ihn mir mein Unterbewußtes hochwirft, aber es ist eigentlich immer nur eine Auseinandersetzung mit mir selbst.

Eine Auseinandersetzung mit Rainer kann nur beispielsweise in einem Gespräch wie jetzt diesem stattfinden. Sie kann nur stattfinden, wenn ich über ihn spreche und es so nach außen geht, nicht, wenn nur ich daran beteiligt bin.

*War dein Gespräch während des autogenen Trainings dann ein Monolog an Rainer?*

Nein, das hat wenig mit Monolog zu tun. Ich denke, es ist eher so: Ich besetze die Rollen, die in mir drin sind, mit anderen Figuren. Ja, insofern halte ich einen Monolog, als ich mit mir selbst rede, aber ich ordne Rainer natürlich gewisse Charakteristika zu und habe wahrscheinlich auch ein intuitives Bild von seinem Wesen in mir. Er spricht also aus meinem Verständnis von ihm, als Fremder in mir. Aber trotzdem ist das mein Produkt und ein miserabler Ersatz für das, was er in Wirklichkeit war.

*Oder ein miserabler Ersatz für die Gespräche, die möglich wären, wenn er noch da wäre?*

Ja, und auch für die Gespräche, die sich nie entwickelt haben. Es sagt eben auch nur mir etwas und nicht ihm. Deswegen auch die Leere. Ich kann ihm ja jetzt nichts mehr sagen. Es gibt ihn nicht mehr. Ich kann nicht mehr mit ihm reden.

Nachtrag:
Etwa zwei Monate später unterhalten wir uns mit Herrn Kuhn nochmals über Rainer und unser Gespräch. Herr Kuhn drückt dabei sein Gefühl aus, Rainer nicht gerecht geworden zu sein. Er bietet uns als Ergänzung einige Verse aus einem Gedicht von Rilke an. Seine Vorstellungen über Rainers Wesen seien durch die Bilder in diesem Gedicht wiedergegeben.

»Requiem auf den Tod eines Knaben

...
Zuweilen, dicht am Hause, saß ich lange
und schaute einem Vogel nach.
Hätt ich das werden dürfen, dieses Schaun!
Das trug, das hob mich, meine Augenbraun
waren ganz oben. Keinen hatt ich lieb.
Liebhaben war doch Angst –, begreifst du, dann
war ich nicht wir

und war viel größer als ein Mann
und war
als wär ich selber die Gefahr,
und drin in ihr
war ich der Kern.
. . .
Denn daß wir alle so beisammen saßen,
das hab ich nie geglaubt. Mein Ehrenwort.
Ihr spracht, ihr lachtet, dennoch war ein jeder
im Sprechen nicht und nicht im Lachen. Nein.
. . .
Da war ein Pferd aus Holz, da war ein Hahn,
da war die Puppe mit nur einem Bein;
ich habe viel für sie getan.
Den Himmel klein gemacht, wenn sie ihn sahn, –
denn das begriff ich frühe: wie allein
ein Holzpferd ist. Daß man das machen kann:
ein Pferd aus Holz in irgend einer Größe.
Es wird bemalt, und später zieht man dran,
und es bekommt vom echten Weg die Stöße.
Warum war das nicht Lüge, wenn man dies
›Pferd‹ nannte? Weil man selbst ein wenig
als Pferd sich fühlte, mähnig, sehnig,
vierbeinig wurde – (um einmal ein Mann
zu werden?) Aber war man nicht
ein wenig Holz zugleich um seinetwillen
und wurde hart im Stillen
und machte ein vermindertes Gesicht?

Jetzt mein ich fast; wir haben stets getauscht.
Sah ich den Bach, wie hab ich da gerauscht,
rauschte der Bach, so bin ich hingesprungen.
Wo ich ein Klingen *sah*, hab ich geklungen,
und wo es klang, war ich davon der Grund.

So hab ich mich dem Allen aufgedrängt.
Und war doch Alles ohne mich zufrieden
und wurde trauriger, mit mir behängt.
. . .«

(aus: Rainer Maria Rilke, Ausgesetzt auf den Bergen des Herzens, Gedichte aus den Jahren 1906 bis 1926, Frankfurt 1980; Abdruck mit freundlicher Genehmigung des Suhrkamp Verlages)

## 6. Gespräch: Frau Edel

*Frau Edel ist 26 Jahre alt und als Journalistin tätig. Der Suizid ihrer Schwester Anne liegt zwei Jahre zurück.*
*Anne befand sich kurze Zeit in nervenärztlicher Behandlung. Wenig später vergiftete sie sich mit einem Pflanzenschutzmittel.*

Es passierte vor gut zwei Jahren. Anne, meine jüngste Schwester, war damals gerade achtzehn. Sie wohnte noch bei meinen Eltern. Meine andere Schwester und ich lebten schon hier. Durch meine andere Schwester hab' ich es erfahren.
Ich hatte Anne fast zwei Monate nicht gesehen. Damals schrieb ich gerade an meiner Examensarbeit, war sehr gestreßt und deswegen auch nicht mehr daheim. Von meinen Eltern erfuhr ich telefonisch, daß es meiner Schwester nicht gutgehe, und zwar sagten sie mir, Anne sei verwirrt.
Zuerst scheuten sie sich, mir überhaupt zu erzählen, was los war. Erst später kamen die genauen Umstände heraus. Sie sagten mir, meine Schwester sei irgendwie durcheinander. Anne war anscheinend nachts aufgestanden. Meine Mutter fand sie, wie sie in ihrem Zimmer am Tisch saß und irgendwas von Zigaretten redete. Sie sah Dinge, die gar nicht da waren. Meine Eltern brachten sie daraufhin sofort zu einer Nervenärztin. Sie untersuchte meine Schwester und unterhielt sich mit ihr. Anschließend hat die Ärztin meine Eltern ziemlich beruhigt.
Ich weiß das alles nur von meinen Eltern. Hinterher versuchte ich, die Ärztin zu erreichen, sie war aber nicht zu sprechen. Ich wurde durch ihre Sekretärin oder wer das war gleich am Telefon abgewiesen: Es ginge prinzipiell nicht. Sie gebe keine Auskünfte, und sie habe auch keine Zeit. Ja, das sagte die mir also von vornherein.
Anne war also bei dieser Ärztin in Behandlung. Sie verschrieb ihr wohl ein ziemlich starkes Medikament, und daraufhin war meine Schwester ruhiggestellt, wie man so schön sagt.
Auf meine nächsten Anrufe hin sagten mir meine Eltern, meiner Schwester gehe es wieder blendend. Es werde alles wieder

gut. Ihr Zustand besserte sich wohl von Tag zu Tag. Nach einer Woche hieß es dann, es sei wieder alles in Ordnung mit ihr. Anne könne wieder zur Schule gehen. Die Ärztin habe auch gesagt, es werde nichts zurückbleiben.
Die Berichte, die von daheim kamen, waren also ganz optimistisch. Jetzt mal ganz überspitzt gesagt, meine Eltern dachten wohl, das sei so etwas wie Schnupfen oder eben eine Krankheit, die man durch Tabletten kurieren kann. Ich versuchte ihnen am Telefon zu sagen, daß sicher noch andere Probleme dahintersteckten und daß sie vorsichtig sein sollten.
Ich war stark verunsichert. Ich wollte nicht nach Hause fahren, weil ich Angst hatte. »Wenn ich hinfahre«, dachte ich, »dann bin ich selbst psychisch so durcheinander, daß ich es nicht mehr verarbeiten kann und mit meiner Arbeit nicht fertig werde.« Ich hatte doch einen Termin!
Drei Tage später kam dann die Nachricht. Also das war – ich kann's gar nicht sagen –, es war ein totaler Schock!

*Was hat sie getan?*

Sie hat Gift genommen, ein Pflanzenschutzmittel. Wie sie daran kam, ist ganz und gar unklar. Meine Eltern hatten Anne ständig beaufsichtigt. Am Tag vorher war sie allerdings noch beim Friseur. Es war geplant, daß sie am Tag darauf wieder zur Schule geht, und in der Nacht nahm sie das Gift. Zuerst wollte sie am Montag in die Schule gehen, da war es ihr aber nicht gut, und dann sagte sie, sie gehe am Dienstag.
Und die Gründe? Ich weiß nicht, was die Gründe waren. Da bin ich mir heute noch unsicher.
Zum einen und eher vordergründig lag's vielleicht an der Schulsituation, in der sie steckte. Sie ging in eine Hauswirtschaftsschule, die sie mit der mittleren Reife abschließen konnte. Diese Schule war eher universitätsmäßig eingerichtet, das heißt, sie besuchten Kurse. Meine Schwester war durch diese Schulorganisation sehr verunsichert. Sie wußte auch nicht, was beruflich auf sie zukommen würde, und konnte sich schwer für einen Beruf entscheiden.

*Und durch deine andere Schwester erfuhrst du es dann damals?*

Ja. Es was sehr früh am nächsten Tag, vielleicht gegen halb sieben. Ich lag noch im Bett, und meine Schwester stand unten an der Tür und klingelte Sturm. Ich schaute aus dem Fenster – ich

konnte sie von dort auf der Straße stehen sehen –, und irgendwie wußte ich sofort, was passiert war. Sie sagte keinen Ton, aber das war auch nicht nötig. Irgendwie, schon am Klingeln oder so, war's mir klargeworden.
Das geht mir auch heute noch so: Wenn mitten in der Nacht das Telefon läutet oder frühmorgens jemand an der Tür klingelt, erschrecke ich furchtbar, besonders wenn ich aus dem Schlaf gerissen werde. Damals war es auch so, und da ist eben eine ganze Welt zusammengefallen. Zuerst wollte ich es gar nicht glauben. Ich hab' mich dagegen gewehrt, konnte mir überhaupt nicht vorstellen, daß es stimmt, obwohl ich's andererseits wußte. Es war so massiv und so ein Schlag! Ich glaube, gerade diese Nachricht war und ist das Schlimmste, was ich bisher erlebt habe.
Ich hatte keine Vorahnungen oder so etwas, was darauf hingewiesen hätte. Sicher stand ich große Angst aus, als es meiner Schwester schlechtging.
Meine andere Schwester war mal zu Hause, um Anne zu besuchen. Hinterher rief mich meine Mutter an und sagte, es wäre nicht gut, wenn ich jetzt auch noch kommen würde, weil Anne nach diesem Besuch so aufgedreht und völlig durcheinander gewesen sei. Dadurch sei noch mehr aufgerührt worden.

*Worauf bezog sich deine Angst?*

Das kann ich bis heute nicht genau sagen. Ich konnte es auch damals nicht deuten. Irgendwie dachte ich, sie müsse sofort von meinen Eltern weg. Ich setzte mich dann auch gleich mit einer Freundin in Verbindung, einer Sozialpädagogin, die sich ein bißchen umschaute, ob es Wohngemeinschaften oder so etwas gebe, wo Anne vielleicht wohnen könnte. Auf jeden Fall sollte sie von daheim wegkommen.
Ich hatte da ein ganz schlechtes Gefühl. Einerseits traute ich meinen Eltern nicht so recht, als sie sagten, Anne gehe es wieder gut, und andererseits dachte ich, daß es vielleicht nicht gut wäre, wenn ich hinfahren würde. Heute noch habe ich Schuldgefühle, weil ich sie damals nicht besuchte.

*Weil du sozusagen deine Zulassungsarbeit deiner Schwester vorzogst oder deine eigenen Zwänge in den Vordergrund stelltest?*

Ja. Ich wußte aber auch, daß ich mit einer Situation konfrontiert würde, die ich nicht aushalten könnte.
Anfangs träumte ich sehr häufig. Die Träume waren sich zuerst

ziemlich ähnlich. Meine Schwester und ich waren immer zusammen irgendwo, wo viel los war. Dann verlor ich sie aus den Augen, suchte sie und fand sie nicht mehr. Diesen Traum hatte ich sehr oft. Später, vielleicht vor einem halben Jahr, träumte ich, ich hätte sie wiedergefunden. Aber ich kann mit diesen Träumen nicht umgehen, ich weiß nicht, was sie bedeuten.

*Hast du auch davon geträumt, daß Anne tot ist?*

Nein, in meinen Träumen war sie nicht tot, sondern ich hatte sie verloren.
In meinem letzten Traum hab' ich Anne wiedergesehen. Sie war unheimlich aufgequollen, also so, wie Leute oft aussehen, die seit langem in der Psychiatrie sind und mit Medikamenten vollgestopft werden. In den früheren Träumen habe ich sie immer so gesehen, wie ich sie noch kenne oder in Erinnerung habe, und diesmal war sie völlig verändert. Irgendwie bekam sie auch nicht so richtig mit, was um sie herum passierte.
Und dann war *die* Anne, von der ich eben geträumt hatte, plötzlich weg, und es war wieder eine andere Anne da. Die war sehr aktiv, also ganz anders als die wirkliche Anne. So kannte ich sie gar nicht. Und *diese* Anne erklärte mir, es sei besser, daß sie gestorben sei, weil es ihr sonst so ergangen wäre, wie ich das vorher gesehen hätte. Sie wäre in der Psychiatrie gelandet und nie mehr herausgekommen. Das sei wirklich die bessere Lösung gewesen.
Plötzlich hat sie dann doch wieder gelebt. Es war also ziemlich zwiespältig. Aber nach dem Traum war ich ein bißchen erleichtert. Ich hatte das Gefühl, es sei irgendwie etwas verarbeitet worden, obwohl ich nicht genau weiß, was.

*Wegen deiner Befürchtung hinsichtlich der Psychiatrie, meinst du, daß Anne psychisch krank oder geisteskrank war?*

Also das kann ich wirklich ganz schlecht beurteilen. Zeitweilig dachte ich, daß sie vielleicht fast so etwas wie Schizophrenie hätte, aber das sind ja Begriffe, die überhaupt nicht geklärt sind.
Ich kann mir eben nicht vorstellen, warum sie sich kurz vorher so verhielt. Offensichtlich war ihre Wahrnehmung von Realität gestört, kam etwas anderes dazwischen.
Was mich bis heute noch sehr oft beschäftigt, ist die Frage, was damals wirklich passierte und welche Gründe Anne hatte. Das kann ich mir immer noch nicht erklären.

Sie war schon als Kind und auch als Jugendliche ziemlich verschlossen. Man mußte ihr ziemlich vieles entlocken, damit sie überhaupt etwas erzählte. Andererseits war sie sehr lieb und anhänglich, aber auch immer ein bißchen kindlich.

*War sie mit weitem Abstand die Jüngste?*

Ich bin die Älteste, dann kommen meine andere Schwester und mein Bruder. Anne war drei Jahre jünger als er und ziemlich genau sechs Jahre jünger als ich.
Manchmal vermutete ich, daß meine Mutter nur zwei Kinder wollte. Inzwischen weiß ich, daß das stimmt. Ich hab' aus ihr herausbekommen, daß sie nach mir und meiner Schwester kein Kind mehr wollte. Und das hab' ich mir schon oft als Erklärungsversuch zu Hilfe genommen.

*Meinst du damit, Anne habe gemerkt, daß sie eigentlich nicht erwünscht war?*

Ja, das meine ich. Mein Bruder und Anne waren unerwünschte Kinder.
Mein Bruder ist auch ganz anders als meine Schwester und ich. Zwischen den jüngeren und den älteren Geschwistern war in der Familie immer schon eine starke Trennung. Mein Bruder hatte und machte auch sehr viele Schwierigkeiten, er war eigentlich das schwarze Schaf in der Familie. Auf ihn konzentrierte sich so ziemlich alles – sowohl Sorge als eben auch Strenge, Autorität und auch die Erziehungsversuche. Anne wurde eher verwöhnt. Ich bin mir nicht sicher, aber ich denke, daß sie auch ein bißchen vernachlässigt wurde.
Ich weiß nicht, ob es überhaupt richtig ist, ständig solche Erklärungsversuche heranzuziehen.

*Es scheint aber doch wichtig für dich zu sein?*

Es ist unheimlich wichtig, ja.
Anfangs hatte ich große Schuldgefühle. Mit meinen Eltern kam ich auch nicht mehr klar. Ich versuchte, die Schuld auf sie abzuschieben. Selbst hatte ich zwar auch Schuldgefühle, aber ich dachte doch immer: »Meine Eltern sind verantwortlich!« Später überlegte ich mir dann, daß ich ihnen damit vielleicht unrecht tue. Sie haben versucht, das Beste zu geben, was in ihren Möglichkeiten lag. Und mehr konnten sie eben nicht.

*Hinterließ Anne einen Abschiedsbrief?*

Ja, es gibt einen Abschiedsbrief. Dieser Brief klingt überhaupt nicht verwirrt, wie meine Eltern meinen, sondern ganz nüchtern und rational. Sie schrieb ungefähr: »Bitte seid nicht traurig, aber ich mußte es tun! Das war schon immer in mir, und ich konnte gegen meine Ängste nicht ankommen.« Dann kam noch ein Postskriptum: »Dies ist keine Kurzschlußhandlung!«
Ich glaube, daß sie ganz bewußt... Jedenfalls hinterläßt es keinen verwirrten Eindruck. Sie deutete auch öfter was in dieser Richtung an.
Am Anfang der Pubertät, mit vierzehn, fünfzehn, war sie eher aufgedreht, hatte immer sehr viel mit Jungen zu tun und ging ziemlich aus sich heraus. Und dann gab's plötzlich einen Einschnitt. Sie wurde sehr, sehr ruhig und ganz in sich gekehrt.
Damals gab es öfter Situationen – Weihnachten zum Beispiel –, bei denen Anne plötzlich aus heiterem Himmel zu weinen anfing. Eigentlich muß man sagen, daß sie irgendwie durchdrehte. Ja, so nannten es meine Eltern und ich wahrscheinlich auch. Anne sagte auf einmal, niemand würde sie mögen und wir würden sie vernachlässigen. Wir antworteten darauf: »Wir mögen dich doch! Weißt du das denn nicht?« Sie meinte dann: »Ja, doch, ich weiß es schon, aber...« Trotzdem kam sie bald wieder damit, niemand würde sie mögen. Und ich glaube mich erinnern zu können, daß sie in solchen Situationen auch sagte: »Ich bringe mich um!« Das hab' ich vielleicht zwei- oder dreimal von ihr gehört. Ich hätte aber nie geglaubt, daß sie es tatsächlich tun könnte. Nein, wirklich nicht.

*Du sagtest, du habest ihren Abschiedsbrief als überhaupt nicht verwirrt, sondern als sehr überlegt empfunden. Dann erzähltest du, daß du eine Zeitlang nach einem Erklärungsmuster wie zum Beispiel Schizophrenie suchtest. Wäre es leichter für dich, wenn du wüßtest, daß sie krank war und du ihre Handlung als aus der Krankheit kommend ansehen könntest?*

Wenn du ›krank‹ sagst, weiß ich gar nicht, was für einen Begriff von Kranksein du hast.

*Ich meine damit, was man im weitesten Sinn unter psychisch krank versteht.*

Nein, ich glaube nicht, daß es für mich dadurch leichter wäre. Das wäre es schon deswegen nicht, weil ich denke, daß die Grenzen zwischen dem, was man als gesund oder als krank betrachtet,

sowieso sehr fließend sind. Von daher kann ich nicht zu einer eindeutigen Definition von Krankheit Zuflucht nehmen.
Genau das taten meine Eltern und Verwandten. Deren erste Erklärung war: »Das Mädchen wußte nicht, was es tat, sonst hätte sie's nie gemacht. Sie war krank!« Auch von einer möglichen Gehirnkrankheit wurde gesprochen. Eine Tante meinte sogar: »Man hätte vielleicht doch eine Obduktion machen lassen sollen, um zu sehen, ob sie nicht einen Tumor hatte. Es könnte ja schließlich sein.«
Als es mir wieder ein bißchen besser ging, erkundigte ich mich dann, wie groß die Wahrscheinlichkeit eines solchen Tumors überhaupt ist. In diesem Fall würde ich eindeutig von Krankheit sprechen, aber sonst nicht. Die Wahrscheinlichkeit ist, soweit ich mich erinnere, 0,3 %. Das heißt, ich glaube es nicht. Das war keine Krankheit im klassischen Sinn. Es waren psychische Schwierigkeiten und Ängste.

*Wie würdest du im nachhinein deine Beziehung zu Anne einschätzen?*

Ich war für sie immer die große Schwester und ihr Vorbild, sie hat mich ziemlich angehimmelt. Meine andere Schwester und ich stellten für Anne das dar, was sie mal werden wollte. Sie sagte häufig, sie wolle wie wir von zu Hause weggehen und vielleicht auch studieren.
Ich fuhr eine Zeitlang eigentlich nur noch wegen Anne nach Hause. Mit meinem Bruder komme ich nicht so klar, und meine andere Schwester wohnte ja nicht mehr daheim. Also war Anne wirklich der Hauptgrund für meine Besuche, nicht meine Eltern. Wir gingen dann oft zusammen aus, und sie freute sich jedesmal schon sehr darauf, daß wir etwas unternehmen.
Etwa während der letzten zwei Jahre vor ihrem Tod gab es aber immer einen Punkt, über den wir überhaupt nicht hinauskamen. Sie war da sehr, sehr verschlossen. Ich versuchte ständig, ein bißchen mehr von ihr zu erfahren, aber sie blockte einfach ab und sagte nichts mehr. Da war's eben aus.
Ich hab' bei solchen Gelegenheiten häufig so eine Art Stärkeappell an sie gerichtet und gesagt: »Na ja, komm! Jetzt machst du die Schule fertig, und danach machen wir das und das. Das schaffst du doch jetzt noch!« Sicher sagte ich auch mal, sie solle sich zusammenreißen, es sei ja bald vorbei. Damit war die Zeit bei meinen Eltern und auch die Schule gemeint. »Reiß dich zusammen! Es geht doch, wenn man wirklich will!«

Ich hab' heute noch starke Schuldgefühle, weil ich glaubte, wenn man etwas wirklich will und sich anstrengt, dann geht es und sie müßte es auch schaffen. Sie erzählte mir dann immer solche Geschichten von Situationen, in denen sie offensichtlich benachteiligt oder in die Ecke gestellt wurde. Richtiger gesagt waren das Dinge, die ich aus ihr herausbekommen mußte. Diese Benachteiligung muß daheim und in der Schule passiert sein.
Am Anfang war sie in der Schule wirklich gut, und die anderen schrieben von ihr ab. Sie wurde dann ein paarmal erwischt, oder die Lehrerin meinte, sie hätte sie beim Abschreiben erwischt. Auf jeden Fall war's eigentlich eine Mitschülerin, die abgeschrieben hatte, aber Anne bekam die schlechte Note. Solche Sachen müssen das gewesen sein.
Das kam öfter vor, und Anne wehrte sich nicht. Ich hab' dann natürlich immer ganz massiv auf sie eingeredet und gesagt: »Auf, da machst du jetzt Theater und wehrst dich dagegen. Laß dir das nicht gefallen!« Sie hatte überhaupt keine Haut, sich gegen solche Dinge zur Wehr zu setzen oder sich durchzusetzen.

*Ich habe den Eindruck, du fühltest dich schon für deine Schwester verantwortlich, möglicherweise auch besonders deshalb, weil du mitbekommen hattest, daß du für sie jemand warst, dem sie nacheiferte und den sie respektierte.*

Ja.

*Und dann nimmt sie sich das Leben. Das bedeutet ja auch eine Absage an deine Person, so in dem Sinn: »Ich brauche euch nicht. Ihr könnt mir nichts geben, mir nicht helfen.«*

Ja, irgendwie schon. Ihr könnt mir nicht helfen, ja.
Anne wollte unbedingt hierherkommen und hier vielleicht weiterhin zur Schule gehen. Meine andere Schwester und ich waren der Meinung, sie sollte zuerst die Schule daheim abschließen. Anne war in der Realschule zweimal sitzengeblieben. Wir sagten dann zu ihr: »Mach wenigstens eine Schule fertig, und danach kannst du kommen!«
Und genau das ist der ganz große Vorwurf, den ich mir auch heute noch mache. Ich denke, daß es bestimmt geholfen hätte, wenn wir sie früh genug herausgeholt hätten. Ich bin ziemlich überzeugt davon, daß sie dann noch leben würde.

*Meinst du, Anne könnte eure Aufforderung, zuerst ihre Schule zu beenden, so aufgefaßt haben, als könntet ihr sie hier nicht brauchen?*

Ich kann dich nicht brauchen...? Ja, ein bißchen schon. Es wäre tatsächlich schwierig gewesen. Ich hatte damals ein Einzelzimmer und hätte nicht gewußt, wo sie wohnen sollte. Meine Schwester wohnte im Studentenwohnheim. Anne war noch nicht achtzehn, als sie kommen wollte. Ja, und ich machte Prüfungen, das kam noch dazu. Die beschäftigten mich stark. Vielleicht fühlte ich mich auch einfach noch nicht soweit, die Verantwortung für sie auf mich nehmen zu können.
Aber dieses Schuldgefühl geht eben nicht weg, das bleibt: Wenn man gemerkt hätte, was wirklich mit ihr los war, und wenn man das, was sie vorher sagte, ernst genommen hätte, dann hätte es bestimmt was genutzt.
Es ist seltsam. Sicher gibt es Entschuldigungen für mich, für mein Verhalten, dieses und jenes... Ich weiß aber auch, ich hätte mich mehr um sie kümmern können. Ich hab' nicht alles versucht und getan, was mir möglich gewesen wäre. Und andererseits bin ich mir dann doch nicht sicher, was geworden wäre, wenn sie hierhergekommen wäre. Als Anne sagte, sie wolle kommen, sprachen meine andere Schwester und ich über diesen Punkt. Wir hatten Angst, daß sie sich durch den lockeren Umgangston unter den vielen Studenten eingeschüchtert fühlen könnte, daß das für sie doch zuviel gewesen wäre. Es könnte auch sein, daß sie's ganz gut verkraftet hätte.
Anne zeigte immer, gerade auch in der Schule, große Schwankungen. Da fing's schon an. Wenn sie sich anstrengte, war sie exzellent, dann wieder ließ sie sich total durchhängen und war ganz schlecht. Das wechselte immer. Es richtete sich wohl danach, wie sie gerade lernen wollte, und wahrscheinlich auch danach, wie sie sich fühlte. Wenn's ihr schlechtging, tat sie kaum etwas.
Vor ihrem Tod machte sie schon ein halbes Jahr lang keine Hausaufgaben mehr. Sie ging zwar noch zur Schule, hat sich aber völlig verweigert und überhaupt nichts mehr getan.

*Glaubst du, sie war sich über ihren Suizid schon länger im klaren? Du sagst, sie hätte sich verweigert. Ihr Tod ist ja auch eine Art Verweigerung. Oder ist man im nachhinein zu sehr versucht, sich das zusammenzuschustern, damit es einen Sinn ergibt?*

Ich kann's nicht sagen. Das mit den Hausaufgaben habe ich erst nach drei oder vier Monaten mitbekommen.
Mit meinen Eltern liefen da auch komische Sachen. Sie erzählten mir nur teilweise, was daheim passierte. Wenn zum Beispiel

mein Bruder mal Mist baute, behielten sie das seltsamerweise für sich. Es sollte ganz in der Familie bleiben. Vielleicht waren wir schon so wenig Familie, daß es nicht mehr bis zu uns durchdringen sollte.
Daß mit Anne etwas los war, hab' ich irgendwann durch Zufall mitgekriegt. Was wirklich mit ihr los war, weiß ich bis heute nicht. Ich glaube schon, daß es ein bißchen in ihr steckte. Ob es bewußt war, weiß ich nicht.

*Meinst du, ihr Suizid war geplant, oder geht dir das zu weit?*

Nein, sie hat es geplant, da bin ich ganz sicher. Die zehn Tage vorher passen nicht so dazu, ich meine aber trotzdem, daß es geplant war.
Sie hat auch alle ihre persönlichen Sachen vernichtet. Es war nichts mehr da. Sie hatte da radikal aufgeräumt. Ihr Tagebuch, ihre Briefe, alles war vollständig verschwunden! Man fand auch keine Asche, aus der man schließen konnte, daß sie etwas verbrannt hätte.

*Fiel dir etwas an Anne auf, als du sie das letzte Mal sahst oder mit ihr sprachst?*

Nein, so eindeutig... Ich sah Anne das letzte Mal bei der silbernen Hochzeit meiner Eltern. Das war ein großes Familienfest, eigentlich das erste große Fest, das meine Eltern und die ganze Verwandtschaft veranstalteten. Anne und ich redeten nicht viel miteinander, weil eben das Familienfest im Mittelpunkt stand. Ich saß auch nicht neben ihr.
Später erzählte meine Tante, ihr sei aufgefallen, daß Anne unwahrscheinlich viel gegessen habe. Sie habe alles verschlungen, was auf den Teller kam. Sofort nach dem Mittagessen gab's Kaffee und Kuchen, und davon aß Anne anscheinend vier oder fünf Stück. Sie hat immer sehr gern gegessen, aber diesmal war es so viel, daß meine Tante ganz große Augen kriegte.
Ich glaube, während des Festes kam es noch mal zu einer dieser Szenen, bei denen sie weinte und sagte: »Ihr mögt mich nicht, niemand mag mich.« Ursprünglich wollte sie überhaupt nicht zur Feier in die Gaststätte mitgehen, und wir überredeten sie dann. Das war ziemlich blöd. Eigentlich hatte ich selbst keine große Lust dazu, aber ich sagte trotzdem zu Anne: »Jetzt geh doch mit! Das ist ein Nachmittag, und dann ist es vorbei! Wir können uns ja ein bißchen unterhalten.« Aber das wollte sie nicht, nur so ein bißchen reden.

*Lehnte sie solche Kompromisse ab?*

Ja, sie wollte nie Kompromisse eingehen. Schon als Kind weigerte sie sich, Leuten die Hand zu geben, die sie nicht mochte. Die hat sie einfach nicht begrüßt, sondern ist abgezischt.
Ich weiß jetzt nicht, ob das für euch wichtig ist. Mir fiel gerade auf, daß ich sehr viel von Anne erzähle und daß euer Thema eigentlich etwas anders lautet. Es hat zwar auch mit meiner Schwester zu tun, aber mehr noch mit mir, mit meinen Gefühlen und Reaktionen.
Ich merke, daß es mir leichter fällt, von Anne und davon zu erzählen, weshalb sie das vielleicht tat, oder zu erzählen, wie Verwandte und Eltern reagierten, als über meine ganz persönliche Betroffenheit zu reden.
Es ist vielleicht auch meine Art der Auseinandersetzung mit dem Geschehenen, daß ich mir immer wieder überlege: »Wer war sie? Wie sind meine Eltern? Was lief in der Kindheit ab? Was war anders als bei mir oder meiner anderen Schwester? Und was haben sich meine Eltern da geleistet? Wo sind Brüche, oder wann fing das an, daß bei ihr soviel angewachsen ist?«

*Es ist für dich immer noch wichtig, nach einer Erklärung zu suchen?*

Ja. Ich habe das Bedürfnis, eine Erklärung zu finden. Das taucht phasenweise immer wieder auf. Und ich bin froh, wenn es hochkommt. Ich möchte sie nicht vergessen, und ich möchte auch nicht vergessen, was passierte.
Manchmal bekam ich schon Schuldgefühle, weil ich einige Zeit nicht daran gedacht hatte. Ich kann nicht genau sagen, nach welcher Zeit das eintrat, aber ich bekam Schuldgefühle, weil ich meinte, ich sei dabei, es zu vergessen. Ich weiß nicht, ob es gut ist, da Schuld zu empfinden. Eigentlich weiß ich ja, daß es nicht weg ist.
Eine Erklärung ist für mich wichtig, obwohl ich im Grunde glaube, daß alle Erklärungen nicht ganz hinhauen, weil ich nie richtig in Anne hineinschauen konnte. Ich weiß, daß das, was ich mir da zurechtlege, zum Teil wirklich Basteleien sind.

*Meinst du, es hilft dir?*

Es dient mir zur Verarbeitung. Sicher stimmen auch einige Sachen, aber ich glaube, daß es niemals eine Erklärung oder eine Theorie geben kann, die man rational und logisch anwenden könnte. Ich denke, das darf man auch nie tun. Es wäre Anne ganz und gar unangemessen, wenn man versuchte, eine solche völlig rationale Erklärung zu finden.

*Hattest du auch mal Wut auf deine Schwester?*

Ja. Das fiel mir vorhin ein, und ich hab' mir sehr überlegt, ob ich's sagen soll oder nicht. Manchmal hatte ich Wut, aber da kamen sofort Schuldgefühle mit. Manchmal dachte ich: »Mensch, was hat sie uns da aufgeladen? Das ist etwas, an dem ich mein Leben lang kaue. Warum mußte sie das tun? Warum konnte sie nicht warten, warum war's nicht ein halbes Jahr später?« Da wäre ich mit meinen Prüfungen fertig gewesen, und dann hätte ich es vielleicht gemerkt oder da wäre irgend etwas passiert, was ihr geholfen hätte.

*Warum überlegtest du dir, ob du es sagen sollst?*

Ich bin mir nicht sicher, ob ich überhaupt Wut haben darf. Da spielt ein bißchen das Gefühl mit, daß das, was sie tat, so eine Art Bestrafung war. Sie wollte uns vielleicht damit zeigen, daß wir uns nicht genug um sie kümmerten. So denke ich aber nur manchmal, und wenn der Gedanke auftaucht, schiebe ich ihn schnell wieder beiseite.

*Weil er unangenehm ist?*

Ja, und weil ich meine, es ist nicht richtig, so zu denken. Ich darf so nicht denken.

*Wie gehst du damit um, wenn solche Gedanken doch auftauchen?*

Wenn ich Wut bekam, hatte ich immer gleich Erklärungen parat. Besonders dann hab' ich zu solchen rationalen Erklärungsversuchen gegriffen wie: »Sie konnte nicht anders!«
Aber jetzt fällt mir wieder ihr Brief ein. Sie schrieb, wir sollten ihr nicht böse sein und uns keine Vorwürfe machen. Sie dachte also an unsere Reaktionen und wußte, daß wir uns einiges vorwerfen würden. Das war ihr klar. Jedenfalls ahnte sie, was sie bei uns auslöste.
Das ist der Moment, in dem ich sage: »Sie hatte so große Ängste.« Und dann schiebe ich es auf meine Eltern. In dem Augenblick, in dem so eine Wut in mir hochkommt, leite ich sie recht schnell auf sie um. Aber dieses Gefühl tauchte immer nur kurz auf, und richtige Wut auf Anne hatte ich nie. Wenn ich Wut

empfand, dann auf meine Eltern, und die ist zum Teil heute noch da, eine sehr heftige Wut. Auf jeden Fall würde ich meinen Eltern gern mal Vorwürfe machen, werde das aber nie fertigbringen.
Ich bin mir nicht sicher, ob ich dann nicht auch wieder die Verantwortung von mir wegschiebe, wenn ich's meinen Eltern zudiktiere.

*Konntest du mit deinen Eltern über den Suizid deiner Schwester sprechen?*

Wir redeten schon darüber, aber, ach, das ist ganz schlimm! Mein Vater sprach fast nie darüber. Und meine Mutter redete immer nur religiös über meine Schwester oder kam immer dann darauf zu sprechen, wenn's um Religion ging. Sie hat das Geschehene auch religiös begründet. Noch größere Wut kam bei mir auf, als sie sagte: »Ja, das mußte so sein, das ist Schicksal! Sie war krank, und Kranksein ist Schicksal. Da konnte man nichts machen.« Ich fand das ganz, ganz furchtbar, einfach zu sagen, es sei Schicksal gewesen und man sei nicht dafür verantwortlich.

*Meinst du, deine Eltern stellten sich die Frage nach ihrer eigenen Verantwortlichkeit nicht?*

Doch. Meine Mutter sagte hinterher einmal, sie mache sich sehr viele Gedanken, was sie damit zu tun habe. Sie frage sich, was es zu bedeuten habe, was falsch gelaufen sei und welche Fehler sie gemacht habe. Sie mache sich viele Vorwürfe. Dann kommt sie aber gleich wieder mit Religion, mit Schicksal und solchen Dingen, und vor allem mit Krankheit.
Einmal konnte ich nicht mehr an mich halten und machte ihr Vorwürfe. Auch da begann sie gleich wieder mit diesen Dingen. Ich merkte, daß es völlig sinnlos ist, mit ihr weiterzureden.

*Hast du das Gefühl, daß die Erfahrung mit Annes Suizid dich und dein Leben veränderte?*

Ich glaube schon. Ja, ganz bestimmt.
Damals war ich ziemlich flippig, also ganz anders als heute. Ich war sehr aufgedreht, stark politisch engagiert und wohl auch recht chaotisch. Ich machte mir damals kaum Gedanken, was ich tun wollte oder was aus mir werden sollte. Und schlagartig war's dann anders.
Als ich hierher zurückkam, konnte ich plötzlich die Leute, mit

denen ich vorher ein ziemlich lockeres, oberflächliches Leben geführt hatte, überhaupt nicht mehr sehen. Mich haben Wut und Trauer gepackt. Ich hab' mich daraufhin völlig zurückgezogen, auch weil ich teilweise mit ihnen kein Wort mehr reden konnte. Ich hab' mir überlegt: »Mein Gott, über welchen Schwachsinn reden wir eigentlich? Was ist uns wichtig? Das ist ja so oberflächlich und völlig unbedeutend, und wir machen wirklich so ein Theater darum! Furchtbar! So etwas kann ich nicht mehr ertragen!« Ich konnte dieses Leben nicht mehr mitmachen, und ich hielt es nicht mehr aus, nur so zu tun, als ob. Das war schlagartig anders!

Vielleicht war's ganz gut so. Ich schrieb ja in dieser Zeit meine Zulassungsarbeit. Das mit Anne passierte im November, und im gleichen Monat mußte ich die Arbeit abgeben. Im Februar war dann meine schriftliche Prüfung und ein paar Monate später meine mündliche.

Ich empfand es als schlimm für mich, jetzt Prüfung machen zu müssen. Da gab's auch Momente, in denen ich dachte: »Jetzt flippe ich aus! Jetzt geht's mir so wie meiner Schwester.« Ich konnte das ganze einfach nicht fassen! Es gab Abende, an denen Annes Tod riesengroß vor mir auftauchte, und ich stand da und guckte nur. Das hat mich total erschlagen. In der Prüfungszeit mußte ich aber täglich funktionieren und ständig etwas in den Kopf reintun. Im nachhinein denke ich, es war vielleicht ganz gut, damals Prüfung zu machen, weil ich dadurch gezwungen war, an etwas anderes zu denken und etwas anderes zu tun.

*Du sagtest, du habest manchmal gedacht, es gehe dir wie deiner Schwester. Hast du dich auch mit Gedanken an Suizid getragen?*

Nein, aktiv nie. Wenn ich Auto fuhr, gab es schon Momente, in denen ich dachte: »Jetzt wär' es gerade egal, mir würd's nichts ausmachen, wenn jetzt etwas passierte.« Ja, solche passiven Momente waren schon da, aber aktiv wollte ich es nie. Dazu war der Schreck viel zu groß. Aber passiv, im Sinne von passieren, war es schon gegenwärtig. Vor Annes Tod hatte ich nie an so etwas gedacht.

Es gab auch hin und wieder Augenblicke, in denen ich dachte: »Warum mußte meine Schwester dran glauben, warum ist nicht mir etwas passiert? Vielleicht wär's besser gewesen, es wäre mir passiert und nicht ihr.«

*Und wie sieht das heute aus?*

Heute sind solche Gedanken eigentlich weg. Nach meiner zweiten Prüfung fiel ich zwei Wochen lang in ein totales Loch, hatte eine richtige Depression. Da waren diese Gedanken, es wäre nicht schlimm, wenn mir etwas passieren würde, wieder da. Ich fuhr dann in Urlaub, und dort verschwanden sie wieder. In manchen Situationen oder wenn ich depressiv war, tauchten sie aber wieder auf. Das kann bestimmt auch wieder passieren.
In einer anderen Beziehung hab' ich mich ebenfalls verändert, fällt mir gerade ein, und zwar war ich vorher stark gegen Kirche eingestellt oder wollte überhaupt nichts mit ihr und Religion zu tun haben. Mit der Institution Kirche will ich das auch heute noch nicht, aber ich stellte plötzlich im Grunde religiöse Fragen. Ich lehne solche Glaubensfragen rational ab, und trotzdem sind sie zum Teil wieder da. Fragen nach Sinn oder auch nach Gott, die mir völlig gleichgültig waren, sind doch wieder wichtig geworden für mich.

*Auch die Frage, ob nach dem Tod noch etwas kommt?*

Auch das, ja. Als meine Schwester tot war, stellte sich mir diese Frage ganz stark. Das hat mich vorher überhaupt nicht oder zumindest lange nicht so beschäftigt.
Gerade fällt mir noch mal etwas ziemlich Irrationales ein. Im Zusammenhang mit der Frage nach dem Sinn habe ich manchmal das Gefühl, ich hätte eine gewisse Verpflichtung, das, was meine Schwester nicht tun konnte, jetzt besonders gut zu machen.
Ich merkte, daß meine eigene Tüchtigkeit auch Schuldgefühle bei mir auslöst. Ich weiß nicht, ob Tüchtigkeit das richtige Wort ist, weil ich mich selber an und für sich nie für tüchtig gehalten habe, aber immerhin habe ich Schule und Studium relativ lokker geschafft. Für mich war alles keine große Mühe, während es Anne Mühe machte.
So wird das auch in unserer Verwandtschaft und bei meinen Eltern gesehen. Meine andere Schwester und ich waren schon von Kind auf problemlos. Es gab nie größere Autoritätskonflikte, wir funktionierten wirklich reibungslos. Das sagt auch meine Mutter öfter: »Um dich mußte man sich noch nie Sorgen machen! Wir wissen, daß du alles kannst, daß es läuft und klappt.« So in diesem Stil. Ich weiß nicht, ob sie da nicht auch etwas zurechtrückt.

Bei meinem Bruder, da fing's eben mit den Problemen an, und bei Anne dann... Und immer hab' ich deswegen Schuldgefühle. Manchmal denke ich, ich sei zu tüchtig gewesen. Mir fällt jetzt kein anderer Begriff ein. Eigentlich hört sich tüchtig furchtbar an.

*Meinst du, du habest Anne mit deinem Erfolg unterdrückt oder erdrückt?*

Ja, da ist so ein Schuldgefühl. Das sagt mir aber auch, ich müsse das, was ich tue, gut oder besser machen.

*Als Vermächtnis?*

Ja, obwohl das völlig irrational ist. Ich weiß gar nicht, wie ich auf solche Gedanken komme, aber das Gefühl ist da. Rational begründen kann ich es nicht.

*Hat es vielleicht damit zu tun, daß du meinst, du müßtest ihr Leben mitleben?*

Ein bißchen, ja. Auf jeden Fall empfinde ich eine solche Verpflichtung bei dem, was ich tue.

*Wie fühlst du dich heute, zwei Jahre nach Annes Suizid?*

Es quält mich nicht mehr so wie früher. Am Anfang waren auch die Schuldgefühle viel stärker. Irgendwann kam ich soweit, daß ich so etwas wie Schuld für mich akzeptieren konnte. Ich konnte akzeptieren, vielleicht Fehler gemacht zu haben, und dadurch ist das ganze nicht mehr so quälend.
Es ist jetzt alles nicht mehr so sehr nah und beängstigend. Anfangs bin ich, oft auch nachts, richtig aufgeschreckt. Und es gab Situationen, wo mir das Geschehene so brutal vor Augen stand, daß ich unfähig war, irgend etwas zu tun. Ich war dem völlig ausgeliefert – es war einfach da und erschreckte mich. Heute kann ich's eher annehmen.
Ich glaube, es muß noch eine Menge folgen. Es ist nichts Abgeschlossenes, ich kann nicht sagen: »So. Aus! Fertig!« Es wird mein Leben lang dasein, aber es ist nicht mehr so quälend.

*Bedeutet das auch, daß es heute nicht mehr so drängend ist, sich damit zu beschäftigen?*

Ich beschäftige mich heute vielleicht auf andere Art damit. Am Anfang mußte ich unbedingt eine eindeutige Erklärung haben, an die ich glauben konnte. Ich *mußte* daran glauben. Heute

kann ich eher akzeptieren, daß es zwar möglicherweise Erklärungen gibt, daß es aber nie *die* Erklärung geben kann.
Das ist keine monokausale oder logische Sache, sondern es gibt sicher viele Gründe. Und wahrscheinlich treffen die alle ein bißchen zu. Aber vielleicht muß man es auch als Frage stehenlassen können, warum sie das tat. Das gelingt mir jetzt eher.
Was mir nicht in den Kopf geht, das ist die Zeit davor. Ich hab' aber das Gefühl, ich tu ihr was Falsches an, wenn ich das wirklich ganz rational zerlege. Ich denke, ich muß das, was sie tat, akzeptieren. Ich muß auch akzeptieren, daß sie eben nicht krank war oder nicht so krank war, wie's meine Eltern gern hätten, sondern daß sie wußte, was sie tat.

*Hattest du nach Annes Tod die Möglichkeit, mit anderen Leuten darüber zu reden?*

Ich hab' mich von allen Leuten, mit denen ich zusammenkam, vollständig im Stich gelassen gefühlt. Ich hatte das Gefühl, niemand würde meine Situation verstehen. Ich konnte überhaupt nicht vermitteln, was in mir vorging. Sehr viele Leute reagierten völlig hilflos, wollten vielleicht auch gar nicht darüber reden. Ich hatte auf jeden Fall das Gefühl, daß sie nicht darüber reden wollten. Vielleicht war es für sie selbst so bedrohlich und ging ihnen zu nahe.

*Hast du sie darauf angesprochen?*

Das war unterschiedlich. Meistens nicht. Ich weiß es nicht mehr genau, aber ich hatte das Gefühl, daß ich mich in dieser Situation überhaupt nicht mitteilen konnte.

*Hättest du es gern getan?*

Wahrscheinlich, ja. Da gibt es zwei Momente. Ich dachte zum einen: »Leute, die das nicht kennen, können überhaupt nicht erfassen, was es für mich bedeutet.«
Andererseits habe ich schon das Bedürfnis, darüber zu reden, auch um es doch vielleicht mehr Leuten zu vermitteln, also so etwas ein bißchen öffentlicher zu machen.
Heute habe ich aber häufig große Angst, von fremden Leuten danach gefragt zu werden. Am Anfang, als ich noch so unmittelbar und stark betroffen war, mußte ich wenigstens sagen, was passiert war. Jetzt möchte ich von Leuten, die ich nicht wirklich gut kenne, nicht darauf angesprochen werden, mit denen will ich nicht darüber reden. Ich kann nicht sagen, warum das so ist.

Ich weiß nur, daß heute bei mir viel Vertrauen dazu gehört, darüber zu sprechen, viel mehr als früher.
Gut, ich suchte immer wieder mit Leuten nach Erklärungen, aber ich sprach sehr selten über meine eigenen Gefühle. Geredet wurde hauptsächlich über Gründe, und da kam oft die Frage: »Hast du Schuldgefühle?« Darüber sprachen wir schon, aber das war eigentlich nicht ausreichend. Ich hätte fast jemanden gebraucht, der mich vollständig betreute, weil ich so kaputt war.
Es fällt mir jetzt zum ersten Mal auf, daß ich früher kaum über meine Gefühle redete. Es ging immer nur um Gründe, nicht um das, was mich betrifft, was ich alles ausstehen mußte, an Ängsten zum Beispiel, und was sich für mich verändert hat.
Ich glaube wirklich, so wie heute konnte ich noch nie darüber sprechen. Wir haben doch relativ viele Sachen mit vielen Aspekten besprochen. Und vor allem wegen der Dinge, die mich selbst betreffen, hatte ich jetzt gerade so etwas wie ein Aha-Erlebnis.

*Meinst du, diese Dinge wurden dir bewußt, indem oder nachdem du sie formuliertest?*

Genau, erst hinterher. Es ist ja nicht nur so, daß ich noch nie über meine eigene Trauer geredet habe, sondern ich hab' auch nicht so gedacht. Mein Denken lief immer in diesem Kreis: Meine Schwester – warum und wieso? Und die Eltern – die Geschwister? Darüber kam ich nicht hinaus und nicht zu mir. Ich lieferte mich höchstens mal in einer Depression ganz passiv dem Gedanken aus: »Na ja, bei mir wär's jetzt auch gerade egal ...« Aber daß ich mich so aktiv mit meiner Trauer und meiner Verarbeitung auseinandersetze, habe ich noch nicht erlebt. Es ist das erste Mal, daß ich überhaupt wirklich bewußt auf diese Idee kam oder daß ihr mich darauf brachtet. Das war für mich das eigentlich Neue und andere an diesem Gespräch.

*Du sagtest, du habest dich von deinen Bekannten im Stich gelassen gefühlt und das Gefühl gehabt, sie wollten nicht darüber reden.*

Das war eine ganz brutale Erfahrung. Ich hatte dabei das Gefühl, ich hätte kaum wahre Freunde. Jetzt mal hart ausgedrückt: Die Leute, mit denen ich zusammen bin, die taugen nichts. Die merken gar nicht, was los ist, und interessieren sich nicht dafür. Das erzeugte auch sehr große Angst in mir, und diese Erfahrung steckt heute noch irgendwie drin.

*Auch in bezug auf unser Gespräch?*

Nein. Das Gefühl, in dieser Situation im Stich gelassen worden zu sein, hat sich eher als Grunderfahrung in bezug auf ein Zusammensein mit anderen niedergeschlagen. Andersherum formuliert: Alles ist gut, solange ich gut funktioniere. Dann komme ich auch mit anderen Leuten prima aus. Wenn ich aber nicht mehr funktioniere, sind plötzlich Sperren da. Als ich diese Erfahrung machte, hatte ich das Gefühl, meine Schwester besser zu verstehen. Da konnte ich eher verstehen, was in ihr vorgegangen war.

*Meinst du das auch im Hinblick darauf, daß du selber früher bei Anne, genau wie viele Mitmenschen jetzt dir gegenüber, mit Durchhalteappellen reagiertest?*

Ja, das stimmt! Sie verhielten sich eigentlich genauso: Sie kamen mit solchen Appellen, mit solchen Sprüchen, die noch mal ein Schlag ins Gesicht waren. Da kamen dann Sätze wie: »Du mußt jetzt deinen Eltern helfen, ihnen zur Seite stehen.« Und ich wollte gerade mit den Eltern überhaupt nichts zu tun haben. Ich dachte: »Es ist schlimm genug, wenn ich damit fertigwerden muß. Meine Eltern sollen sehen, wie sie's schaffen. Die haben ja ihre Religion.«

*Tat es dir weh, daß diese Leute nicht daran dachten, daß du auch damit fertigwerden mußt?*

Ja, sehr. Wenn sie gar nichts gesagt hätten, wäre es sogar besser gewesen, als einen solchen Spruch zu bringen. Anders wäre es gewesen, wenn ich gespürt hätte, daß Verständnis für mich da ist, aber so war das ein Abspeisen, waren das Phrasen. Ja, und da konnte ich meine Schwester verstehen. Da konnte ich auch verstehen, warum sie schließlich sogar Selbstmord beging.

# 7. Gespräch: Herr Berg

*Herr Berg ist Mitte Zwanzig und Student. Der Suizid seines Bekannten Ernst liegt zweieinhalb Jahre zurück.*
*Ernst war nach einem Abend im Bekanntenkreis mit seinem Auto an einen einsamen Ort gefahren und hatte sich dort mit verschiedenen Medikamenten vergiftet.*

Vielleicht kann ich zu Beginn kurz etwas zu seiner Person sagen, damit ihr einen Eindruck von ihm gewinnt.
Ernst war Jahrgang 55. Er machte Abitur, anschließend Bundeswehrzeit und begann dann, Physik und Mathematik zu studieren. Nach drei Semestern brach er das Studium ab und arbeitete in einem Atomkraftwerk bei der Dekontamination.
Eigentlich war das ein relativ lockerer Job. Das Problem daran war, daß er während der Woche in einer relativ kleinen Wohnung mit zwei Leuten zusammenwohnte, mit denen er nicht viel anfangen konnte. Für ihn war damals das Wochenende das Allerwichtigste. Am Freitagmittag, sobald er mit der Arbeit fertig war, fuhr er nach Hause. Das heißt, während der Woche saß er ohne Kontakte an dem Ort fest. Er hatte zwar eine Tante und einen Onkel dort, aber eigentlich war da keine Beziehung vorhanden.
Ich kannte Ernst schon oberflächlich von der Schule her. In der offenen Jugendarbeit lernte ich ihn dann näher kennen. Zu dieser Zeit war auch ich am Wochenende regelmäßig daheim, vor allem wegen der Mitarbeit in der Jugendinitiative. Nachdem Ernst also das Studium abgebrochen hatte, war er plötzlich häufiger da, sicher auch, weil einer seiner Freunde damals engagierter in der Jugendinitiative mitarbeitete.
Wirklich intensiv kannte ich Ernst vor seinem Selbstmord vielleicht eineinhalb Jahre. Man traf sich meistens zu Sitzungen und ging anschließend abends noch in die Stammkneipe. Ernst gehörte zu dem Kreis, der oft bis eins, halb zwei zusammensaß. Da wurde einiges getrunken, auch Ernst hatte einen recht hohen Alkoholkonsum.
Vielleicht noch zu einem Ereignis, das im Vorfeld wichtig war:

Zur Jahreswende waren wir mit der Jugendgruppe auf einem Bauernhof. Wir feierten dort mit ungefähr vierzig, fünfzig Leuten, und Ernst war auch dabei. Ich kann mich erinnern, daß ich morgens gegen vier mit ihm ein Gespräch führte, in dem er plötzlich sagte, daß es ihm zuvor ziemlich dreckig gegangen sei. Er sei nahe daran gewesen, sich im Haus einen Strick zu suchen, in den Wald zu gehen und sich aufzuhängen.
Er fragte mich dann noch, ob ich auch schon solche Gedanken gehabt hätte. Bei ihm sei es schon öfter der Fall gewesen, daß er am Rande des Selbstmords oder Selbstmordversuchs gewesen sei. Ich sagte ihm darauf: »Ich hab' zwar mit dem Gedanken gespielt, aber ich kann mich nicht erinnern, daß ich irgendwann mal ernsthaft daran gedacht hätte, also in einer solchen Stimmung oder Verstimmung war, daß es mich dazu gedrängt hätte.« Er meinte dann: »Wenn das bei dir nie der Fall war, dann kannst du nicht mitreden!« Das war nicht direkt abweisend, er wollte also das Gespräch nicht abbrechen, aber er hat mir in diesem Augenblick klar und deutlich erklärt, ich sei da nicht kompetent, wenn ich es nicht selbst nachvollziehen könne.
Dieses Gespräch geriet bei mir ziemlich schnell wieder in Vergessenheit. Es fiel mir erst im nachhinein wieder ein.
Daß er in einer depressiven Verstimmung war, bekam ich ab Ende des Frühjahrs stärker mit, weil er an den Wochenenden häufig sehr viel trank. Oft fuhr er erst am Montagmorgen um sechs los, und da hatte er am Sonntagabend dann noch ungeheuer viel getrunken.
Zu dieser Zeit hatte er einen Freund, der in einer ähnlich desolaten Verfassung war und auch sehr viel von Selbstmord sprach. Die beiden bestärkten sich also gegenseitig in ihren Gesprächen und banden sich ziemlich eng aneinander.
Erst nach seinem Selbstmord erfuhr ich, daß Ernst schon zu dieser Zeit – also ab Anfang Sommer – begonnen hatte, Schlaftabletten zu nehmen. Er nahm immer wieder mal zwei, drei, experimentierte also ein wenig an der Grenze herum. Nicht daß er sich mit einer entsprechenden Dosis bewußt vergiftet hätte, sondern er trank ab und zu ziemlich viel und nahm dann noch ein paar Schlaftabletten.
Ich kann mir vorstellen, daß es zum Teil ein unbewußtes Spielen mit dieser Grenze war, das heißt, es war ein starkes Bedürfnis nach Schlaf, nach Abschalten vorhanden. An den Tagen vorher hatte er sich ja wieder mit seiner trostlosen Tätigkeit auseinandersetzen müssen. Vielleicht war's auch nicht nur der Wunsch

nach Abschalten, sondern möglicherweise nach Aufhören, also nach einem tieferen und festeren Schlaf. Ganz unbewußt spielte er also in diesem Bereich herum. Das ist eine Erklärung, die ich mir mal überlegt habe.
Mitte Juli hatte ich dann meine Prüfung, deshalb erinnere ich mich noch an den genauen Zeitpunkt. Damals war ein Bekannter aus meinem Heimatort zufällig bei mir zu Besuch. Nachts gegen elf klingelte es plötzlich. Da standen zwei Bekannte an der Tür – einer davon war dieser Freund von Ernst – und sagten: »Am Samstag kannst du auf eine Beerdigung gehen!« – »Ja, was ist los?« – »Ernst hat sich umgebracht.«
Zuerst wirkte das ganz komisch auf mich, auch so die Art, wie sie mir das mitteilten. Ich meine damit, daß sie nicht irgendwie klagten, sondern mir das eher flapsig ankündigten. Ich glaube, sie konnten es in dem Augenblick gar nicht anders sagen.
Nachdem sie es am Nachmittag erfahren hatten, fuhren die beiden abends noch hierher, um mir zu sagen, was passiert war. Und zwar war das folgendermaßen gelaufen: Am vorangegangenen Sonntag war Ernst abends in unserer Stammkneipe, und am nächsten Morgen hätte er zur Arbeit fahren müssen. In der Wirtschaft war er mit ein paar Leuten zusammen, trank einiges und fuhr dann allein weg. Nicht daß er abrupt aufgestanden wäre, aber er ging früher als sonst weg.
Wie es rekonstruiert wurde, fuhr er anschließend nach Hause und holte Zäpfchen. Seine Großmutter war schwer krank und brauchte Morphiumzäpfchen oder so etwas Ähnliches. Schlaftabletten hatte Ernst sich wohl auch besorgt, denn er hat sowohl Schlaftabletten genommen als auch diese Zäpfchen eingeführt. Außerdem hatte er schon ziemlich viel Alkohol getrunken. Er fuhr dann in eine recht abgelegene Kiesgrube, legte noch Frank Zappa, seine Lieblingsmusik, auf dem Kassettenrekorder auf und starb.
Er verschwand also am Sonntag abend, wurde aber erst am Mittwoch entdeckt – zufällig, von einem Spaziergänger. Zwei seiner Bekannten waren da gerade wegen irgendeiner Unfall-Zeugenaussage bei der Polizei und hörten im Polizeifunk, daß jemand gefunden worden sei. So kriegten die es also mit!
An diesem Abend war Stammtisch. Als es das Jugendhaus noch nicht gab, traf man sich immer mittwochs in einer Wirtschaft. Und die zwei, die anschließend zu mir fuhren, hatten es dort erfahren.
Ich kam dann am Freitag nach Hause. Wie üblich saßen die

Leute von der Jugendinitiative in unserer Wirtschaft. Es waren sehr viele da, und das Hauptgesprächsthema war Ernsts Selbstmord.
Nachdem die erste Betroffenheit überwunden war, stand im Zentrum der Versuch, zu rekonstruieren, was eigentlich passiert war. Man versuchte, Erklärungen zu finden. Da hat man sich eigentlich gegenseitig überboten, fast so: »Wer hat die beste Erklärung parat?« Man suchte also nach Gründen, um es überhaupt verstehen zu können. Ich glaube, eine Rolle spielte dabei, daß er durch seinen Selbstmord auch unsere Gruppe und die Gemeinschaft in Frage gestellt hatte. Er brachte ja damit klar zum Ausdruck, daß wir für ihn keinen Halt darstellten, ihm nicht sonderlich viel bedeuteten und vor allem ihm nicht helfen konnten.
Die erste Phase, da kann ich mich noch gut erinnern, bestand in einer Rationalisierung. Da mußte man Begründungen finden: »Das geht doch nicht so einfach, da muß doch was dasein!« Es mußten Erklärungsmuster her!

*War das für dich selbst auch wichtig?*

Ja. Ich weiß, daß ich voll und ganz dabei war. Und wie gesagt, wir steigerten uns da richtig hinein. Ich weiß nicht, ob man das so sagen kann, aber es war eine richtige Euphorie, ein Erklärungsrausch. Das wurde noch dadurch verstärkt, daß es so viele Leute waren. Sogar an mehreren Tischen liefen die Diskussionen.

*Was war die Haupttendenz der Versuche, es zu erklären?*

Es gab sehr unterschiedliche Ansätze. Einige Leute hatten eher monokausale Erklärungen, sie suchten nach irgendwelchen Ursachen oder vermutlich eher nach Anlässen. Zum Beispiel hoben sie auf Ernsts Schwierigkeiten mit Frauen ab: daß es in Beziehungen mit Frauen jedesmal Probleme gab, daß er lange Zeit keine Freundin mehr hatte, daß da mal etwas schiefgegangen war, daß er sehr gern wieder eine Beziehung aufgebaut hätte, dies auch aktiv versuchte und dann etliche Körbe bekam.
Im nachhinein sagte mir jemand, Ernst habe Interesse an einem Mädchen gehabt. Er traf sie an diesem Sonntag abend in einer Diskothek, forderte sie zum Tanzen auf, und sie ließ ihn abblitzen. Das passierte also direkt davor. Es gab dann Leute, die zumindest sagten: »Das war etwas, was vielleicht die latente

Labilität und Gefährdung manifest werden ließ, also die Sache zum Überlaufen brachte.«
Aber wie gesagt, ich hab' nicht näher mitgekriegt, was mit dieser Frau war, und ich kann nicht viel dazu sagen. Von seinen Schwierigkeiten mit Frauen wußte ich, darüber hatte ich ab und zu mit ihm geredet. Das war sicher ein wichtiges Problem.
Ein anderes Problem war seine Perspektive. Der Job stank ihm bodenlos, erstens, weil er dort keinen Kontakt hatte, fünf Tage nur malochte und kein Land sah, und zum anderen, weil er nicht wußte, wie's weitergehen sollte. Das Studium hatte er abgebrochen, weil er nichts Gescheites damit anfangen konnte. Er hatte sich auch überfordert gefühlt – vielleicht auch ein bißchen intellektuell –, weil er nicht in der Lage war, so konzentriert zu arbeiten, daß er ohne weiteres durchgeblickt hätte. Das lag sicher auch an seiner psychischen Verfassung.
Ich war dann erstaunt, als mir jemand sagte, Ernst habe inzwischen wieder ein klares Berufsziel gehabt. Auch in der Folgezeit wurde mehrfach darüber gesprochen, denn diese Erklärungssuche dauerte schon noch eine ganze Zeit. Er wollte anscheinend an die Pädagogische Hochschule gehen und Realschullehrer für den Bereich Physik und Mathematik werden. Er hatte sich bereits die Bewerbungsunterlagen besorgt beziehungsweise sich zumindest nach den Bedingungen erkundigt. Also scheint er in dieser Hinsicht durchaus eine Perspektive gehabt zu haben.
Vielleicht jetzt zur nächsten Phase, die ich selbst miterlebte. Den Abend, an dem es die anderen erfuhren, hatte ich ja nicht selbst mitbekommen. Ich könnte nur mit ein paar Floskeln berichten, wie es war, und auch nur so, wie's mir wieder berichtet wurde, zum Beispiel, daß eine recht deprimierte Stimmung herrschte.
Vorhin sprach ich von diesem Erklärungsrausch. Man kann nicht sagen, daß es danach locker und gelöst zuging, aber ich erinnere mich, daß einige später zum Beispiel noch Karten spielten. Die Leute saßen nicht deprimiert herum, sondern es hatte sich etwas gelöst, nachdem man verbissen und auch ein wenig berauscht Erklärungen gesucht und das ganze durchgekaut hatte. Die Verkrampfung und vielleicht die Unsicherheit hatten sich gelockert. Man kann schon sagen, daß dann noch ein buntes Treiben stattfand.
Am nächsten Morgen wurde Ernst beerdigt. Na, und das war dann ein Trauerspiel, wie ein Begräbnis eben ist, ein solcher

öffentlicher Akt der Trauer. Wir von der Jugendinitiative trugen seinen Sarg, nachdem wir die Träger, die schon zu diesem Zweck angerückt waren, mühsam davon überzeugt hatten, daß wir das übernehmen wollten. Es waren sehr viele von denen, die ihn gekannt hatten, da. Ich nehme an, daß es gut vierzig Jugendliche waren, abgesehen von den Verwandten und sonstigen Bekannten.

Am Sarg, während der Zeremonie, merkte ich, daß da bei mir einfach Leere war, ich fühlte auch deutlich, daß ich nicht gelöst sein konnte. Da waren so viele Leute um mich herum, und ich empfand die Zeremonie wie ein Schauspiel.

Nach der Beerdigung schaltete ich plötzlich ab, schloß aus, was um mich herum vor sich ging. Ich lief noch eine Weile herum und heulte auch. Als ich alleine war, konnte ich plötzlich aus mir herausgehen, ich merkte, daß ich zu Emotionen fähig war. Das war vorher nicht der Fall, zum Beispiel, als man in diesem großen Kreis diskutierte. In der Gruppe ging's mehr um Argumente, um rationale Dinge. Da war für mich keine richtige Trauer oder ein Gefühl möglich. Als ich allein war, spürte ich etwas. Da konnte ich mich ganz anders damit beschäftigen.

Nach der Beerdigung setzten wir uns wieder zusammen. Ich erinnere mich, daß ich recht deprimiert war. Während wir in der Wirtschaft waren, kamen auch Ernsts Geschwister, und eine Weile war dann noch das Diskussionsthema: »Warum?« Sie wollten natürlich von den Leuten, mit denen er die meiste Zeit verbracht hatte, ein wenig wissen, was vorher war und wie es soweit kommen konnte.

Es gab auch noch eine ganz andere Reaktion, und zwar sagten die Leute auf einmal: »Eigentlich ist er gar nicht tot! Er ist irgendwie schon noch bei uns.« Damit begann eine Diskussion über den eher mystischen Bereich. Man philosophierte und spekulierte über Tod und Weiterleben.

Ich würde das als einen Versuch bezeichnen, das ganze in seiner Tragweite nicht wahrhaben zu wollen: »Ja, eigentlich ist das kein Ende, ist er nicht tot.« Einige meinten auch: »Er kommt jetzt sicher gleich zur Tür herein!« Das Nicht-wahrhaben-Wollen und auch das Nicht-verstehen-Können kamen da also zum ersten Mal stärker zum Ausdruck.

Ich glaube, in der ersten Phase, also am Freitag, ging es um Gründe und um den Versuch zu verstehen. Bei der Beerdigung dann, als man ganz unmittelbar damit konfrontiert war – mit dem Sarg, mit der Trauergemeinde und dem Trauerritual, das

natürlich seine Wirkung hinterläßt –, traten plötzlich das Nicht-wahrhaben-Wollen und das Nicht-verstehen-Können viel deutlicher zutage.
Am Abend fand dann ein Fest statt. Das war recht seltsam. Vielleicht ist das noch ein anderer Punkt, den man in die Rubrik ›Anlässe‹ einordnen könnte: Ernst wollte ein Fest veranstalten. Ob das eine Woche vor seinem Selbstmord oder direkt am Tag davor stattfinden sollte, weiß ich nicht mehr genau. Ich meine, es sei der Samstag vor seinem Todestag gewesen. Da wollte er mit etlichen Leuten ein Fest im Freien aufziehen, in eben dieser Kiesgrube. Ich weiß nicht mehr genau, was er feiern wollte, auf jeden Fall spendierte er ein Faß Bier und kaufte Kerzen und andere Sachen. Und dann ging es schief, erstens wegen des schlechten Wetters und zweitens, weil keine Leute kamen.
Wenn eine solche Einladung von den anderen ignoriert wird, ist das bei einem so großen Kreis von Leuten natürlich eine ziemliche Kränkung für denjenigen, der das Fest veranstalten wollte. Ich weiß nicht mehr, was der Hintergrund dafür war. Jedenfalls war Ernst verärgert, weil das Fest so badenging.
Ich muß noch hinzufügen, daß seine Eltern zu diesem Zeitpunkt in Urlaub waren. Er setzte sich dann mit einigen Bekannten daheim zusammen. Die Eltern waren immer noch verreist, als er tot aufgefunden wurde. Sie wurden benachrichtigt.
Es war also noch dieses Faß Bier da, und das tranken wir am Tag der Beerdigung, machten spontan am Abend bei mir daheim ein Fest. Die meisten Leute, die bei der Beerdigung waren, kamen, um das Faß zu leeren.
Von der einzelnen, aber auch von der Gruppenreaktion her war es an diesem Abend so, daß man eher Dampf abließ und ein wenig ausgelassen war. Beerdigungsgesellschaften sind ja häufig die fröhlichsten Zusammenkünfte, die man sich vorstellen kann. Ich kenne da einen markigen Spruch aus dem Allgäu: »Weißt', bei uns tut man die Toten noch ins Grab saufen!« Dieser Abend wurde eine richtig gesellige Veranstaltung. Natürlich ergaben sich daraus Überlegungen – bei jedem einzelnen, glaube ich.
Für mich stellte sich die Frage: »Wie mußt du dich eigentlich nach außen verhalten? Kannst du so ausgelassen und fröhlich sein, wenn ein guter Bekannter beerdigt wurde?« Ich würde sagen, er war ein guter Bekannter, er war sicher kein Freund. Eine so intensive Beziehung war es nicht.
Da gab es also bei einigen Leuten Unsicherheit darüber, ob man sich jetzt so unbeschwert verhalten dürfe. Zum Teil hat man

diese Ausgelassenheit mit dem Spruch gerechtfertigt, den man oft hört und der auch bei uns schon früher geäußert wurde, wenn wir über den möglichen eigenen Tod sprachen: »Da muß es eine Riesenfete geben! Man muß feiern und fröhlich sein!« Wir sagten uns: »Das ist sicher auch in Ernsts Sinn.«
Vielleicht noch mal zum Punkt Ursachen zurück und auch zur Reaktion seiner Eltern. Ich hörte zufällig, wie Ernsts Vater, der auch ab und zu in der Wirtschaft verkehrt, in der wir uns treffen, später einmal mit anderen Leuten über Ernst sprach. Er meinte, er verstehe das gar nicht. Der Junge habe doch wirklich alles gehabt, und deshalb sei ihm völlig unklar, wie er so etwas machen konnte. Sicher wollte er ausdrücken, daß er für Ernst alles getan hatte, was ihm möglich war – ihm alle Möglichkeiten bot und es ihm an nichts mangelte.
Ich muß dazu sagen, Ernst war das erste Kind in der Familie. Der Vater hatte den Sohn mit neunzehn unfreiwillig gezeugt und konnte daraufhin nicht, wie er eigentlich vorhatte, studieren, sondern nur eine Ausbildung zum technischen Zeichner machen.
Zum einen war Ernst sicher mit ein Grund dafür, daß die beruflichen Pläne und Perspektiven des Vaters sehr eingeschränkt waren. Und zum anderen trinkt der Vater auch ziemlich viel. Ich kenne das genaue Ausmaß nicht, aber ich weiß von vielen Leuten, daß er sehr oft trinkt, täglich trinkt, und weit über eine Flasche Wein oder etliche Biere. Das hatte auch Ernst erzählt.

*Hatte Ernst Schwierigkeiten mit seinen Eltern?*

Viel wurde über diesen Punkt nicht geredet, aber ich hatte nicht das Gefühl, daß er sonderlich gut mit ihnen auskam, auch mit seinem Vater nicht. Es war wohl wenig Verständigung und deswegen auch wenig Verständnis da. Ich glaube nicht, daß der Vater Ernst richtig kannte und auch wußte, was er für Schwierigkeiten hatte, was ihn bewegte, womit er kämpfte. Und problematisch war's für Ernst, wie gesagt, eben auch von seiner unglücklichen Position her. Er war ja derjenige, der die Zukunftschancen und Hoffnungen des Vaters so eingeschränkt hatte und die ganze familiäre Entwicklung durch seine Geburt und durch seine Existenz bestimmte. Über diesen Punkt hab' ich mir schon Gedanken gemacht und später vermutet, daß das sicher einen Einfluß auf die Beziehung zwischen Vater und Sohn hatte – in welcher Form, das kann ich nicht einschätzen.

*Kannst du dich noch an deine Empfindungen erinnern, als du von Ernsts Suizid erfuhrst?*

Meine erste Reaktion war einfach Sprachlosigkeit. Ich wollte wissen, um was es eigentlich ging. Ich kann mich erinnern, daß wir in der Zeit, während die beiden Bekannten bei mir waren, nicht viele Worte wechselten, nur: »Hast du eine Zigarette für mich? Fahrt ihr heute wieder zurück?« und solche Fragen wie: »Was ist passiert? Wie hat er's gemacht? Wo ist er gefunden worden?« Mehr eigentlich nicht.
Der Bekannte, der damals gerade bei mir zu Besuch war, lag schon im Schlafsack und kriegte das nur am Rande mit. Er hörte es zwar, blieb aber einfach liegen und reagierte gar nicht darauf.
Und ich wußte am Anfang überhaupt nichts damit anzufangen. Wie ich schon sagte, erinnerte ich mich ja erst im nachhinein an das Gespräch bei dieser Silvesterfeier. Sicher hatte ich in der Zeit vorher ab und zu Andeutungen mitbekommen. Ich wußte, daß er in einer recht schlechten Verfassung war, aber ich schaltete eben in dieser Situation wirklich nicht. Für manche Leute kam es wie eine Bestätigung: »So, jetzt hat er's tatsächlich getan!« Bei mir war das nicht so. Es mag mit den vielen anderen Eindrücken dieses Tages zusammenhängen, auch die Prüfungssituation spielte eine Rolle. Ich nahm das am Anfang einfach nicht richtig auf. Man hört es, nimmt es wahr, kann aber im ersten Augenblick nichts damit anfangen.
Erst am nächsten Morgen wurde es mir langsam klarer. Da begann ich, mit dem Bekannten darüber zu sprechen, und dann beschäftigte es mich natürlich sehr.

*Du sagtest, du seist sprachlos gewesen. Habe ich richtig verstanden, daß es nicht nur eine verbale, sondern auch eine emotionale Sprachlosigkeit war?*

Ja, genau.

*Wie würdest du das beschreiben? Zunächst ist es ja wohl ein Schock. Du fragtest zwar nach, wie er es gemacht und wo man ihn gefunden habe, aber realisiertest du da schon, daß er tot ist?*

Nein, ich glaube nicht. Ich sagte ja, am Anfang erfaßte ich das kaum, und vor allem übersah ich die Konsequenzen nicht. Der Gedanke dabei war eher: »Der hat irgendwas angestellt! Er hat

Schlaftabletten und Zäpfchen genommen.« Und: »Den hat man gefunden.« Aber daß er für immer tot ist oder daß ich ihn nie mehr sehen oder nie wieder mit ihm reden kann, daß er einfach so nach und nach aus meinem Erfahrungsbereich verschwinden wird, daran dachte ich nicht.
Das wurde mir eigentlich erst am Samstag bei der Beerdigung klar. Ich hatte ja den Sarg mitgetragen, und als er runtergelassen wurde und dann zugedeckt war, wurde mir das bewußt. Nach dem Wirtshausbesuch, bevor wir zu mir nach Hause gingen, war ich noch mal eine Weile am Grab. Man hatte es schon zugeschaufelt und die Kränze daraufgelegt. Und da wurde mir klar: »Da ist er jetzt drin! Das ist abgeschlossen, das ist jetzt vorbei.« Es war mir erst durchs Ansehen begreiflich geworden, begreiflich auch dadurch, daß ich den Sarg getragen hatte – ja, handgreiflich begreiflich.

*Wie erging es dir dann weiter?*

Ich stand also noch allein am Grab und heulte. Auch auf dem Weg nach Hause heulte ich noch die ganze Zeit. Ich weiß nicht genau, woher das kam. Auch im nachhinein war ich mir nicht sicher, ob mich mehr die Konfrontation mit dem Tod schokkierte und sich der Schock und die Spannung im Weinen entluden oder ob es die Trennung und der Verlust von Ernst waren. Das wurde mir auch nachher nie so ganz klar.
Wahrscheinlich spielte beides eine Rolle. Zum einen, daß das Phänomen Tod neben mir oder direkt vor mir auftauchte – auch mein eigener Tod vor mir auftauchte, mir meine eigene Grenze deutlich bewußt wurde –, und das zum anderen in einer viel schärferen Weise als bei einem Unfalltod.
Ich hatte schon vorher innerhalb der Jugendarbeit die Erscheinung Tod mitbekommen. Da verunglückten zwei Leute innerhalb kurzer Zeit tödlich. Im Vergleich dazu war die Reaktion bei Ernst schon ein bißchen anders, weil er sich bewußt – wie bewußt können wir mal dahingestellt sein lassen – selbst für den Tod entschied, sich selbst den Tod gab, ihn eigentlich einnahm. Und das war etwas, was mich erschütterte, was mich auch dazu brachte, über die Frage nachzudenken: »Warum lebe ich eigentlich?«
Plötzlich ging ich nicht mehr davon aus, daß ich eben deswegen lebe, weil ich existiere, sondern ich machte mir klar, daß zur Existenz so etwas wie Lebensbejahung gehört. Ich glaube, für mich war die Erfahrung in dieser Richtung sehr intensiv.

Schlagartig begann ich, mich mit mir selbst auseinanderzusetzen. Ich überlegte mir, was für mich wesentlich ist und was ich weiterhin will. Das war auch in der Folgezeit so. Deshalb würde ich sagen, daß es eher das Phänomen Tod in seiner ganz besonderen Erscheinungsform als selbstgewählter Tod war, was mich so stark bewegte.

*Auch die Konfrontation mit der Möglichkeit, es selbst ebenfalls tun zu können?*

Ja, auch die Konfrontation mit der Frage: »Wie weit bin eigentlich ich von dieser Entscheidung entfernt? Was hält mich persönlich davon ab, sie nicht auch zu treffen?« Oder umgekehrt, positiv formuliert: »Was hält mich am Leben? Was ist mir eigentlich wichtig?« Das war für mich im ersten Augenblick schwierig, weil ich mich zuerst ernsthaft fragen mußte, was für mich wirklich wichtig ist. Das überhaupt herauszufinden war gar nicht einfach.
Zum Beispiel bin ich ein Typ, der sich in Beziehungen nicht so richtig verlieren oder sich nicht intensiv mit jemandem verbinden kann. Wenn eine Beziehung zu Ende war, ging der Ablösungsprozeß in den meisten Fällen – nicht in allen – wahnsinnig schnell. Und auch der Gedanke, das Mädchen oder den Menschen möglicherweise mein Lebtag nicht mehr zu sehen, der Gedanke, daß er aus meinem Erfahrungsbereich total verschwinden wird, rührte gar nicht so elementar an mir. Dabei kommt das ja fast dem Verschwinden von Ernst gleich. Dieser andere Mensch stirbt für mich auch, wenn auch auf andere Weise.

*Hattest du vor Ernsts Tod schon einmal über Selbsttötung nachgedacht?*

Du meinst jetzt persönlicher und intensiver, als wenn man es vielleicht in einer Zeitung liest?

*Ich meine, in bezug auf dich selbst. Hattest du eine bestimmte Einstellung zu Suizid?*

Ich habe oft darüber nachgedacht, was ich tun würde, wenn ich zum Beispiel unheilbar krank wäre oder durch einen Unfall zum Krüppel würde. Überlegt hab' ich mir das weniger im Fall von Behinderung, eher im Fall von unheilbarer Krankheit, vor allem Krebs. Die Angst davor, an Krebs zu erkranken, war lange Zeit ein Problem für mich, und ich überlegte mir, daß es in

diesem Fall für mich durchaus denkbar wäre. Ich spielte es rein rational als Gedankenexperiment durch, mich in einem solchen Fall umzubringen, mir mehr oder weniger den Gnadentod zu geben, bevor ich die Qualen in den letzten Stadien der Krankheit ertragen müßte.
Was ich mir vorher im Zusammenhang mit Selbstmord überlegt hatte, war vor allem die Frage, ob es Situationen für mich geben könnte, die für mich nicht mehr erträglich wären und denen ich dann durch Selbstmord entkommen könnte. Das heißt, ich ging bei meinen Überlegungen davon aus, daß es vielleicht einmal unerträgliche Verhältnisse geben könnte, ich mich im Augenblick aber in einer erträglichen Situation oder Verfassung befand.
Und als Ernsts Selbstmord passiert war, ging's nicht mehr darum, ob's irgendwann mal eine unerträgliche Situation geben könnte, sondern ob nicht das Momentane schon unerträglich war. Die Überlegung war also, ob das Leben für mich lebenswert ist.

*Du sahst dich sehr konkret für deine eigene Person vor diese Frage gestellt?*

Ja. Das war eine Frage, die er durch seine Entscheidung auch an mich stellte, weil wir ja viel darüber gesprochen hatten. Wir hatten über verschiedene Dinge diskutiert, die das Leben lebenswert oder nicht lebenswert machen.
Ich kann nicht mehr sagen, ob ich dann damals mit Selbstmordgedanken spielte. Es gab kurz nach der Beerdigung eine Phase, in der ich ab und zu ganz unwillkürlich daran dachte, daß ich mich ebenfalls umbringen könnte: »Wie wäre das, wenn du dich jetzt auch umbringen würdest, heute, jetzt sofort?« Der Gedanke drängte sich mir plötzlich auf, ich hatte das Gefühl, daß das Vorbild eine anregende und anreizende Funktion bekam und mich ein bißchen zur Nachahmung drängte. Es waren spontane Gedanken, die sich in den Tagtraum mischten. Ich konnte nicht verstehen, woher sie kamen, weil sie nicht aus einer Überlegung wie ›Das Leben ist lebenswert oder nicht lebenswert‹ resultierten.
Ich möchte noch etwas zur Trauerreaktion sagen – Trauerreaktion klingt ja ein wenig seltsam –, also zu dem, was ich nachher empfand. Ich erwähnte ja bereits, daß wir uns in der Gruppe Gedanken darüber machten, welche Reaktionen statthaft seien und welche Verhaltensweisen wir nach außen zeigen müßten.

Auch ich stellte mir diese Frage. Außerdem überlegte ich mir allen Ernstes, was man normalerweise unter Trauer versteht.
Auf jeden Fall war ich ziemlich verkrampft. Ich konnte mich nicht so geben, wie ich empfand und mich geben wollte, sondern ich fühlte mich von allen Seiten beobachtet – von den Eltern, von Bekannten, Freunden –, auch später noch.
Als ich noch mal allein am Grab war und heulte, konnte ich schon zeigen, wie's mir zumute war. Ich bekam danach aber auch leichte Gewissensbisse, ich dachte: »Was war denn das jetzt eigentlich? War das ein Schauspiel?«
Ich hab' immer so ein bißchen nach meiner Stellung, nach meiner Rolle gesucht, die ich in diesem Trauerspiel zu spielen hatte. Das hängt vielleicht auch damit zusammen, daß ich eigentlich recht sensibel Erwartungen anderer wahrnehme, die an mich gerichtet werden. Ich gehe also ziemlich darauf ein, was andere in so einer Situation von mir verlangen, und reagiere darauf, wie sie sich selbst verhalten.
Ich fragte mich nachher auch: »Hab' ich eigentlich getrauert?« und vor allem: »Hätte ich nicht trauern müssen wegen dieses Verlusts? Wäre das nicht angemessen gewesen?«
Später konnte ich das gar nicht so recht fassen, was in mir alles abgelaufen war. Ich dachte sicher viel an Ernst, auch in der Folgezeit noch. Ich denke auch heute noch ab und zu an ihn.
Dazu muß ich bemerken, daß ich jetzt – nicht nur im Augenblick, sondern seit geraumer Zeit – emotional keine Reaktion mehr zeige, wenn ich an Ernst denke. Ich kann an ihn denken – ja, ich glaube, das ist der beste Ausdruck –, ohne daß es mich sonderlich bewegt.

*Ist das für dich normal, oder macht es dir ungute Gefühle?*

Nein, das ist für mich normal. Ich stellte mir natürlich die Frage, ob es damit zusammenhängt, daß die Beziehung zwischen Ernst und mir nicht sehr intensiv war. Ich weiß nicht, ob Trauer einen direkten Bezug zur Intensität einer Beziehung hat. Ich weiß nicht, ob es anders wäre, wenn das jemand gewesen wäre, den ich näher kannte.
Wenn es meine Eltern wären, dann wäre allein schon deswegen eine emotionale Beteiligung dabei, weil ich mich ernsthaft verpflichtet fühlen würde, ihnen nachzutrauern, ich wäre ihnen das sozusagen schuldig.
Ernst war ich nichts schuldig, das heißt, nichts schuldig im Sinne der Verpflichtung, die mir meine Eltern auferlegen.

Ich konnte in dieser Hinsicht also relativ unvoreingenommen reagieren.

*Du sagtest, du habest dir überlegt, welche Reaktionen von dir erwartet würden. Worüber du noch nicht sprachst, ist, wie du dich wirklich fühltest.*

In der ersten Phase war's so, daß ich mir ständig überlegte, wie ich reagieren müßte. Das war aber ziemlich schnell erledigt, weil niemand mehr etwas von mir erwartete. Und deshalb kann ich heute ohne weiteres sagen: Da bewegt sich nichts mehr. Gedanklich bewegt sich schon noch einiges, denn es regt mich immer wieder zum Nachdenken an, wenn es mir einfällt, aber ich empfinde nichts mehr dabei.
Ich sage ja, ich brachte das oft mit dem Begriff Trauer in Verbindung, weil das der Begriff ist, den man gewöhnlich für das gebraucht, was nachher kommt – also traurig sein, sich traurig geben, Trauer zeigen. Solche Begriffe spielen ja bei Beerdigungen eine Rolle. Trauer zeigen wäre dann vor allem der soziale Aspekt der Trauer, wieder bezogen auf das Trauerritual des Begräbnisses. Das beginnt bei der Kleidung und geht bis zu den Tränen.
Ich könnte heute nicht sagen, ob ich damals traurig war, weil ich wahrscheinlich mit dem Begriff zu wenig anfangen kann. Er ist mir zu belastet, weil mit ihm schon viel zuviele Vorgaben, Einschränkungen, auch Rollenerwartungen verbunden sind.

*Du gehst ziemlich stark vom Die-Trauer-Zeigen aus, darüber sprichst du gerade.*

Was ich selbst erlebte, war ein richtiges Wechselbad von Gefühlen. Da war zum einen wirklich Euphorie, dieser Erklärungsrausch, von dem ich vorhin erzählte. Man löste sich von dem Ereignis, indem man es begründete. Und dann ging's bis hin zur Depression. In die geriet man, nachdem man über dem Nichtwahrhaben-Wollen plötzlich merkte, daß man nicht verstehen kann, er ist tot, er ist ein für allemal weg. Selbst wenn ich erklären kann, wie's zum Tod kam, die Konsequenz, den Tod selbst, verstehe ich nicht. Der bringt mich an eine Grenze, die ich selbst ebenfalls nie überschreiten werde.
Von daher meine ich, wenn man sagte: »Ich war traurig«, dann heißt das: »Ich war sehr bewegt« – nach oben, nach unten. Ich war in ungeheuer vielen Stimmungen, die schnell wechseln konnten. Ich war gefühlsmäßig erregt, so ein wenig überspannt

oder übersteigert. Wie man dazu sagt, weiß ich nicht. Aber es gab keine dauerhafte untere Linie, die man mit Depression umschreiben könnte.
Dazu hat sicher beigetragen, daß ich während der ersten Tage intensiv mit recht vielen Leuten zusammen war, die in ähnlicher Weise betroffen waren wie ich. Man kann also nicht so sehr von einer persönlichen Verarbeitung reden. Das war eigentlich eine Verarbeitung, die die Gruppe gemeinsam leistete.

*Half es dir weiter, daß ihr miteinander reden konntet?*

Ja, sicher. Ich erinnere mich noch gut daran, wie wir am Abend und am Tag nach der Beerdigung darüber redeten, was passiert war. Und das hat einigen Leuten, auch mir, sehr geholfen. Das Darüber-Reden half zum einen dabei, nochmals die Beziehung zu ihm aufzurollen und zu klären: »Was hat er mir bedeutet, wie wichtig war er für mich?« Und dann zum andern beim Erklären: »Wie kam's dazu? Werde ich damit fertig?« Wobei natürlich immer die Grenze Tod da war. Aber durch das Miteinanderreden, durch die Möglichkeit, eigene Gefühle oder Schwierigkeiten mitzuteilen, war's möglich, auch das Nicht-damit-Fertigwerden anzunehmen – auch diese Grenze Tod zu akzeptieren.
Deshalb würde ich sagen, daß es vor allem eine gemeinsame Trauerarbeit oder soziale Verarbeitung war, weil es mir relativ schnell wieder gutging. Ich war nicht mehr so erregt, nicht mehr so stimmungsgeladen und schwankend, sondern eigentlich recht schnell wieder stabilisiert.

*Tauchte in euren Gesprächen auch die Frage auf, ob ihr in eurer Beziehung zu Ernst irgend etwas versäumt und damit vielleicht auch zu seinem Tod beigetragen hättet?*

Ich bin mir ziemlich sicher, daß diese Frage auftauchte, aber das ist ein Bereich, der im nachhinein für mich ziemlich blind ist. Ich kann mich nicht mehr richtig erinnern, zu welchem Ergebnis wir kamen oder wie wir es selbst einschätzten. Ich kann mich wirklich nicht erinnern! Das hab' ich weitgehend ausgeblendet.

*Du erzähltest, du habest dich nach seinem Tod an euer Gespräch an Silvester erinnert, und da sei dir erst klargeworden, was er dir schon damals mitgeteilt hatte.*

Dazu muß ich noch etwas sagen: Zu diesem Zeitpunkt war schon klar, daß ich für eine Prüfung eine Arbeit über Selbstmord schreiben wollte. Im Zusammenhang mit dieser Arbeit habe ich mir dann natürlich einige Gedanken gemacht, schon weil ich mich nachher systematisch damit beschäftigte. Ich bin mir sicher, daß ich mir damals – auch gerade wegen des Silvestergespräches – überlegt habe: »Was hätte ich tun können? Hätte ich das nicht ernster nehmen müssen? Und wenn ich es ernster genommen hätte, was hätte es genutzt? Wie oder wobei hätte ich ihm helfen können?«
Ich habe ja vorhin schon mal angesprochen, daß Ernsts Freund meines Erachtens einen großen Einfluß auf die Tat hatte. Ich würde nicht soweit gehen, zu sagen, er habe schuld, aber er hat sie auf jeden Fall begünstigt, weil sich die beiden tief in solche Gedanken verstrickt hatten, sich wirklich gemeinsam in solche negativen Phantasien hineingesteigert hatten. Und ich habe später, auch durch Gespräche mit dem Freund, den Eindruck gewonnen, daß Ernsts Tod so etwas wie ein Selbstmord für beide war. Er hat stellvertretend eine gemeinsame Utopie oder Phantasie realisiert.
Ich sagte eben, ich wolle nicht soweit gehen, zu sagen, der Freund habe schuld. Ich drücke das dann eben anders aus. Aber wahrscheinlich glaube ich doch, daß er mitverantwortlich ist. Ich denke, ich habe einen Großteil meiner Verantwortung, die ich aus der Kenntnis seines Zustandes seit dem Silvestergespräch ableitete, im nachhinein auf Ernsts Freund übertragen: »Also wenn jemand von uns schuldig oder mitschuldig ist, dann er!« Auch deswegen er, weil er als sein bester Freund natürlich den intensivsten und häufigsten Kontakt zu Ernst hatte und wir viel weniger Möglichkeiten hatten, Einfluß zu nehmen oder Hilfe anzubieten. Und durch diese Sichtweise habe ich mich sicher auch ein wenig selbst entlastet.
Die Schuld- oder Mitbeteiligungsproblematik wurde für mich ein halbes Jahr später aktuell, als ein anderer Bekannter, mit dem ich einen sehr viel engeren Kontakt als mit Ernst hatte, einen Selbstmordversuch unternahm.
Wir stritten uns am Abend noch, ob ihn jemand von uns heimfahren sollte, weil er einiges getrunken hatte. Na ja, er stand dann plötzlich auf und fuhr weg. Am nächsten Tag erfuhren wir, daß er mit dem Auto einen steilen Abhang hinuntergefahren war. Er flog über die Böschung und knallte direkt auf einen Baum. Er war ziemlich zerschunden, hatte Prellungen und

Schnittwunden und ein richtig verbeultes Gesicht, hatte aber unerhörtes Glück gehabt.

*War es für euch klar, daß das ein Suizidversuch war?*

Ja. Für mich wurde das relativ schnell klar. Daß es sich herumsprach, glaube ich nicht. Manche Leute mutmaßten schon ein bißchen etwas, aber es war ein kleiner Kreis, der es genauer wußte.
Ich sprach ihn darauf an, und wir redeten darüber. Ein anderes Mal traf ich ihn mal abends zufällig. Da sagte er, er habe sich Schlaftabletten gekauft, die wolle er in der Nacht noch einnehmen. Ich redete stundenlang mit ihm und rief später noch einen Freund an, weil ich mich überfordert fühlte.
Jetzt überlege ich mir gerade, ob das vorher oder nachher war. Ich glaube, das mit den Schlaftabletten war vor dem Selbstmordversuch, als er den Hang hinunterraste.

*Meinst du, daß du durch Ernsts Suizid für die Problematik sensibilisiert wurdest?*

Auf jeden Fall. Natürlich auch dadurch, daß ich kurz danach diese Arbeit schrieb, also noch einiges darüber las und mit meinem Mitschreiber diskutierte. Dann war wenig später wieder etwas mit dem Bekannten, von dem ich eben erzählte. Es waren zwei Abende, an denen er Schlaftabletten nehmen wollte. Ich hatte ihn angesprochen und brachte ihn dann nach Hause. Im Umgang mit ihm habe ich schon ein wenig von den Erfahrungen, die ich mit der Arbeit und mit Ernst gemacht hatte, profitiert.
Dieser Bekannte war damals in einer desolaten Verfassung. Er hatte keine Arbeitsstelle mehr, und die Freundin hatte mit ihm Schluß gemacht. Das war damals auch der Auslöser für diese Autofahrt. Außerdem hatte er eine Menge Schulden. Er sah auf jeden Fall nicht mehr über seine Schwierigkeiten hinaus und hatte keine Perspektive mehr. Er hat sich dann aber wieder relativ schnell stabilisiert. Ein halbes Jahr später lernte er ein Mädchen kennen und fand eine neue Arbeitsstelle. Ich versuchte später noch mal, mit ihm über das ganze zu reden, weil ich dachte, es könnte ihm in Zukunft helfen, solchen Situationen eher zu entgehen oder mit ihnen besser umzugehen. Da wollte er aber nicht mehr viel davon wissen: »Na ja, ist schon in Ordnung!« wiegelte er ab.

*Noch mal zurück zu Ernst. Hattest du nach seinem Tod ihm gegenüber einmal Ärgergefühle?*

Ich glaube nicht, also Ärger ganz bestimmt nicht. Du meinst so in Richtung ›Wie konnte er nur‹? Nein, auf keinen Fall.

*Meinst du, daß die Erfahrung mit Ernst Auswirkungen auf deine Persönlichkeit, dein Leben und deine Zukunftsvorstellungen hatte?*

Das hatte schon Auswirkungen auf meine persönliche Entwicklung. Man könnte vielleicht sagen, daß die Erfahrung und die Konsequenzen Teil meiner Identität geworden sind. Ich meine damit die grundlegende Erfahrung der persönlichen Grenze des Todes, die mir da viel intensiver als bei früheren Unglücksfällen oder Todesfällen im Bekannten- und Verwandtenkreis bewußt wurde, vor allem auch deswegen intensiver, weil es ein selbstgewählter Tod war.
Die grundsätzliche Möglichkeit, sich in jeder Lebenssituation auch in organischem Sinne radikal in Frage zu stellen, seine Existenz biologisch, psychisch, sozial zu verneinen, ist sicher heute ein Teil meiner Identität.
So gesehen glaube ich, daß sich mein Zugang zur Wirklichkeit, zum Alltag in dem Sinne verändert hat, daß ich gelöster und mit mehr Distanz an viele Sachen herangehe.
Mir ist durch die Erfahrung mit Ernst klargeworden, wie nah am Rande jeder einzelne lebt und wie wenig unser Tun letztlich bedeutet. Es war eine Erfahrung, die ich ab und zu wieder im Hinterkopf habe, vor allem in Situationen, in denen ich ziemlich belastet bin oder Schwierigkeiten habe. Ich gewinne dann Distanz zu meiner Situation, indem ich an diese Erfahrung denke. Das Leben erhält eigentlich dadurch mehr Wert, daß es an Bedeutung verliert. Ich sage mir dann: »Das ist an und für sich ein Problemchen! Das ist minimal, eine Sache, die innerhalb des Lebens von untergeordneter Bedeutung ist. Es gibt nur wenige wesentliche Sachen.«
Und weil ich die Situation entschärfen kann, indem ich sie für nicht mehr so wichtig halte, weil ich durch die Erfahrung des Todes – meiner eigenen Grenze – gelöster mit der Wirklichkeit umgehen kann, gewinnt das Leben an Bedeutung für mich. Es wird reicher, weil es mir mehr Möglichkeiten eröffnet. Ich bin nicht mehr so stark auf diese oder jene Lösung fixiert und muß mich selbst nicht unbedingt radikal im Sinne von Selbstmord in

Frage stellen, sondern kann auch meine jetzige Existenz vollständig verändern. Eine der Konsequenzen, die sich aus dieser Erfahrung bei mir niedergeschlagen hat, ist, das Leben und jede Lebensentscheidung als Möglichkeit anzusehen.
Angesichts des Todes hat keine dieser Problemsituationen Bedeutung. Zum Beispiel die berufliche Entwicklung: Du hast irgendein Ziel und erreichst es einfach nicht, scheiterst. Angesichts der Begrenztheit deiner eigenen Existenz hat so ein Mißerfolg nicht viel Bedeutung. Ob du als Doktor beerdigt wirst oder als Handwerker, ist letztlich nicht von Belang. Von Belang ist, was du aus deinem Leben machst. Und du machst es wahrscheinlich kaputt, wenn du dich entweder überforderst oder andererseits nicht bewußt deine Möglichkeiten entfaltest.
Das ist, glaube ich, auch noch ein wichtiger Punkt: Lebensbejahung. Diese Erfahrung hat mich wieder auf das Leben gestoßen, sie hat mich dazu geführt, das Leben bewußter und intensiver wahrzunehmen. Indem ich vor die Frage »Ist das Leben lebenswert oder nicht lebenswert?« gestellt war, mußte ich mir gleichzeitig über mich selbst und meine Zukunft Gedanken machen. Und ich konnte die Zukunft gelöster betrachten, weil ich mich nicht mehr so auf das versteifte, was ich gerade tat. Ich betrachte es heute mehr als Ausprobieren: »Das möchte ich mal sehen! Komme ich da weiter? Darum kümmere ich mich!« Das wäre jetzt der Aspekt ›bewußter erfahren und sich intensiver bemühen‹, und das ist etwas, was dann mit Notwendigkeit auch zu einem Ziel führen muß.

*Wenn ich dich richtig verstehe, dann war die Erfahrung mit Ernsts Suizid für dich letzten Endes positiv?*

Ja, das war eine positive Erfahrung – auch im Sinne von starker Erfahrung. Das war ein Eindruck, etwas Eindrückliches, etwas, was Spuren hinterließ und mich gleichzeitig auf mich selbst stieß und mich anregte.
Ich sagte ja, daß ich bisher noch nicht genau klären konnte, wie eng die Beziehung war und wie ihre Trennung durch den Tod auf mich wirkte. Aber ich weiß, daß es eine wichtige und auch fordernde Erfahrung für mich war.
Ich muß hinzufügen, daß das Erlebnis selbst durch neue Erfahrungen schon wieder ziemlich übermalt und überdeckt wurde. Es gab keinen Selbstmord, aber der Selbstmordversuch meines Bekannten und auch andere Todesfälle durch Unfall gehören sicher dazu. Sie haben möglicherweise die Spuren noch ein we-

nig vertieft, die Erfahrung noch stärker konturiert und dieses Identitätselement noch fester in mir verankert.
Nach zweieinhalb Jahren läßt sich meines Erachtens nicht mehr so klar festlegen, was im nachhinein von mir an einer bestimmten Stelle plaziert wurde, was ich vergaß oder vielleicht hinzufügte oder auch uminterpretierte. Ich kann nicht mehr wiedergeben als Tendenzen, die heute noch vorhanden sind. Vielleicht könnte man sagen, das ist wie eine Spur im Sand am Meer, die schon wieder zugedeckt wurde von anderen Dingen, die zerrinnt und wieder zum Teil einer anderen Spur wird. Wiedergeben kann ich nur, was heute noch auffindbar ist.
Von daher glaube ich sagen zu können, daß es eine wirkliche Lebenserfahrung war: An diesem Punkt meines Lebens habe ich durch den Tod das Leben erfahren, weil es plötzlich nicht mehr Gewohnheit und Selbstverständlichkeit, nicht mehr normal war. Eigentlich nahm ich also durch diesen Tod das Leben – mein Leben – intensiver wahr. Und das ist etwas, was nach und nach wieder verblaßt. Man fällt wieder in Alltag, Gewohnheit, Normalität ab.

# *Teil II*
# *Bewältigungsmuster*

Unsere Gesprächspartner gaben uns Einblick in ihre Erfahrungen, die sie in der Auseinandersetzung mit der Selbsttötung eines Angehörigen oder nahestehenden Menschen machten. Es werden heftige Gefühle spürbar, wenn auch oft buchstäblich die Worte dafür zu fehlen scheinen und die Emotionen sich eher andeuten als ausdrücken. Dennoch vermitteln diese Gespräche die schmerzhaften und mitunter existentiell bedrohenden Gefühle und Fragen, denen sich die Zurückbleibenden gegenübersahen. Ihre Ausführungen ermöglichen es, sie auf ihrem Weg der Bewältigung des Suizidtodes zu begleiten und nachzuempfinden, welche Schwierigkeiten und Unsicherheiten sie meistern mußten. Die Gespräche spiegeln persönliche Sichtweisen zum Geschehenen und vor allem Einsichten, denen man sich auch als Außenstehender kaum entziehen kann.
Aus den unterschiedlichen Blickwinkeln und Erfahrungszugängen der Hinterbliebenen kristallisiert sich eine manchmal heikle Struktur von Bedingungen heraus. Sie stellt eine Art Rahmen für die Bemühungen dar, sich an die veränderte Situation anzupassen. Angesprochen wird das Geflecht aus dem Verhalten Betroffener und Reaktionen der sozialen Umgebung, ein Gewebe von Auslegungen, Zuschreibungen, Beobachtungen, Phänomenen des Ausgrenzens und Schweigens und der Anstrengungen, sich das Geschehene zu erschließen und es zu begreifen. In den Ausführungen der Zurückbleibenden kommt gleichermaßen zum Ausdruck, wie dieser Rahmen ihre Bewältigungsbemühungen unterstützen oder behindern kann.
Insgesamt rufen die Mitteilungen der Hinterbliebenen unmittelbar Betroffenheit hervor. Darüber hinaus weisen sie auf grundlegende Faktoren hin, die aus gewissen, in unserer Kultur mit der Todesart Suizid verbundenen Eigentümlichkeiten heraus die Erfahrung der Hinterbliebenen formen und bestimmen. Im weiteren soll daher anhand einiger Gesichtspunkte den Beziehungen zwischen Verhalten und Problemen Hinterbliebener und den Reaktionen ihrer sozialen Umgebung nachgegangen werden. Wir zitieren dazu aus den vorher wiedergegebenen Gesprächen. Teilweise greifen wir außerdem auf Aussagen von

Personen zurück, die selbst nicht direkt durch einen Suizid betroffen waren.
Neben Erfahrungen und Problemen, die Hinterbliebene eines Suizids mit Zurückbleibenden ›natürlicher‹ Todesfälle teilen, entwickelt sich ein Teil ihrer Schwierigkeiten aus der Besonderheit der Todesart. Worin diese Besonderheit eigentlich besteht, läßt sich aus einer Theorie ableiten, die das interpretative Wesen sozialer Wirklichkeit betont, d. h. davon ausgeht, daß die Wahrnehmung der Welt auf erlernten Deutungen beruht.[2] Diese Theorie liegt unseren Ausführungen zugrunde.

## Die Frage: Warum?

Stellen wir uns folgende kleine Szene vor: Zwei Bekannte, die sich einige Zeit nicht gesehen haben, treffen sich. A fragt nun B, wie es ihm gehe, was es Neues zu berichten gebe. B antwortet, momentan gehe es ihm nicht besonders gut, denn einige Tage zuvor sei ein naher Verwandter plötzlich verstorben. A wird sich, nachdem er seine erste Verunsicherung ob dieser unvermuteten Mitteilung überwunden hat, teilnahmsvoll erkundigen, wie dies geschehen konnte, was der verstorbene Verwandte denn gehabt, an was er gelitten habe. Beantwortet B diese Frage mit der Erläuterung, es sei ein Herzinfarkt gewesen oder sein Verwandter sei bei einem Verkehrsunfall tödlich verletzt worden, so wird dieser Hinweis A zunächst zufriedenstellen, da er genügt, das Ereignis in ihm vertraute Deutungsmuster einzuordnen. A kann sich jetzt den Todesfall erklären. Mit Hilfe dieser Erklärung ist er in der Lage, sich wieder von dem Mitgeteilten zu lösen. Im weiteren wird sich das Gespräch vermutlich mit einzelnen Gesichtspunkten des Ereignisses und mit der Situation des Bekannten B befassen.
Antwortet B dem Bekannten A jedoch auf seine Nachfrage nach den Umständen des Todes offen und freimütig, sein Verwandter habe sich das Leben genommen, so wird diese Mitteilung große Verunsicherung bei A hervorrufen. Wenn A überhaupt fähig ist, die Unterhaltung fortzuführen, dann wird in aller Regel seine nächste Frage lauten, ob man denn wisse, *warum* der Verwandte dies getan habe. In dieser Frage drückt sich die Besonderheit der Todesart Suizid in unserer Gesellschaft aus.

Der Soziologe James M. Henslin untersuchte die Reaktionen und Bewältigungsversuche von Angehörigen eines Suizidenten.[3] Er stellte fest, daß bestimmte Denkmuster helfen können, mit Problemen im Alltag fertigzuwerden, indem sie Geschehnisse deuten und Erklärungen bereitstellen, warum sie eintraten. Solche Denkmuster übernehmen die Menschen aus der Kultur, in der sie aufwachsen. Mit dem Erlernen der Sprache, also den Bezeichnungen für Gegenstände und Ereignisse werden ihnen gleichzeitig Vorstellungen, Einstellungen und Erklärungen vermittelt.[4] Der Erwerb von Begriffen für Dinge oder Ereignisse schließt deren Bedeutung ein, das heißt, wie man mit ihnen umgehen muß, wie man sich ihnen gegenüber verhalten kann oder soll usw. So wird, um auf die geschilderte Unterhaltungsszene zwischen A und B zurückzukommen, mit der Benennung des Todesfalles als Folge körperlicher Erkrankung oder eines Unfalls zugleich die Bedeutung des Ereignisses vermittelt und seine direkte Erklärung gegeben.
Den Hinterbliebenen können zusätzlich bestimmte Denkweisen dabei helfen, den Tod des nahestehenden Menschen zu bewältigen. Solche Denkweisen wären zum Beispiel: »Es war Gottes Wille, daß er die Krankheit bekam und starb«, »Gott hat ihn zu sich gerufen« oder »Es war sein Schicksal«. Sie stellen außerdem eine zumindest teilweise zufriedenstellende Erklärung dafür zur Verfügung, warum die Krankheit bei dem Verwandten auftrat oder warum der Unfall geschah, indem sie eine Bedeutungsorientierung bieten, die mit der Selbstwahrnehmung des Hinterbliebenen in Einklang zu bringen ist. Diese Bedeutungsorientierung stellt die eigene Person nicht in Frage, weil sie bestimmt, daß die Ursache für das Ereignis ›außerhalb‹ dieser Person und damit auch außerhalb der eigenen Kontrolle liegt. Somit können solche Sichtweisen dem Zurückbleibenden ebenfalls helfen, das Geschehnis zu bewältigen. Er kann sich ohne größere Störung seiner Selbstwahrnehmung an die neue Situation anpassen.
Wenn in unserer Kultur aber festgestellt wird, daß es sich bei einem Todesfall um eine Selbsttötung handelt, so steht hierfür kein eindeutiges Denkmodell zur Verfügung. Unsere Sichtweise von Suizid besagt, daß es sich um einen ungewöhnlichen und unerwarteten, vor allem aber um einen vermeidbaren und absichtlich selbst herbeigeführten Tod handelt. Mit diesen Bestimmungen kann zunächst nicht geklärt werden, wie ein solcher Tod zu verstehen ist. Sie geben auch keine Erklärung vor,

die auf Umstände verwiese, die durch die Zurückbleibenden nicht beeinflußbar gewesen wären. Die Feststellung, daß der Suizident selbst ›Ursache‹ seines Todes war und dieser Tod zu vermeiden gewesen wäre, verlangt geradezu nach einer weiteren Erklärung. Berücksichtigt man, daß unsere kulturell geformten Denkweisen auf der Grundlage von Ursache und Wirkung aufgebaut sind (Kausalitätsprinzip), ergibt sich daraus, daß die wirkliche Ursache gefunden werden muß. So bedarf ein Suizidtod erst einmal der Auslegung, und zwar einer solchen, die nicht von vornherein zur Verfügung steht.
Nehmen wir einmal an, die beiden Bekannten A und B würden in einer anderen Kultur leben. In dieser Kultur gibt es nun ein Denkmodell, das besagt, daß eine Selbsttötung durch das Wirken eines bestimmten Virus hervorgerufen wird. Man könnte sich dann die Unterhaltung zwischen A und B etwa folgendermaßen ausmalen: B äußert auf A's Frage, was denn passiert sei, daß der Verwandte so plötzlich verstarb: »Er hat das Virus gehabt.« Damit wäre das Geschehnis erklärt, und es wäre auch klar, daß der Verwandte bei seinem Tod selbst ›die Hand im Spiel‹ hatte. Mit gewissen Vorbehalten könnte man sich vielleicht auch noch eine andere Denkweise über Suizid vorstellen, die in der Antwort B's »Ihn hat der Dämon gepackt« deutlich würde. Jedenfalls entfiele in solchen Fällen die weitere Frage von A, *warum* der Verwandte Hand an sich legte.
An diesem Beispiel zeigt sich außerdem, daß dasselbe Ereignis in einer anderen Kultur von unseren Vorstellungen abweichend gedeutet und erklärt werden kann. Die Bedeutung eines Geschehnisses liegt also nicht in seiner Natur. Eine bestimmte Bedeutung erhält das Ereignis erst dadurch, daß Menschen es in der ihrer Kultur eigenen Weise betrachten und begreifen.
Weil in unserer Kultur kein eindeutiges Denkmuster über Suizid verfügbar ist, entsteht große Unsicherheit darüber, welche Bedeutung er hat. Um dieser Orientierungslosigkeit zu begegnen, richtet sich der Blick auf die Beweggründe des einzelnen Suizidenten: Warum hat sie/er das getan? Die Erklärungsleistung wird hier dann vor allem den jeweiligen Zurückbleibenden abverlangt.
Die Suche nach einer Erklärung wird durch eine weitere Sichtweise mitbestimmt: Suizid wird gewöhnlich als das Resultat persönlicher Probleme betrachtet, denen sich der Betreffende gegenübersah. Dieses Denkmodell ist ebenfalls mehrdeutig, denn auch mit ihm ist keine direkte Ursache benannt, die für

den Umgang mit dem Ereignis hilfreich wäre. Vor allem aber ergeben sich aus diesem Denkmuster Schwierigkeiten für die Hinterbliebenen. Es veranlaßt sie, an ihren Vorstellungen von sich selbst zu zweifeln, denn diese Sichtweise legt nicht fest, daß sie mit der Ursache des Ereignisses nichts zu tun haben; gerade die Betonung von Problemen als Ursache des Suizids legt nahe, daß die Zurückbleibenden in irgendeinem Zusammenhang mit diesem Tod stehen.
Bei der Deutung einer Selbsttötung sind Hinterbliebene in erheblichem Maße auf sich selbst verwiesen. Sie stehen vor dem Konflikt, nicht zu wissen, wie sie zu verstehen ist, auch im Hinblick auf dic mögliche eigene Verantwortlichkeit und die Konsequenzen für das eigene Leben. Zudem ist eine Hilfestellung, wie man mit diesem Tod umgehen soll, in den verfügbaren Denkmustern nicht enthalten. Unsere mehrdeutigen Denkmodelle über Suizid erzeugen also zunächst eine Bedeutungsleere. Dieser Umstand löst bei den Zurückbleibenden eine intensive Suche nach Erklärung aus.

## Eine Welt bricht zusammen

In ihrem Versuch zu beschreiben, was die Mitteilung über den Suizid der Schwester für sie bedeutete, äußert Frau Edel:
*»... da ist eben eine ganze Welt zusammengefallen. Zuerst wollte ich es gar nicht glauben. Ich hab' mich dagegen gewehrt...«*
Hier bringt Frau Edel zunächst den Schock zum Ausdruck, der mit der unerwarteten Nachricht über den Tod eines Menschen verbunden ist. Zu Beginn spricht sie davon, es sei ein »totaler Schock« gewesen, als ihr die Nachricht überbracht wurde. Begleitet wird dieser Schock von einem Nicht-glauben-Können, daß das Mitgeteilte tatsächlich wahr ist.
Die ersten Reaktionen auf die unerwartete Todesnachricht dienen dem Schutz vor einer abrupten, allzu starken Überflutung durch intensive Gefühle. Selbst Frau Hoch, die ja schon befürchtete, Karin habe erneut einen Suizidversuch unternommen, reagierte auf die Mitteilung über den Tod der Tochter mit einem Schock. Der Bruder von Karin, Herr Hoch, führt dies noch nachdrücklicher an. Das zeigt vermutlich am besten, daß der Akt des Aussprechens eine bloße Befürchtung zur Gewiß-

heit werden läßt; das Mitteilen und Benennen stellt sie als zutreffend fest und verbürgt ihre Wirklichkeit. So äußert Frau Hoch denn auch die Überlegung, sie und ihr Mann hätten genausogut miteinander reden und sich ihre Befürchtungen offenbaren können. Aber es sei hier vielleicht ähnlich wie bei Kindern. Etwas nicht auszusprechen oder zuzugeben ist im kindlich-magischen Denken gleichbedeutend mit dem Versuch, es ungeschehen zu machen oder nicht geschehen zu lassen.

In ihrer Formulierung, eine ganze Welt sei zusammengebrochen, nennt Frau Edel auch ein Grundkennzeichen der Trauer, denn tatsächlich bricht mit dem Tod eines nahestehenden Menschen eine Welt zusammen, werden Welt und Wirklichkeit des Zurückbleibenden bedroht. Zur Absicherung seiner Wirklichkeit und zur Gewißheit über seine Welt ist der einzelne auf die Beziehung und den Austausch mit für ihn bedeutsamen anderen Menschen angewiesen. Durch die Interaktion mit anderen bildet sich die Identität, jene Empfindung, eine unverwechselbare Person mit einem ihr eigenen Lebensweg zu sein. Das Gefühl, in sich eine Einheit zu bilden, die Wahrnehmung von sich als Selbst, muß auch von den anderen gestützt werden. Aus einer wissenssoziologischen Perspektive führten Peter Berger und Thomas Luckmann dazu aus: »Um gewiß zu bleiben, daß er tatsächlich ist, der er zu sein glaubt, braucht der Mensch... die ausdrückliche und gefühlsgetragene Gewißheit, die ihm seine signifikanten Anderen entgegenbringen.«[5]

Wenn sich das eigene Ich in der Interaktion mit dem Du entwikkelt, dann stellt der Verlust dieses Du auch einen Verlust des Ichs dar. Wird durch den Tod eines nahestehenden Menschen der Austausch mit ihm unvermittelt abgebrochen, dann ist nicht nur dieser Mensch als Gegenüber verloren, sondern auch die ganze Welt, die an ihn gebunden war. Nicht zuletzt geht der Hinterbliebene teilweise sich selbst und der Welt verloren. In den Worten von Felix Hoch über seine ersten Reaktionen spiegelt sich dieser für die Trauer fundamentale Umstand nochmals, was sich vor allem in dem Hilflosigkeit ausdrückenden Wort »nichts« und der Äußerung »erst mal nicht gelebt« zeigt:

*»Ich kann nicht sagen, daß ich zusammengebrochen bin, aber ein paar Stunden lang war ich erst mal... überhaupt nichts, ich saß nur da, heulte, konnte nicht reden. Mit dieser Tatsache hat man erst mal nicht gelebt, sondern die stand so vor einem, daß man sich nicht dagegen wehren oder sich mit ihr auseinandersetzen konnte.«*

Ist der Selbst- und Weltverlust grundlegend für die Trauer, so muß im Falle eines suizidalen Todes bedacht werden, daß sich der Suizident für die Hinterbliebenen mit einer radikalen absichtlichen Handlung endgültig aus der Beziehung gelöst hat. Dies erzeugt bei Zurückbleibenden im Hinblick auf ihre eigene Identität massive Probleme und Verunsicherungen. Sie fühlen sich durch die Selbsttötung in ihrer Person in Frage gestellt. In den Fragen von Frau Hoch »... war man nicht, hat man nicht genug?« klingt dieser Aspekt an, wie auch bei Herrn Hoch, wenn er meint, da bringe sich seine Schwester um, und irgendwie denke er, eigentlich müßte er doch so wichtig für sie gewesen sein, daß er ihr hätte helfen können. Herr Kuhn schließlich erweitert konsequent das Infragegestelltwerden der nächsten Angehörigen über sie hinaus und bezieht es auf die Welt allgemein:

*»Er erteilt eine Absage, das stimmt... Er erteilt eine Absage an die Welt, indem er ihr alles – auch sich selbst – um die Ohren schlägt.«*

Der Tod stört ein ausgedehntes psycho-soziales Gefüge, das Hinterbliebene zuvor im allgemeinen als wohlgeordnet, ihnen Sicherheit und Beständigkeit vermittelnd erlebt hatten. Ein Tod durch eigene Hand stellt diesen Aspekt ihrer Welt grundsätzlich in Frage oder zerstört ihn nachhaltig.

### *Tätigkeit gegen Lähmung*

Häufig werden die anfänglichen Reaktionen des Schocks und Unglaubens von Verhaltensweisen begleitet, die man als Ausdruck eines erhöhten Tätigkeitsdranges verstehen kann. Der sich Raum schaffende Aktivitätsdrang läßt oftmals erkennen, daß durch das äußere Verhalten verstärkt gegen eine innere Lähmung und Entfremdung von der Außenwelt angekämpft wird. Frau Abel beschreibt diese innere Lähmung, die die Gefahr vollständiger Handlungsunfähigkeit in sich birgt, als völlige Hilflosigkeit. »Stocksteif« habe sie nach dem Suizidversuch im Krankenhaus am Bett ihres Lebenspartners gestanden und habe »überhaupt nichts« tun können. Es habe ihr die Sprache »verschlagen«.

Das Gefühl des Ausgeliefertseins an eine Situation, die Dinge nicht unter Kontrolle zu haben, gelähmt zu sein, kann als sehr bedrohlich wahrgenommen werden. Die plötzliche Konfrontation mit dem suizidalen Tod eines nahestehenden Menschen wirkt auf die Zurückbleibenden desorganisierend; das heißt, die Sicherheit des Handelns, wie sie normalerweise in eine dauerhafte Ordnung eingebunden ist, wird tendenziell aufgehoben oder zerstört. Der erhöhte Tätigkeitsdrang kann in diesem Zusammenhang der Versuch des ›Wegarbeitens‹ der bedrohlichen Wirkung sein. In ihm teilt sich ein gebrochenes Verhältnis zur äußeren Wirklichkeit mit. Über Tätigkeiten wird versucht, sich der Wirklichkeit und Gegenwart zu versichern, wobei gleichzeitig eine Art innere Entfremdung von ihr und der Erfahrung geordneter Sicherheit vorhanden ist. Alltägliche Aufgaben werden mehr oder weniger ausgeführt wie immer, und der äußere Lebensablauf wird unter einem gewissen Kraftaufwand aufrechterhalten. Dabei fehlen aber gleichzeitig innere Sicherheit und Selbstverständlichkeit, die sonst Routinehandlungen kennzeichnen. Dies äußert sich etwa darin, daß plötzlich nach dem Sinn eines schon vollzogenen oder noch zu vollziehenden Handelns gefragt wird, dessen Bedeutung oder Wichtigkeit sonst unhinterfragt bleibt. Frau Hoch verdeutlicht diesen Zusammenhang sehr anschaulich:

*»Man kann ganz verschiedene Dinge nebenher machen, die einem selbst fast unbegreiflich sind. Am Montag morgen bin ich mit Felix in der Stadt herumgestiefelt, als ob's nichts Wichtigeres gäbe, als einen Mantel zu kaufen. Ich hab' mich einfach auf solche Dinge gestürzt, wahrscheinlich um nur irgendwas zu machen. Ich mußte einfach irgendwas tun – Unsinniges fast, Unwichtiges zumindest.«*

Unter einem anderen Bezugspunkt schildert Frau Cost einen ähnlichen Vorgang. Sie berichtet, sie erinnere sich noch ganz genau, daß es, unmittelbar nachdem ihr der Großvater mit beschönigenden Worten den Tod ihrer Eltern mitgeteilt hatte, Mittagessen gegeben habe. Obwohl Frau Cost in dieser Situation nicht essen *konnte, mußte* sie auf Drängen der Großeltern die grünen Bohnen essen. In deren Verhaltensvorschrift »Man darf sich jetzt nicht hängenlassen, sondern man muß essen« drückt sich die Gefahr einer inneren Auflösung und Abwendung von der Welt der anderen aus. Der Sinn der Handlung Essen ist hier jedenfalls nicht in erster Linie der, dem Körper Nahrung zuzuführen, sondern sich mit dem Vollzug des *sozialen Aktes* Essen weiterhin in der Welt der Lebenden zu verorten, sich und den anderen zu versichern, daß man weiter zu ihr gehört. Der subjektiv empfundenen Sinnlosigkeit der alltäglichen Handlung Essen in dieser veränderten Situation wird mit der Setzung einer neuen

Regel begegnet, die die Handlung Essen erst wieder rechtfertigen muß: Man darf sich jetzt nicht hängenlassen!
Verstärkte Aktivitäten nach der Todesmitteilung können ebenfalls Ausdruck erster Versuche sein, sich das zunächst Unfaßbare anzueignen. Herr Kuhn äußert sich detailliert über Tätigkeiten, die er nach der Nachricht vom Tod seines Bruders entwickelte. Der antreibende Gedanke dabei war, überprüfen zu müssen, was überhaupt geschehen war.
*»Ich dachte mir, wenn man das jetzt einfach so hinnähme, dann würde nichts passieren.«*
Die Entfaltung dieser Aktivitäten führte ihn dann auch zu einem ersten Begreifen des Suizids seines Bruders. Aus der Fahrt, die den letzten Weg des Bruders nachvollzieht, erwuchs seine erste Annäherung an die Realität dieses Todes, die sich dann beim Anblick der Leiche endgültig durchsetzte. Gleichzeitig näherte er sich dem Tod des Bruders auch auf einer emotionalen Ebene an. Er versuchte zu erfassen, was in seinem Bruder bei dessen letzter Fahrt vorging – obwohl er, wie er es selbst formuliert, keine Worte dafür habe.
Frau Hoch berichtet, sie habe das Gefühl gehabt, sich mit der Beerdigung sehr beeilen zu müssen. Den Druck, den sie in der Zeit zwischen Todesnachricht und Beerdigung spürte, habe sie kaum aushalten können. Es sei für sie sehr schwierig gewesen, bis sie wußte, daß die sterblichen Überreste der Tochter wieder in die Heimat zurückgelangt waren, bis sie die Tochter sehen konnte und wußte, auf diese Art »ist sie versorgt«. Auch die Aktivitäten von Herrn Kuhn zielten unter anderem auf ein schnelles Heimholen der Leiche seines Bruders. Der Tätigkeitsdrang im Zusammenhang mit der Versorgung der Toten (Gestaltung des Begräbnisses, Benachrichtigungen etc.) kann als ein erster Versuch betrachtet werden, sich das zunächst Unglaubliche im Sinne eines Annehmens und Begreifens handelnd zu erschließen. Auch an der Bedeutung der Bestattung für das Anerkennen der Realität des Todes durch die Hinterbliebenen zeigt sich dies. Herr Kuhn äußert, erst beim Anblick des toten Bruders habe er dessen Suizid realisiert. Herr Berg dachte zunächst nur, sein Bekannter habe »irgendwas angestellt!«
*»... am Anfang erfaßte ich das kaum, und vor allem übersah ich die Konsequenzen nicht... daß er für immer tot ist... daran dachte ich nicht... Es war mir erst durchs Ansehen begreiflich geworden, begreiflich auch dadurch, daß ich den Sarg getragen hatte – ja, handgreiflich begreiflich.«*

Und Frau Cost hat siebzehn Jahre nach dem Tod ihrer Eltern noch ab und zu die Phantasie, ihr Vater sei gar nicht tot, »weil ich ja auch nie gesehen habe, wo er begraben ist«.
Neben der Aktivitätsentfaltung steht jedoch die innere Verfassung, in der die Sicherheit über die Stabilität und Dauerhaftigkeit der eigenen Welt und des eigenen Ichs gestört ist. Am ehesten wird der Verlust dieser Gewißheit in Momenten wirksam, die Stille oder Alleinsein mit sich bringen. Eine solche Situation ist etwa die Stille der Nacht.
Frau Hoch berichtet, am schwierigsten seien die Nächte gewesen, wenn man sich mit »absolut nichts mehr ablenken und beschäftigen« konnte. Herr Berg schildert ein ähnliches Moment. Er beschäftigte sich erst emotional mit der Selbsttötung seines Bekannten, als er für sich allein war und die Außenwelt ausgeschlossen hatte. Frau Cost äußert, sie habe »immer allein« geweint und versucht, Anzeichen ihres Weinens vor der Großmutter zu verstecken. Sie erinnert sich auch an ihre nächtlichen Ängste, ihre Großeltern würden tot in ihren Betten liegen, wenn sie am nächsten Morgen aufstehe und nachsehe.
In diesem Zusammenhang beschreibt Frau Edel sehr nachdrücklich, wie Forderungen der Umwelt, die ungeachtet ihrer augenblicklichen Verfassung an Hinterbliebene gestellt werden, auch eine Art von Halt und Orientierung geben können, die dem eigenen Verlorengehen entgegenwirken. Sie habe gerade in der Zeit, als ihre Schwester sich das Leben nahm, die Abschlußprüfung ihres Studiums abgelegt, was in dieser Situation für sie nicht leicht gewesen sei. So seien Momente eingetreten, in denen sie dachte, es würde ihr nun wie der Schwester ergehen und sie »flippe aus«, Momente, in denen der Suizid der Schwester sie »total erschlagen« habe. Jedoch:
*»In der Prüfungszeit mußte ich aber täglich funktionieren und ständig etwas in den Kopf reintun. Im nachhinein denke ich, es war vielleicht ganz gut, damals Prüfung zu machen, weil ich dadurch gezwungen war, an etwas anderes zu denken und etwas anderes zu tun.«*
Herr Kuhn äußert sich in fast identischer Weise. Nach dem Suizid seines Bruders sei sein Staatsexamen für ihn der äußere Fixpunkt gewesen. Das habe ihn auch zu einer grundsätzlichen Auseinandersetzung mit den Auswirkungen und der Bedeutung dieses Todes für sich selbst geführt. Wäre dem nicht so gewesen, argumentiert Herr Kuhn, wäre er sicher krank geworden, und es hätte ihn »erdrückt«. Wenn er weiter sagt, dies sei

für ihn »existenzerhaltend« gewesen, so benennt er genau die Gefahr, sich selbst in der Konfrontation mit dem Suizid des Angehörigen zu verlieren. Dieser Gefahr kann hier durch die Orientierung an äußeren Zwängen begegnet werden. Die Leistungsanforderungen in den genannten Fällen stammen aus einem Bereich, der zwar mit der persönlichen Situation der Hinterbliebenen, nicht aber direkt mit dem Suizidgeschehen in Verbindung steht. Durch Tätigsein in ihre Richtung bieten sie eine Möglichkeit, sich des persönlichen Daseins weiter zu versichern und gleichzeitig die eigene Lebensgeschichte als geordnet wahrzunehmen. Das Zusammenfallen dieser beiden wesentlichen Ereignisse bedingt wohl die rückblickend gesehene Bedeutung des einen für die Bewältigung des existenzbedrohenden anderen Geschehnisses.

*Grenzgänge*

Das Pendeln zwischen einer Behauptung in der Welt der Lebenden und dem Verlust von Sicherheit, Stabilität und Ordnung in ihr veranschaulichen die von den Zurückbleibenden erlebten Episoden einer Ent-Wirklichung, eines Wirklichkeitsverlustes. Solche Phänomene zeigen sich beispielsweise, wenn sich Hinterbliebene in bestimmten Augenblicken wieder unmittelbar mit der Suizidthematik konfrontiert sehen und sich dem vollständig ausgeliefert fühlen, unfähig zu handeln, abgeschnitten von der Umwelt. Frau Edel berichtet:
*»Anfangs bin ich, oft auch nachts, richtig aufgeschreckt, und es gab Situationen, wo mir das Geschehene so brutal vor Augen stand, daß ich unfähig war, irgend etwas zu tun. Ich war dem völlig ausgeliefert – es war einfach da und erschreckte mich.«*
Frau Abel erzählt, sie sei den Tag über meist ganz »beduselt« gewesen, habe sich mit Gesellschaftsspielen die Zeit vertrieben, immer wieder durch Suchaktionen unterbrochen, die eigentlich aus unrealistischen Anforderungen an sich selbst entsprungen waren. Frau Abel bringt die Empfindung der Benommenheit mit der ungewohnten Einnahme von Schlaftabletten in Verbindung; die gedämpfte Wahrnehmung ihrer Umwelt oder der teilweise Wirklichkeitsverlust wäre demnach selbst herbeigeführt worden. Diese selbst ausgelösten Derealisierungsepisoden sind dann jedoch das Ergebnis eines anderen Problems, nämlich der Schlafstörung, das für die Situation Trauernder häufig zu beobachten ist. Eine solche Störung kann auch als Reaktion auf eine

unbestimmte Angst vor dem Schlaf, vor einer allzu großen Nähe zum Zustand des Tot-Seins betrachtet werden. Man denke nur an die bekannte und als Bild vertraute Umschreibung, nach der der Schlaf der Bruder des Todes ist. Auch das Herrichten und Aufbahren von Toten ist an diesem Bild orientiert: der Verstorbene soll aussehen, als ob er schliefe. Die Vorstellung einer Art Verwandtschaft zwischen Schlaf und Tod wird hierdurch sicherlich verstärkt.

Einen Aspekt der Ent-Wirklichung seiner Welt und Wahrnehmung benennt Herr Hoch:

*»Das waren Tage, die ich gar nicht richtig voneinander unterscheiden konnte und die sich auch in die Nacht hinein verwischten, wo man eben bis morgens um sechs dasaß. Es war so ein richtiger Gefühlssumpf. Man hielt sich wirklich mit Diskussionen über ›Warum? Wieso? Was mach' ich jetzt?‹ über Wasser.«*

An anderer Stelle verdeutlicht er einen weiteren Gesichtspunkt:

*»Das existierte richtig nebeneinander, so daß ich mir manchmal überlegt habe, daß das Leben ganz gespalten ist... Dieses Nebeneinander gab es eine lange Zeit und gibt's auch heute noch manchmal.«*

Auf die Frage, wie er sich dabei fühle, antwortet Herr Hoch:

*»Ein bißchen unnormal, so unwirklich kommt's mir dann vor. Eine solche Endgültigkeit und dann eine normale, ganz einfache Lebensbewältigung, das paßt gar nicht zueinander.«*

Solche Derealisierungsepisoden könnten ebenso als Ausdruck eines ersten Verstehens gedeutet werden. Der teilweise Verlust des eigenen Selbst und der Welt wäre dann als eine gewisse Annäherung an den Zustand des Tot-Seins zu betrachten, die diesen Zustand für die Weiterlebenden nachvollziehbarer machte. Ähnliches könnte für Empfindungen einer weitgehenden Gefühlsleere gelten, wie auch für eigene suizidale Augenblicke. Zwei direkt betroffene Angehörige erwähnen solche Momente, in denen ein Todeswunsch allerdings nur indirekt auftauchte.

Frau Edel äußert, sie habe sich eigentlich nicht aktiv mit Suizidgedanken beschäftigt.

*»Nein, aktiv nie. Wenn ich Auto fuhr, gab es schon Momente, in denen ich dachte: ›Jetzt wär' es gerade egal, mir würd's nichts ausmachen, wenn jetzt etwas passierte.‹ Ja, solche passiven Momente waren schon da, aber aktiv wollte ich es nie. Dazu war der Schreck viel zu groß. Aber passiv, im Sinne von passieren war es*

*schon gegenwärtig. Vor Annes Tod hatte ich nie an so etwas gedacht.«*

Frau Hoch berichtet, sie habe sich nach der Selbsttötung der Tochter einer Operation unterzogen. Während der Narkose habe sie die Vision gehabt, Karin lebend in ihrem Zimmer anzutreffen. Sie habe sie jedoch nie ganz erreichen oder berühren können. Im nachhinein, so Frau Hoch, sei ihr klargeworden, daß sie die Narkose wohl unbewußt zu benutzen versucht hatte, um sich »wegzuschleichen«, sich »davonzumachen«. Stellt sie zunächst einen Zusammenhang zwischen diesem Vorkommnis und einer möglichen eigenen Suizidalität her, so präzisiert sie im weiteren:

*»Aber bei Karin kann ich nicht sagen, daß ich wirklich bewußt nicht mehr leben wollte – ich hätte mich nicht umbringen wollen. Es war eher so, daß ich überhaupt nichts mehr wollte. Das war eigentlich das Schlimmste. Als ob ich keine Gefühle mehr hätte, so hab' ich mich empfunden.«*

Entgegen diesen unbewußten Versuchen, sich dem Zustand des Tot-Seins und dem Toten zu nähern, spricht Herr Berg von einer bewußten und rationalen Auseinandersetzung mit der Möglichkeit des eigenen Suizids. Spontan sei ihm der Gedanke gekommen, er könne sich »jetzt auch umbringen«, wie sein Bekannter es getan habe. Im Gegensatz zu Frau Edel und Frau Hoch war Herr Berg mit dem Toten nicht so stark emotional verbunden. Deshalb ist er wohl auch weniger gezwungen, der Verfassung und Motivation des Suizidenten durch verschiedene Schichten hindurch auf den Grund zu gehen. Seine Distanz eröffnet ihm die Möglichkeit, sich schneller wieder der eigenen Person zuzuwenden. Aufgrund der plötzlichen Erkenntnis, daß ja auch er die Möglichkeit und Fähigkeit hätte, sein Leben zu beenden, kann er nach den Konsequenzen des Geschehenen für sein eigenes Leben fragen. Indem er überprüft, was ihn am Leben festhalten läßt, kommt er sehr rasch zur grundsätzlichen Überlegung, was für ihn in seinem Leben wichtig sei.

Bevor Hinterbliebene, die in enger Beziehung zum Suizidenten standen, wieder in der Lage sind, sich mit sich selbst zu befassen, gehen sie den längeren und schmerzhaften Weg über die Auseinandersetzung mit dem Toten. Ihnen stellt sich die Aufgabe, sich auf unterschiedlich bewußtseinsnahen Ebenen die Motivation des Suizidenten zu erschließen, das Geschehene in seinen vielschichtigen Bedeutungen nachzuvollziehen, um es begreifbarer zu machen. Denn durch die suizidale Handlung hat der Angehörige eben auch ein ganz anderes, vom Vertrauten abweichendes Bild von sich gezeigt.

Erste Bemühungen in dieser Richtung können im Versuch der genauen Rekonstruktion der Umstände und Vorgänge kurz vor dem Suizid gesehen werden. Diese Suche ist für die Zurückbleibenden anfangs von großer Bedeutung. Die Unsicherheit darüber, wie die Selbsttötung im *einzelnen* vor sich ging, was sich den Augen oder der Mitteilbarkeit entzog, läßt zweifeln und macht das Geschehene unfaßbar. So nehmen die eher auf einer sozusagen oberflächlichen Ebene bleibenden Versuche, den genauen Ablauf wiederzugeben, in den Gesprächen einen breiten Raum ein. Die detaillierten Schilderungen der Geschehnisse und der mit ihnen verbundenen Vorstellungen und Emotionen unterstreichen die augenfällige Bedeutung dieser Vorgehensweise für ein Verstehen und Bewältigen des suizidalen Todes.

Als weitere Ausdrucksform solcher Versuche des Annäherns und Verstehens können auch die Träume oder traumnahen Erfahrungen der Hinterbliebenen betrachtet werden. Mit diesen Träumen sind intensive Gefühle verbunden. Die geschilderten Traumerlebnisse zeigen, daß es nach mancherlei Verwirrung und Verunsicherung über die Frage, ob der Angehörige tot ist oder lebt, auch auf dieser Bewußtseinsebene zu einer Sicherheit des Wissens kommt. Herr Hoch berichtet:

*»Eine Zeitlang träumte ich überhaupt nicht, und plötzlich fingen dann doch die Träume von früheren Situationen an, in denen sie noch lebte. Das waren also keine Träume, in denen thematisiert wurde, daß sie wieder lebe, sondern sie lebte überhaupt auf irgendeine Art und Weise. Es dauerte lange, bis sie für mich wirklich tot war... Auch im Traum.«*

Unter Umständen vermitteln die Inhalte solcher Träume über den Toten auch eine Art Trost oder Rechtfertigung des Geschehenen. Dies zeigt etwa der Traum von Frau Edel, in dem mit dem Suizid Vorstellungen verbunden werden, die ihn als die »bessere Lösung« erscheinen lassen.

*»In meinem letzten Traum hab' ich Anne wiedergesehen. Sie war unheimlich aufgequollen, also so, wie Leute oft aussehen, die seit langem in der Psychiatrie sind und mit Medikamenten vollgestopft werden... Und dann war* die *Anne, von der ich eben geträumt hatte, plötzlich weg und es war wieder eine andere Anne da... Und* diese *Anne erklärte mir, es sei besser, daß sie gestorben sei, weil es ihr sonst so ergangen wäre, wie ich das vorher-*

*gesehen hätte. Sie wäre in der Psychiatrie gelandet und nie mehr herausgekommen. Das sei wirklich die bessere Lösung gewesen.«*

Der Soziologe Werner Fuchs hat in seiner Studie über »Todesbilder in der modernen Gesellschaft«[6] darauf hingewiesen, daß sich aus Ergebnissen unterschiedlichster Untersuchungen der Schluß ziehen lasse, der Status des Trauernden gebe auf vielfache Art einen Ausschluß aus der Welt der Lebenden und eine Annäherung an den Status des Toten vor. Beispielsweise kennzeichne die noch weit verbreitete schwarze Kleidung ihren Träger als jemanden, der sich in einer außergewöhnlichen Situation befindet. Sie schränke auch in der Öffentlichkeit wenigstens den Bereich gewohnter Verhaltensweisen entscheidend ein. Für kürzere oder (vor allem früher) längere Zeit sei der Trauernde von bestimmten sozialen Unternehmungen ausgeschlossen. Dem trauernden Hinterbliebenen werde teilweise und zeitlich begrenzt ein Platz außerhalb der Gesellschaft gegeben. In dieser Zeit habe er seine Position irgendwo zwischen dem Bereich der Toten und dem der Lebenden.

Eine Aufgabe der sozialen Regelung der Trauer ist also im Verweis der Trauernden an eine besondere Stelle nahe den Toten zu sehen. Für die größere Nähe der Trauernden zum Bereich der Toten als zu dem der Lebenden sprechen auch körperliche und seelische Phänomene wie etwa Ohnmachten beim Begräbnis, Niedergeschlagenheit, Appetitlosigkeit, Schlaflosigkeit usw. Die psychische Niedergeschlagenheit reicht von einer Verminderung der Leistungsfähigkeit, einer Abnahme des Interesses an der Außenwelt bis zu einer Herabsetzung der Wahrnehmung und manchmal bis zu einer totalen Empfindungslosigkeit.

Wenn man die vorher beschriebenen Versuche der Zurückbleibenden, sich dem Tod des Angehörigen zu nähern, nochmals unter dem Blickwinkel betrachtet, daß die soziale Regelung der Trauer den Hinterbliebenen einen Platz nahe dem Bereich der Toten zuweist, dann zeigt sich, daß ihre Anstrengungen unter Umständen durch diese soziale Festlegung gestützt werden. Die Erlebnisse und Bemühungen der Hinterbliebenen können als mitunter wohl notwendige Grenzgänge der Lebenden in den Bereich der Toten oder ihrer Todesart betrachtet werden, die der Aneignung des absolut Fremden dienen. Diese Grenzgänge unterstützen die Zurückbleibenden möglicherweise dabei, die Bedeutung der ihnen auferlegten Erfahrung zu klären und sie in ihr Leben einzubeziehen.

## Wer hat schuld?

Üblicherweise wird davon ausgegangen, daß ein Suizident Probleme hatte oder sich in einer unerträglichen Situation befand, in der er nur noch die Möglichkeit sah, den eigenen Tod herbeizuführen. Aufgrund dieser gebräuchlichen Lesart spielen Fragen nach dem Schuldigen oder dem Verursacher der Probleme bei der Erklärung eines solchen Todes eine wichtige Rolle.
Wie wird nun die Frage nach Schuld in der weiteren Umgebung der Betroffenen gelöst? Hier findet man häufig ein Deutungsmodell, das – je nach Ausmaß der Informationen über den Suizidenten und seine unmittelbaren Bezugspersonen – die Verantwortlichkeit für diesen Tod eher Personen zuschreibt als zum Beispiel sozialen oder gesamtgesellschaftlichen Bedingungen, unkontrollierbaren oder mystisch begründeten Umständen. Als verantwortlich angesehen werden in erster Linie der Ehe- oder Lebenspartner oder, wenn ein solcher nicht vorhanden ist, die Eltern des Suizidenten. Vermutet wird also vor allem, daß die Probleme des Suizidenten im zwischenmenschlichen Bereich lagen. Konkret wird dabei ein Fehlverhalten des zurückbleibenden Partners – oder bei Kindern der Eltern – als Ursache für den Suizid unterstellt. Selbst die nächst betroffenen Angehörigen wenden unter Umständen diese typisierende Deutung an. Man denke etwa an die Schilderung von Frau Abel, der vom Schwager des Toten die Verantwortung für dessen Selbsttötung zugeschrieben wurde. Oder man betrachte die Äußerungen von Frau Edel oder auch von Herrn Kuhn, die die Verantwortung für den Suizid des Geschwisterteils auch eher den Eltern zur Last legen.
Herr Berg, der ein weniger enges Verhältnis zum Suizidenten hatte, weist dem Freund Schuld zu, weil dieser aufgrund des intensiveren Kontaktes mehr Möglichkeiten hatte, Einfluß zu nehmen oder Hilfe anzubieten. Unterschwellig jedoch zieht Herr Berg eine Verantwortlichkeit der Eltern mit in Betracht, wie dies in seiner Schilderung der Verfassung der Familie des Suizidenten und vor allem in der Beschreibung des Vaters sowie der Beziehung des Toten zu ihm anklingt.

Um das Deutungsmuster im Umfeld und seine Auswirkungen zu veranschaulichen, greifen wir auf unser weiteres Gesprächsmaterial zurück.[7] Der Arzt, der hier zuerst zu Wort kommt, hat im Rahmen des Notfallwesens immer wieder mit Selbsttötungen zu tun. Seine Äußerungen werden jedoch nicht im Sinne einer Charakterisierung etwaiger berufsspezifischer Einstellungen und Meinungen zum Problem Suizid zitiert, sondern unter dem Gesichtspunkt, welche Einschätzungen ein den betroffenen Personen zunächst fremd gegenüberstehender Mensch vornimmt, wenn er mit einem solchen Tod konfrontiert wird.

*»Bei einem Suizid sind die Angehörigen im ersten Moment zwar betroffen, geben ihrem Leid vielleicht auch lauthals Ausdruck, aber ich habe dann das Gefühl, sie spielen einem was vor.«*

Im weiteren präzisiert er dies.

*»Das ist anders, wenn man irgendwo hinkommt und jemand stirbt, ein Kranker oder eben einer, der sich nicht selbst umgebracht hat. Ich meine solche Fälle, in denen es sich um einen natürlichen Tod oder einen Unfalltod handelt, also praktisch ohne Selbstverschulden des Verstorbenen. Da hat man das Gefühl, die Trauer oder das Erschrecken über den plötzlichen Tod ist ernst gemeint, weil da ja – normalerweise, sagen wir mal – nichts vorliegt, was die Leute an ehrlicher Trauer hindert. Da liegt auch nichts vor, was sie veranlaßt, es zu dramatisieren. Wenn die dann weinen und ›Mein Gott! Mein armer Mann, unser Papa!‹ sagen, empfindet man das als ehrliche Trauer. Da bin ich selbst dann auch sehr betroffen.*

*Aber beim Suizid ist das ganze wahrscheinlich nie so unvorhergesehen, wie es für uns kommt. Ich glaube, daß die Leute gar nicht so unvorbereitet getroffen werden, dann aber trotzdem meinen, sie müßten überzogen reagieren... Aber von menschlicher Tragödie war da nichts! Was sich da so unglücksartig abspielte, war gar keine Tragödie. Für die Beteiligten war vielmehr voraussehbar, daß es irgendwann einmal passiert. Und da geh' ich dann auch auf Distanz. Da geht man oft sogar richtig zornig weg! Ich habe immer so das Gefühl, man wird da in etwas hineingezogen. Und dann denke ich: ›Mein Gott, warum habt ihr das nicht früher unter euch ausgemacht?‹«*

Hier wird anschaulich, daß sich an die typisierende Deutung des Suizids auch ganz bestimmte Wahrnehmungen und Interpretationen des Verhaltens der Angehörigen binden. Zwar spielt dieser Gesprächspartner auf eine schuldhafte Verwicklung der Angehörigen nur an, er stellt aber fest, sie hätten auf alle Fälle mit der Selbsttötung rechnen müssen.

Beispiele für deutliche Benennungen bestimmter Formen sozialen Fehlverhaltens der Hinterbliebenen finden sich leicht. So kann die vermeintlich klärende Aussage, der Ehepartner habe den Suizidenten durch andauernde eheliche Verfehlungen zu seiner Tat getrieben, wohl als eine gängige Auslegung und Schuldzuschreibung der Umwelt betrachtet werden. Von außen wird ein Suizid also vorrangig durch eine mehr oder weniger präzisierte Verfehlung der Angehörigen in ihrer Beziehung zum Suizidenten erklärt, mit der indirekt oder direkt auch eine Zuschreibung von Schuld verbunden ist.

Solche Vorstellungen oder Erklärungsmuster bilden den Hintergrund, auf dem Außenstehende auch das Verhalten Zurückbleibender wahrnehmen. Diese Vorstellungen bedingen ebenfalls eine bestimmte Auslegung des Verhaltens. So spricht etwa aus der recht emotionalen Schilderung des Arztes, daß er das Angehörigenverhalten als dem Ereignis unangemessen wahrnimmt. Aus den zugrunde liegenden Vorstellungen rührt aber auch her, daß dieser Wahrnehmung gleichzeitig eine gewisse Beweiskraft unterstellt wird. Das offene Zeigen von Betroffenheit und Schmerz über den Suizidtod des Angehörigen erscheint aufgrund des Schuldzuschreibungsmusters als überzogen und unecht, als Schauspielerei oder Täuschungsmanöver. Damit kann es in einem rückführenden Zirkelschluß wiederum als eine Art Beweis für die Richtigkeit der vorausgegangenen Schuldzuschreibung benutzt werden. Zumindest stellt das als unangemessen bewertete Verhalten ein Indiz für die Schuld der Zurückbleibenden dar.

Ein ähnlicher Interpretationsvorgang seitens der Umwelt kann bei einem Angehörigenverhalten stattfinden, das gewissermaßen als gegensätzlich zum oben geschilderten erfahren wird. Wenn Verhaltensweisen als von diesem Tod nicht berührt, als emotionslos oder kalt aufgefaßt werden, erscheinen sie ebenfalls als dem Vorkommnis nicht angemessen, was bestimmte Deutungen auslöst. Und zeigt sich der Angehörige dann, was äußere Zeichen seines Trauerstatus anbelangt, in der Öffentlichkeit, als wäre gar nichts geschehen, so stützt er aus der Sicht anderer gerade wieder die ohnehin vorgenommene Schuldzuschreibung.

Eine Frau erzählte uns von der Selbsttötung eines Mannes in ihrer Heimatstadt und über einige Probleme, die sich der Witwe dieses Mannes stellten. Zu dem hier angesprochenen Zuschreibungs- und Auslegungszusammenhang schildert sie am Beispiel dieser Witwe:
*»Sie ist praktisch so gut wie gar nicht Schwarz gegangen. Das wird ihr unwahrscheinlich angekreidet.«*
Unsere Frage, was passiere, wenn sie den Erwartungen nicht entspreche, beantwortet sie so:
*»Das legen die Leute dann sofort wieder ins Gegenteil aus. Dann heißt's: ›Die wollte ja, daß er sich umbringt. Die hat es darauf angelegt. Jetzt ist man immerhin nicht geschieden, Witwe hört sich doch besser an!‹«*
Beide Beispiele benennen Verhaltensformen von Angehörigen, die in der Wahrnehmung des Umfeldes als besonders unangebracht erscheinen. Die Unangemessenheit des jeweiligen Ausdrucksverhaltens bestimmt sich aus der mit dem Suizid von vornherein verknüpften Deutung, daß gerade die zurückbleibenden Angehörigen eine Verantwortung für diesen Tod trifft. Wie schon angeführt, sind nicht alle Angehörigen gleichermaßen von diesen Deutungsmustern berührt; sie betreffen vorrangig Partner und Eltern. Zeigen solche Hinterbliebenen ihre Trauer in sehr ausgeprägter Weise, so wird ihr Verhalten dahin ausgelegt, sie beanspruchten zu Unrecht soziales Mitgefühl für sich, unberechtigt, weil sie ja zum Entschluß des Suizidenten, sich das Leben zu nehmen, beigetragen oder ihn sogar gefördert haben. Und wenn dem so ist, dann *können* sie gar nicht *so* betroffen sein, wie sie vorgeben. Sie spielen also die Emotionen, um die Umwelt über ihre Beteiligung an der Selbsttötung des Angehörigen hinwegzutäuschen. Wenn sie aber den anderen etwas vorspielen, dann stimmt auch die von vornherein mit Suizid verbundene und die Wahrnehmung regelnde Vorstellung: der/die Angehörige ist eigentlich verantwortlich für diesen Tod. Die Wahrnehmung dient als Beleg für die Vorstellung – und umgekehrt. Derselbe Vorgang findet sich im Beispiel der Witwe des Suizidenten, die das Tragen von Kleidung verweigert, welche den Trauerstatus signalisieren soll.
Betrachtet man diese Zusammenhänge, so fällt auf, daß es für Hinterbliebene eines Suizids sehr schwierig sein kann, sich ihrer Umwelt gegenüber ›richtig‹ und ›angemessen‹ zu verhalten. Offenbar gibt es ebenfalls keine eindeutige Regelung, wie ein angebrachtes Verhalten angesichts eines sozial so belasteten

Todes auszusehen hätte. Den Betroffenen sind diese Typisierungs- und Auslegungsprozesse selbst auch bekannt. Sie werden diese Vorgänge in ihrer Umgebung in der Regel voraussehen und sich ihrer bewußt sein. Aus Angst vor Reaktionen, die ihr Wissen darüber bestätigen könnten, wie andere sie und ihren Anteil an der Selbsttötung des Angehörigen sehen, entwickeln sie Verhaltensunsicherheiten oder Hemmungen, unter Menschen zu gehen. In einer Wechselwirkung stützen und verstärken diese – von den Betroffenen und der Gemeinschaft geteilten – Vorstellungen und das Wissen oder die Befürchtung um deren tatsächliche Anwendung die von Hinterbliebenen selbst verspürten Zweifel über ihren Einfluß auf den Todeswunsch des Angehörigen.

Ein Klinikseelsorger berichtete uns von den Befürchtungen einer Witwe, deren Mann an den Folgen eines Suizidversuchs im Krankenhaus gestorben war. Diese Frau habe Anschuldigungen, vor allem von den Geschwistern ihres Mannes, auf sich zukommen sehen. Die Verwandten würden sagen, sie sei an allem schuld und habe ihren Mann »praktisch umgebracht«. Weiter habe sie geäußert, sie könne in ihrem Dorf nicht mehr außer Haus gehen,

*»weil alle sie dafür anschauen würden, daß sie ihn umgebracht habe, oder daß sie schuld daran sei, daß er sich umgebracht habe.«*

Die Witwe sei von Angst erfüllt gewesen und habe immer und immer wieder von diesen Befürchtungen gesprochen.

Es ist zu vermuten – und unsere Eindrücke aus weiteren Gesprächen bestätigen dies –, daß im Falle eines Suizids die Neigung besteht, Äußerungen und Verhaltensformen der Hinterbliebenen ständig in Beziehung zur *Art* des Todes zu setzen und weniger den Aspekt der Trauer über den Tod eines Angehörigen zu sehen. Wenn sich beispielsweise der Hinterbliebene eines an einer Krankheit Verstorbenen in den ihm für seine Trauer- und Gefühlsbekundungen eingeräumten Grenzen ›normal‹ benimmt, also mit einer als angemessen betrachteten Trauerzeit zurechtkommt, so wird dies von der Umwelt eher positiv eingeschätzt. Dem Zurückbleibenden wird Anerkennung zuteil, da er den Verlust seines Angehörigen anscheinend gut und ohne größere Probleme bewältigt. Dies bedeutet, daß seine eigene Leistung, die Trauerarbeit, honoriert wird. Im Falle eines sozial belasteten Todes wie der Selbsttötung jedoch geschieht es leicht, daß die Leistung der Hinterbliebenen in Mißkredit gerät.

Sie laufen Gefahr, durch ihr Verhalten und Handeln als genau das »Ungeheuer hinter den Kulissen«[8] erkannt und festgeschrieben zu werden, als das sie ohnehin verdächtigt wurden. Diese Gefahr besteht, wenn sie ihre Vorrechte als Trauernde (zum Beispiel den Ausdruck heftiger schmerzlicher Gefühle) in Anspruch nehmen – und hier sind für sie die Grenzen ja von vornherein sehr eng gezogen – oder die Regeln für die Trauersituation befolgen und nicht allzusehr auffallen. Häufig dient gerade der suizidale Tod dann wieder als Beweis dafür, daß die zwischenmenschlichen Beziehungen zum Suizidenten nicht die waren, als die sie nach außen hin gezeigt wurden. Angenommen wird, daß sich die *wirklichen* Beziehungen hinter sorgfältig errichteten und aufrechterhaltenen Fassaden verbargen.

## Habe ich schuld?

Felix Hoch führt sehr anschaulich aus, wie sich in seinen ersten Bewältigungsversuchen die Frage und Suche nach »genauen Gründen« für die Selbsttötung der Schwester mit dem Problem der Erkundung seiner eigenen Verantwortlichkeit für diesen Tod verband. Die Frage nach dem Warum hängt für ihn eng mit dem verschwommenen Gefühl, »irgendwie schon schuldig« zu sein, zusammen.

Durch den Suizid des nahestehenden Menschen erweist sich eine bis zu diesem Zeitpunkt als mehr oder weniger selbstverständlich erachtete Beziehung und die mit dem Suizidenten geteilte Lebensgeschichte als nachdrücklich in Frage gestellt. Ein wiederholtes, vergleichendes und prüfendes Nachdenken über die Vergangenheit und das Geschehene und eine vollständige Neuordnung des plötzlich unsicher Erscheinenden werden für die Zurückbleibenden notwendig.

Eine Frau, die mit einem Suizidenten seit längerem sehr gut bekannt war, äußert sich über einen Aspekt dieser Bemühungen, sich eine Selbsttötung zu erschließen:

*»Man grübelt, was man falsch gemacht hat, wo man sich nicht richtig verhalten hat. Ich meine, da wird ein solches Verhalten plötzlich schon wesentlich. Vorher ist das nicht wichtig, ob man mal einen Fehler gemacht hat. Aber wenn so ein Ereignis passiert ist, zählt das für einen dann schon. Dann muß man auch selbst damit fertigwerden.«*

Um womöglich die wirklichen Ursachen für den Suizid festzustellen, versuchen die Hinterbliebenen, sich den Ablauf von Begebenheiten der Vergangenheit genau in Erinnerung zu rufen und sie auf ihre eigene, möglicherweise ausschlaggebende Beteiligung hin zu untersuchen. Dabei entwickeln Zurückbleibende relativ leicht Schuldgefühle. Wenden sie die gewohnten Deutungsmuster an, dann erhalten Handlungen oder Unterlassungen, ja allein schon die Tatsache, Mitglied der Familie des Suizidenten oder auch Weggefährte seiner Lebensgeschichte gewesen zu sein, eine große Bedeutung: Wenn der Suizident so große persönliche Probleme hatte, daß er als Lösungsmöglichkeit nur noch den Tod sah, dann ist es sehr wahrscheinlich, daß sich die Zurückbleibenden rückschauend als Teil dieser Probleme oder als mitverantwortlich bei deren Entstehen empfinden.

So ist es für die Hinterbliebenen, zumindest zu Beginn ihrer Auseinandersetzung, hinsichtlich der Entwicklung von Schuldgefühlen von geringer Bedeutung, ob sie nun aktiv handelnd an den Ereignissen um diesen Tod beteiligt waren oder nicht. Es geht nicht um die Frage, ob sie tatsächlich, objektiv etwas zu diesem Tod beitrugen, sondern darum, wie die Zurückbleibenden von der Selbsttötung aus ihr früheres Verhalten neu auslegen. Denn die Bedeutung eines Ereignisses ist nicht von der objektiven Situation abhängig, sondern davon, wie Menschen sie betrachten und erklären. Auch Gefühle der Schuld entstehen also erst als Folge einer bestimmten Sichtweise, einer Definition, die auf Geschehnisse angewandt wird, und nicht schon direkt aus der Beteiligung an ihnen.

So gelingt es zum Beispiel den Zurückbleibenden, in der Rückschau vielfältige Versäumnisse ausfindig zu machen, weil sie die allgemeine Vorstellung teilen und auf das Geschehene anwenden, daß ein Suizid bei entsprechender Aufmerksamkeit der Angehörigen zu verhindern sei. In dieser Betrachtungsweise erscheint ihnen ihr Verhalten dann als Unaufmerksamkeit, und da sie bei einer möglichen ›Rettung‹ des Suizidenten versagt haben, löst es Schuldgefühle aus.

In der Folge einer Selbsttötung entstehen Fragen nach Schuld für die Hinterbliebenen also fast automatisch, weil sie sowohl Teil der Lebenssituation des Suizidenten waren als auch als Mitglieder einer Gesellschaft deren Normen und Definition der

Bedeutung eines Suizids teilen. Aus anderen Zeiten und Kulturen sind von unseren Deutungsmustern abweichende Vorstellungen darüber bekannt, wie ein Suizid zu begreifen ist.[9] Dort stellt sich eine Frage nach Schuld für Zurückbleibende möglicherweise überhaupt nicht. Dies zeigt, daß nicht schon das Ereignis Suizid an sich für Angehörige die Frage nach dem eigenen Anteil an diesem Tod aufwirft. Weil Zurückbleibende das Warum selbst klären müssen und sie in ihren Versuchen, dies zu tun, ihr eigenes Leben in Beziehung zu dem des Verstorbenen setzen und es kritisch beleuchten, erzeugt eine Selbsttötung meist Gefühle der Schuld. Dies weist auf eine kulturelle Grundlage von Schuldgefühlen hin.

### *Anknüpfungspunkte für Schuldgefühle*

Betrachtet man die Berichte der Zurückbleibenden daraufhin, in Verbindung mit welchen früheren Ereignissen oder Handlungen sich ihre Gefühle der Schuld entwickelten, so finden sich sehr unterschiedliche Bezugspunkte.
Frau Edel spricht von einer konkreten Situation, die sie in der Rückschau als den Suizid der Schwester mitbestimmend ansieht. An diese Situation knüpfen sich auch ihre Schuldgefühle: Wenn sie auf den Wunsch der Schwester, zu ihr ziehen zu dürfen, nicht mit Durchhalteappellen reagiert hätte und wenn sie in dieser Situation erkannt hätte, wie wichtig diese Veränderung für die Schwester gewesen wäre, dann würde diese sicher heute noch leben. Frau Edel leitet hier also ein Schuldgefühl aus einer von ihr als bedeutsam erachteten bestimmten Lebenssituation und ihrem Verhalten in dieser Situation ab. Dieses Gefühl schließt nicht nur die Schuld der Unterlassung ein, sondern auch Schuld, die sich aus ihrem vertröstenden und mahnenden Handeln ergibt, das für die Schwester nicht hilfreich war. In diesem Empfinden kommt der allgemeine Vorwurf zum Ausdruck, daß sie nicht erkannt habe, wie es »wirklich« um die jüngere Schwester stand. Aber die Frage nach ihrem wirklichen, dem eigentlichen Befinden stellt sich erst aufgrund ihrer Selbsttötung. Von dieser Tatsache aus wird die ›Wirklichkeit‹ rückblickend neu bestimmt und auch belegt.
Frau Abel berichtet von heftigen Schuldgefühlen. Sie ergeben sich aus ihrem Trennungswunsch, der dem Suizid des Lebenspartners vorausging. Frau Abel wollte die Beziehung zu ihm

lösen, ihn »weg« haben, da bricht er die Beziehung durch seinen Suizid unwiderruflich ab.
Neben diesen klar an ganz bestimmte Situationen oder Inhalte der zwischenmenschlichen Beziehung geknüpften Schuldempfindungen stehen Äußerungen anderer Zurückbleibender, in denen Schuld nur vage angesprochen oder dieser Begriff überhaupt nicht verwendet wird. Felix Hoch spricht recht allgemein davon, »daß man sich irgendwie schon schuldig fühlte«. Die Beschäftigung seiner Mutter mit der Frage der eigenen Verantwortlichkeit drückt sich in den nur halb ausformulierten und letztlich unbeantwortbaren Fragen zum Entwicklungsverlauf der Tochter und ihrer möglichen eigenen Versäumnisse aus.
Ein Vergleich der einzelnen Ausführungen der Zurückbleibenden gibt also zunächst wenig Aufschluß darüber, wie und auf welchem Hintergrund sich Verantwortlichkeits- und Schuldwahrnehmungen bilden. Naheliegen könnte die Vermutung, daß sich die unterschiedliche Verantwortlichkeitsproblematik aus den individuellen Persönlichkeitsstrukturen und aus den jeweiligen Lebens- und Familiensituationen ergibt. Das würde bedeuten, daß die Art und Ausprägung von Schuldgefühlen nur von Persönlichkeit und Wesen der jeweiligen Hinterbliebenen, von der emotionalen Beziehung zum Suizidenten und von der jeweiligen Todesvorstellung abhinge. Auf diese Weise ließen sich eine Vielzahl von Persönlichkeitskomponenten, von Einzelaspekten psychischen Vermögens und psychischer Prozesse benennen, die in jedem speziellen Fall für Schuldempfindungen grundlegend oder an deren Ausprägungsgrad beteiligt wären. Diese Sichtweise mag zwar im Einzelfall gerechtfertigt und zutreffend sein. Auf eine größere Zahl von Hinterbliebenen angewendet würde sie jedoch eine gewisse Beliebigkeit der Gefühlsreaktionen auf einen Suizid ergeben. Und tatsächlich hinterlassen die Ausführungen der Zurückbleibenden ja zunächst auch den Eindruck, die Verantwortlichkeitsproblematik gestalte sich bei jedem in anderer Weise und es lasse sich nur schwerlich etwas Gemeinsames finden.
Um die Frage nach dem Entstehen von Schuldempfindungen ansatzweise näher beleuchten und Gemeinsamkeiten feststellen zu können, scheint das Konzept der sozialen Rolle geeignet. Der Begriff der sozialen Rolle bezeichnet ein Bündel von Verhaltensnormen, von Handlungs- und Verhaltensanweisungen, die an Inhaber unterschiedlicher sozialer Stellungen gerichtet sind. Mit diesem Begriff sind also Verhaltenserwartungen und

nicht ein tatsächliches Verhalten gemeint. Soziale Rollen sind wechselseitig aufeinander bezogen, und in ihrer gegenseitigen Verschränkung beinhalten sie sowohl Rechte als auch Pflichten, wobei je nach Rolle eher der Pflichtenteil oder der Rechteanteil überwiegen kann. Damit das Verhalten bestimmten Rollenerwartungen entspricht und sich der einzelne der Rolle gemäß verhält, gibt es innere und äußere Kontrollen, die zum Beispiel Verstöße gegen rollenkonformes Verhalten sozusagen bestrafen. Ein schlechtes Gewissen etwa wäre Ausdruck von inneren Kontrollen, die mit der Verinnerlichung bestimmter Rollenerwartungen beim Hineinwachsen in die soziale Welt errichtet wurden.[10]

Zieht man nun dieses Konzept heran, so läßt sich die Schuld- oder Verantwortlichkeitsfrage bei den Zurückbleibenden auch aus ihrer Rollenbeziehung zum Suizidenten heraus begreifen und erklären.

Es dürfte unbestritten sein, daß eine der grundsätzlichsten und ausdrücklichsten Normen, ein zentraler Wert unserer Gesellschaft darin besteht, anderen Menschen nicht zu schaden, geschweige denn sie zu töten. Abgeleitet von dieser Norm kommen verschiedenen Rollen auch graduell unterschiedlich verbindliche Verpflichtungen zu, das Leben des anderen zu schützen beziehungsweise unterschiedliche Verantwortung für sein Leben mitzutragen. Diese Verpflichtung der Verantwortung für das Leben des anderen ist in unserer Gesellschaft in der Rolle der Eltern, in den vorliegenden Beispielen also in der der Mutter, mit am stärksten ausgeprägt.

Führt man sich einmal vor Augen, was von einer Mutter erwartet wird, so kann man mühelos folgende Auflistung erstellen. In ihrer Rolle als Mutter wird von der Frau erwartet, daß sie ihr Kind behutsam und beschützend in die Welt einführt, es mit ihr vertraut macht und zu Sicherheit, einem Selbstwertgefühl und der Fähigkeit erzieht, in dieser Welt zu bestehen. Es wird erwartet, daß sie es mit Vertrauen in sich selbst, in die Welt und in andere Menschen ausstattet, ihm ein Gefühl der Stabilität und Beständigkeit seiner Welt vermittelt. Eine Mutter soll ihrem Kind zu einem positiven Lebensgefühl und Lebensglück verhelfen, es mit Zuversicht in sein Leben und seine Zukunft zu sehen lehren. Sie soll es umsorgen und nicht alleine lassen, sondern einen Halt und Ruhepol darstellen, ein Fluchtpunkt in Krisen und Schwierigkeiten sein und helfen usw. Diese Rollenerwartungen an die Frau als Mutter sind für uns so selbstverständlich, daß wir normalerweise nicht weiter darüber nachdenken, es sei denn, wir werden auf die Nichterfüllung solcher Verpflichtungen aufmerksam. Solche Erwartungen an die Mutterrolle können insgesamt als Abwandlungen und Abstufungen einer grundlegenden, kulturell überlieferten Norm der Mutterrolle in unserer Gesellschaft gesehen werden: Mutterliebe bildet den Orientierungsmaßstab und leitet gleichzeitig das mütterliche Verhalten. Diese allgemeine Norm spiegelt sich auch in den einzelnen Erwartungen an eine Mutter wider.

In ihrer Beschäftigung mit dem Suizid der Tochter und dem Problem ihrer eigenen Verantwortlichkeit spricht Frau Hoch konkret Verpflichtungen an, die sie in ihrer Mutterrolle als selbstverständlich empfindet:

*»Man stellt Überlegungen an: ›An was kann es gelegen haben? Was war schon in der Kindheit? Was war damals nicht richtig? Hat man da...? Ist von Anfang an irgendwas falsch gelaufen?‹ Ein Problem für sie war anscheinend, daß sie sich als Zweite fühlte, als nicht erstrangig und etwas benachteiligt.«*

Sie fragt weiter:

*»›War's nicht klar genug? Hat sie nicht gelernt, einzustecken, ein bißchen mehr zu ertragen und damit fertigzuwerden? Hat man manchmal zu sehr Rücksicht genommen und immer an die anderen appelliert?‹... ›Mein Gott, was hat man...? Was hat ihr gefehlt, was hat sie vermißt?‹ Wenn man berufstätig ist, dann kommt zwangsläufig noch das schlechte Gewissen dazu: ›Hab' ich zuwenig Zeit für sie gehabt? Konnt' ich nicht genug auf sie eingehen?‹«*

Diese Fragen nach möglicher Unzulänglichkeit oder einem Versagen bei bestimmten, an sie als Mutter gestellten Anforderungen und Erwartungen bleiben letztlich für Frau Hoch unbeantwortbar. Auch der Vergleich beider Kinder erbringt keine Antwort, denn beide sind ihrem Empfinden nach unter den gleichen Bedingungen, mit denselben Voraussetzungen und Möglichkeiten aufgewachsen, die sie als Mutter bieten konnte. Warum die Tochter eine solche Entwicklung nahm, ist durch den Vergleich mit der Entwicklung des Sohnes letzten Endes nicht erklärbar. Und am Sohn wird ja auch deutlich, daß sie ihre Aufgabe als Mutter durchaus erfüllt hatte. Außerdem, so Frau Hoch, mußte sie auf die Tochter »zwangsläufig« stärker eingehen, weil diese mehr Aufmerksamkeit gefordert hatte als der Sohn.

Die Schwierigkeiten, die sich hier für Frau Hoch angesichts der

Selbsttötung der Tochter ergeben, verdeutlichen sich nochmals in ihren Worten:
*»Es ist schwer, das als Mutter richtig zu sehen. Man versucht immer dahinterzublicken, was richtig ist oder ob es richtig ist, wie man es beurteilt.«*
Nächst der Elternrolle beinhaltet in unserer Gesellschaft wohl die Rolle des Ehegatten die umfangreiche Verpflichtung, Wohlergehen, Zufriedenheit und Glück des Partners zu ermöglichen und zu garantieren. An diese Rolle knüpft sich die Erwartung, daß emotionale, körperliche und intime Grundbedürfnisse des anderen befriedigt werden. Wenn man so will, dann übernimmt das nun erwachsene Kind bei der Partnerwahl Anforderungen, die denen seiner Eltern für es selbst annähernd gleichkommen. Die an die Rolle des Partners gebundenen Verpflichtungen beinhalten eine ähnlich große Verantwortung für das Leben und die Lebensfreude oder Lebenslust des anderen wie die der Elternrolle. Und auch hier drückt sich in diesen Anforderungen ›die Liebe‹ als allgemeine Wertorientierung oder -normierung der Verbindung aus.
Auch wenn Frau Abel mit ihrem Partner nicht durch Eheschließung verbunden war, sah sie sich in ihrer Rolle als Lebensgefährtin den gleichen Anforderungen ausgesetzt und nahm diese zunächst auch als selbstverständlich an. Sie berichtet, sie habe immer versucht, »Harmonie herzustellen«. Sie habe es nicht ertragen können, ein Gefühl der Trennung zu empfinden, »obwohl man zusammen ist«. Immer habe sie alles dafür getan, daß alles gut gewesen sei.
*»Immer war ich nett und lieb und freundlich und habe mich so verhalten, daß solche Gefühle [der Distanz] gar nicht erst aufkommen konnten. Ich dachte immer: ›Es muß alles in Ordnung sein und schön und gut sein.‹«*
Frau Abel äußert weiter, sie habe sich für die Harmonie in ihrer Beziehung sehr »verantwortlich« gefühlt. Sie meint, ihr Partner habe seine Identität nie richtig gefunden. Von ihr habe er erwartet, sie solle für ihn sein, was er sich selbst nicht sein konnte, sie solle für ihn tun, was er eigentlich selbst hätte fertigbringen müssen. Als ihr dann zuviel wird, daß er sich »total« auf sie »fixiert«, sie an den Rand ihrer eigenen Leistungsfähigkeit und Existenz gelangt, zeigt sie ihrem Partner die Grenzen, indem sie ihm klarzumachen versucht, daß sie nicht die volle Verantwortung für sein Leben übernehmen könne. Nachdem er daraufhin ihre Gefühle für ihn in Frage stellt (»Ja, ja, du auch! Du

magst mich auch nicht, ich weiß es ja.«), entwickelt sie »sehr große Schuldgefühle«. Durch seine Reaktion klagt ihr Partner die Erfüllung von Verpflichtungen und Verantwortung ein, die Frau Abel aus seiner Sicht ihm gegenüber hat. Sie selbst teilt diese Erwartungen: Schuldgefühle entwickelt sie, weil sie etwas verweigert, was sie eigentlich erbringen müßte. Daß sie in ihrer Rolle Verantwortung für sein Leben und seine Lebensbewältigung besitzt, realisiert sie deutlich. Sie brachte es nicht fertig, sich von ihm zu trennen,

*». . . weil ich andererseits auch wieder so ein seltsames Verantwortungsgefühl hatte. Ich dachte immer: ›Der hängt jetzt so! Wenn ich ihn auch noch allein lasse, dann passiert irgendwas!‹«*

Und als dann tatsächlich etwas »passiert«, ihr Partner sich das Leben nimmt, erinnert sie dies genau an das Vergangene: Ihr Trennungswunsch ist für sie gewissermaßen gleichbedeutend mit der Tat. Sie entwickelt »direkte« und »selbstzerstörerische« Schuldgefühle. Auf dem Hintergrund der Partnerrollenbeziehung verstärken sich diese Schuldgefühle dann nochmals, als ihr die entlastende Wirkung des Suizids bewußt wird. Frau Abel verspürt »unheimliche« Schuldgefühle, als sie sich »frei und erleichtert« fühlt, weil die Beziehung beendet ist, ohne daß sie die Trennung selbst herbeigeführt hat. In diesen Schuldgefühlen und in dem Gedanken »Mensch, auf seine Kosten geht es mir jetzt gut!« schafft sich jedoch die trotzdem empfundene Verantwortlichkeit erneut Raum.

Es sei hier dahingestellt, inwieweit die Ausprägung der Verhaltenserwartung, für Harmonie zu sorgen und für das Gelingen und Bestehen der Beziehung Verantwortung zu übernehmen, vor allem für Frauen in der Partnerrolle zutrifft. Einiges spricht dafür, daß in erster Linie von Frauen die Sicherung einer zufriedenstellenden, gefühlsbetonten Beziehung erwartet wird. Einen Hinweis auf diese Art der Rollenverteilung gibt auch das erfolgreiche Einklagen einer Leistung, die der männliche Teil nicht selbst erbringen kann, über das In-Frage-Stellen der emotionalen Grundlage der Beziehung (Wertorientierung Liebe: »Du magst mich nicht mehr«). Ähnliches ist ja in Beziehungen zwischen Mann und Frau relativ häufig zu beobachten.

Sowohl Mutter- als auch Partnerrolle sind stark von emotionalen Bestandteilen bestimmt. Diese prägen das hohe Maß an persönlicher Verantwortung für das Wohlergehen desjenigen, der die andere Rolle einnimmt. Zwar schließt die Rolle des Kindes, vor allem des kleineren, keine besonderen Verpflich-

tungen gegenüber den Eltern ein, aber auch in ihr sind Bestandteile vorhanden, die Schuldgefühle hervorbringen können.
Frau Cost, die beim Tod der Eltern elf Jahre alt war, berichtet, bei ihr hätten sich Schuldgefühle aus dem Gedanken heraus entwickelt, vielleicht nicht brav genug oder so böse gewesen zu sein, daß sich die Eltern ihretwegen in einen tödlichen Streit verstrickten. Dieser Gedanke drückt eine sehr allgemeine Erwartung aus, die mit der Rolle des Kindes verbunden ist: Kinder sollen eigentlich brav sein und ihren Eltern keinen Kummer bereiten. Eine weitere allgemeine Anforderung verdeutlicht Frau Cost, wenn sie erzählt, ihr Vater sei »ziemlich gekränkt« gewesen, als sie den Wunsch äußerte, ihre Eltern zu verlassen und wieder bei den Großeltern zu leben. Sie hat mit diesem Ansinnen eigentlich das Gebot verletzt, die Eltern – das heißt beide Elternteile – zu achten und zu lieben. Dies wird auch durch die für Frau Cost sehr bedeutsame Szene des Abschieds von der Mutter deutlich. Sie äußert, es sei für sie »tabu« gewesen, ihrer Mutter zu sagen, sie solle nicht zum Vater zurückkehren. Trotzdem entstand aus dem Umstand, die Mutter nicht vor dem Vater gewarnt zu haben, Frau Costs Gefühl, zumindest zum Teil dafür verantwortlich zu sein, daß dann beide Eltern den Tod fanden.
Frau Edel, Felix Hoch und Herr Kuhn handelten den Suizidenten gegenüber in der Rolle älterer Geschwister, aus der sich eine gewisse Verantwortung und Verpflichtung für die jüngeren ergibt. Die Zuschreibung von Verantwortung geht in dieser Rolle sicherlich nicht so weit wie in der Eltern- oder Partnerrolle. Auch ist ihre Grundlage nicht so stark und nachdrücklich gefühlsbetont. Die Frage der Schuld stellt hier nicht annähernd die ganze Person und ihr Handeln in Frage, sondern Teilbereiche, die sich eher in konkreten Situationen ausdrücken.
Felix Hoch verweist mit seiner vagen Äußerung, sich »schon irgendwie« schuldig gefühlt zu haben, weil »man« meinte, »man« müßte für die Schwester als älterer Bruder doch eine solche Bedeutung haben, daß man ihr auch Halt bieten könnte, auf die eher undeutlichen emotionalen Züge geschwisterlicher Rollen. Dagegen benennen Frau Edel und Herr Kuhn konkrete Umstände, in denen ihre Verantwortung für die Geschwister zum Ausdruck kam. Beide sprechen den Bereich des Vorbildes an, das sie für die jüngeren Geschwister darstellen sollten und auch waren. Sie beschreiben Situationen, in denen sie in ihrer Rolle als ältere Geschwister entweder auf das Geschehen hät-

ten aktiv Einfluß nehmen sollen und dies nicht taten oder in denen sie aufgrund der Erwartungen (»Du bist der Ältere, du mußt gescheiter sein«) Einfluß genommen hatten, was sich hinterher in der Wahrnehmung als falsch darstellte. An diesen Situationen machen sie ihre eigene Verantwortlichkeit fest, wobei sie eher nur einen Teil der Verantwortung bei sich sehen als die vollständige. Frau Edel zum Beispiel schreibt diese mehr den Eltern zu.

Als letztes wäre noch Herr Berg zu erwähnen. Er handelte dem Suizidenten gegenüber in der Rolle eines Bekannten. Diese Rolle ist am undeutlichsten geregelt und unter den genannten Beispielen jene, die am wenigsten Verantwortung für das persönliche Schicksal des anderen verlangt. Herr Berg steht in dieser Rolle mehr am Rande des Geschehens, sie ist für ihn eine äußerliche. Die relativ losen Anforderungen, die sich mit ihr verbinden, sind wohl mehr dem sogenannten guten Ton verpflichtet. Allerdings wurde die Verantwortlichkeitsthematik in gewissem Maße doch wichtig, als Herr Berg von den Suizidplänen des Bekannten erfuhr. Hier grenzt er sich jedoch klar von der stärker verpflichtenden und auch verantwortungsbeladeneren Rolle des Freundes ab, womit das Schuldproblem zuungunsten dieses Freundes gelöst wird. Wie schon erwähnt, klingt die Frage der Schuld auch bei der Beschreibung der familiären Verhältnisse des Suizidenten an, in der Herr Berg auf die Eltern beziehungsweise besonders auf den Vater als mitverantwortlich hinweist.

Betrachtet man die individuell empfundene Schuld oder Verantwortlichkeit nach einem suizidalen Tod unter dem Gesichtspunkt der sozialen Rolle, dann ließe sich Schuld aus dem Mißverhältnis von Rollenanforderungen und Rollenerfüllung heraus bestimmen. Persönlich empfundene Schuld ergäbe sich aus der Unvereinbarkeit von verinnerlichten oder gewußten Erwartungen und dem anscheinend offenkundigen Versagen bei ihrer Erfüllung. In den Deutungsmustern unserer Gesellschaft signalisiert die Todesart Suizid ja auch, daß gerade in den Bereichen, die Verantwortlichkeit kennzeichnen, etwas nicht richtig gemacht wurde. Am deutlichsten wird dies bei Eltern und Lebenspartnern – und folgerichtig wird ihnen in erster Linie vom Umfeld die Verantwortung für den Suizid des Angehörigen zugeschrieben. Über bestimmte Personen hinaus sind dabei auch Rollen und Rollenverpflichtungen gemeint, denen diese Personen nicht gerecht wurden. Das gesellschaftliche Bild

davon, wie zum Beispiel ein guter Ehemann sein soll, wird mit dem Verhalten des bestimmten zurückbleibenden Mannes verglichen.
Dies weist auf die kulturelle Basis von Schuldgefühlen zurück. Das Konzept der sozialen Rolle bietet einen Anhaltspunkt dafür, wie und unter welchen Gesichtspunkten die Zurückbleibenden ihr eigenes Leben in Beziehung zu dem des Suizidenten setzen und kritisch betrachten können. Mit Hilfe des Rollenmodells ließe sich zeigen, wie die kulturelle Grundlage die Entstehung von Gefühlen der Schuld im Einzelfall mitbestimmen kann. In sozialen Rollen drückt sich die soziokulturell gewordene Regelung und Ausgestaltung von Bereichen menschlicher Beziehungen aus. Diese Regelung und Ausgestaltung besteht in Verhaltensnormierungen, die durch Sanktionsmöglichkeiten abgesichert sind. Und Schuld ist bei dieser Betrachtungsweise auch eine in den moralischen Bereich übersetzte sanktionierende Reaktion auf tatsächliche oder vermeintliche Abweichung von Gefordertem: sozial in Beschuldigungen angewandt (»Du bist schuld, daß es mir schlecht geht!«) oder individuell als die Selbstwahrnehmung störend empfunden (schlechtes Gewissen, Selbstanklagen).
Selbstverständlich ergibt sich die Frage nach Schuld in der Folge eines Suizids nicht unmittelbar aus den Verhaltensregelungen einer Rolle selbst. Das Schuldproblem entsteht auch hier infolge gewisser Definitionen, die unter dem Eindruck der Selbsttötung rückblickend angewandt werden. Im übrigen ist es natürlich möglich, das Schuldkonzept im Zusammenhang mit dem Suizid abzulehnen, wie dies Herr Kuhn tut. Er rechtfertigt seine Ablehnung jedoch bezeichnenderweise dadurch, daß er auf die Kultur und die von ihr geprägten Erziehungsformen verweist.

## Nachdenken über ein Leben

Innerhalb des Deutungs- und Sinnstiftungsprozesses nach einem Suizid lassen sich Unterschiede zwischen den Vorgehensweisen Außenstehender und derer feststellen, die direkter vom Geschehen betroffen sind.
Außenstehende suchen und finden eine Erklärung vornehmlich in relativ kurz vor dem Tod liegenden Umständen oder Ereig-

nissen. Das bedeutet, daß von nicht oder in geringerem Maße betroffenen Personen zeitlich weniger weit zurückliegenden Ereignissen ein höherer Verursachungs- und Erklärungswert zugeschrieben wird als zeitlich weiter zurückliegenden Begebenheiten.

Ein Beispiel für diese Vorgehensweise gibt Herr Berg. Er beobachtete, daß sein Bekannter in den Monaten vor seinem Suizid immer mehr getrunken habe und immer depressiver geworden sei. Genauer noch zeigt sich dieses Erklärungsmuster in seiner Schilderung, wie einige Personen aus dem Bekanntenkreis des Suizidenten einen Vorfall am Abend des Todestages verantwortlich machten oder ihn zumindest als Auslöser für die Selbsttötung betrachteten. In diesem Kreis wurde vermutet, die Absage, die ein Mädchen dem Suizidenten an diesem Abend erteilt habe, sei für seinen letzten Schritt ausschlaggebend gewesen.

Ziehen Außenstehende eine größere Zeitspanne vor dem Suizid in Betracht, so werden beim Versuch der Erklärung vor allem beobachtete oder auf andere Weise in Erfahrung gebrachte einzelne Begebenheiten, zum Beispiel in der Ehe des Suizidenten herangezogen. Zur Verdeutlichung wollen wir die Aussagen von zwei nicht betroffenen Personen anführen.

Eine Frau berichtet über eine kurz zuvor in ihrer Stadt vorgefallene Selbsttötung und die Reaktionen des Umfelds auf die hinterbliebene Ehefrau:

*»Sie ist die böse Frau, sie hat ihn in den Tod getrieben. Das geht wirklich mit ganz banalen Sachen los: Er bekam nichts zu essen, wenn er abends heimkam. Sie ist fremdgegangen. Wenn sie Streit hatten, kaufte sie in einer Boutique für Hunderte von Mark für sich ein. Lauter solche Sachen erzählen sie jetzt.«*

Ein Mann spricht über den Suizid des Sohnes einer Familie in seiner Nachbarschaft:

*»Die sind ja mit dem Buben scheußlich umgegangen! Der hatte ein Zimmer im oberen Stock, und weil er in der Schule nicht lernte, tat man ihn in den Keller runter und gab ihm dort ein Zimmer. So geht's ja nicht!«*

Um das elterliche Verhalten zu veranschaulichen, führt der Gesprächspartner ein eigenes Erlebnis mit der Schwester des Suizidenten an:

*»Ich hab' mal die Kleine eingeladen, als wir in den Zoo fuhren, weil ich noch einen Platz frei hatte. Der Zoobesuch dauerte den ganzen Tag. Jetzt bekam das Mädchen nur ein Stück Brot und*

*zwei Äpfel mit! So kann man doch die Kinder nicht erziehen! Das sind die reichsten Leute, die haben anscheinend Millionenwerte... Aber so kann man's doch auch nicht machen! Oder: Die ältere Tochter hat vor vier Wochen geheiratet. Da wollte man den Buben anscheinend bei der Hochzeit nicht dabei haben.* So was *gibt's doch nicht!«*

Solche einzelnen Vorkommnisse dienen dann in verallgemeinerter Form zur Klärung der Beweggründe des Suizidenten. Diese Verallgemeinerungen äußern sich in Erklärungssätzen wie: »Bei der Frau kann man verstehen, daß der Mann nicht mehr wollte«, oder: »So wie die ihr Kind immer behandelten, muß man sich nicht wundern, wenn sich der Junge umbrachte.« Die verallgemeinerten Einzelereignisse werden rückblickend in einen direkten Bezug zur Selbsttötung gesetzt. Damit ist den Bedürfnissen Außenstehender meist Genüge getan. Der Suizid erscheint zufriedenstellend erklärt und hat auch einen Sinngehalt.

### *Rekonstruktionen*

Die unmittelbarer betroffenen Hinterbliebenen schlagen bei ihrer Erklärungssuche einen etwas anderen Weg ein, der sich in der zeitlichen Abfolge ihrer Bewältigungsbemühungen herausbildet.

Zunächst suchen auch sie die Gründe in unmittelbar vor dem Suizid liegenden Ereignissen oder Vorfällen. Die Schilderung ihrer Anstrengungen um eine möglichst genaue Rekonstruktion der Vorgänge kurz vor der Selbsttötung zeigt dies deutlich. Im weiteren jedoch dehnen die Zurückbleibenden ihre Suche auf die Lebensgeschichte des Suizidenten aus. Darüber hinaus wird auch die eigene Biographie mit einbezogen. Dieser ausgedehntere lebensgeschichtliche Bezug wird zur Erklärung notwendig, da der Hinterbliebene eine mit dem Suizidenten gemeinsame Geschichte hatte. Und dieser gemeinsame Lebensweg wird insgesamt betrachtet und überprüft.

Alfred Lindesmith und Anselm Strauss haben in ihren sozialpsychologischen Ausführungen auf die »menschliche Eigenart« hingewiesen, »nach Erklärungen für Geschehenes zu suchen, Ereignissen ›nachzudenken‹ und einen neuen Sinn in ihnen zu entdecken«. Solche Neuinterpretationen und Rekonstruktionen »kommen häufig in Zeiten einer persönlichen Krise vor, wenn das Individuum sich fragt, wohin es geht, und infolgedessen auch überlegen muß, woher es kommt«.[11] Und der Soziologe Hans Paul Bahrdt verwies auf »das Bedürfnis zur sinngebenden Rekapitulation des eigenen Lebenslaufs... in Grenzsituationen von existentiellem Gewicht«. Der einzelne entlaste sich dadurch, daß er den Horizont der bedrückenden Ausnahmesituation in die Vergangenheit hinein ausweite.[12] Dabei dient »die Selbstvergewisserung entlang der eigenen Biographie in Grenzsituationen... der Reproduktion von Identität in Lebenslagen, in denen diese dem Individuum unter dem Druck ungewohnter Ereignisse abhanden zu kommen droht«.[13]

Wenn Hinterbliebene im Verlauf der Erklärungs- und Deutungsfindung ihre Lebensgeschichte in Beziehung zu der des Suizidenten setzen und untersuchen, so dient dies zwei Zielen: zum einen, diesen Tod zu klären und ihm einen Sinn zu verleihen, und zum anderen der Vergewisserung und Erhaltung der bedrohten Identität des Hinterbliebenen.

Betroffene untersuchen den Lebenslauf des Suizidenten nach etwas, das für die Deutung seiner Handlung geeignet ist. Mit der Ausweitung des Interpretationsrahmens auf die Biographie des Suizidenten verbindet sich in gewissem Sinne eine ›Neuinszenierung‹, eine Neu-Schreibung seiner Lebensgeschichte. Seine Person und die Ereignisse seines Lebenslaufs werden in Bezug zu seinem Tod gesetzt und von diesem Endpunkt her neu gesehen. Damit versucht der Hinterbliebene, den Lebenslauf und den besonderen Tod als Einheit zu begreifen. Es wird dabei offensichtlich, daß einzelne Ereignisse oder Verhaltensweisen des Suizidenten für einen so umfassenden Erklärungsversuch nicht ausreichen.

Sprechen Hinterbliebene Einzelsituationen an, so eher als absichernde Beispiele für etwas Zugrundeliegendes, für ein von ihnen als entscheidend angesehenes Problem des Suizidenten. Die Erklärung kann sich nicht im bloßen Sammeln von Ereignissen erschöpfen, sondern sie muß mehr umfassen: Sie muß aus einem Zusammenhang bestehen, in den sich einzelne Gegebenheiten oder Verhaltensweisen des Verstorbenen sinnvoll einfügen lassen. Somit erheben die Deutungsversuche der Hinterbliebenen eher Grundstrukturen der Persönlichkeit und Verfassung des Suizidenten zum Thema. Aus einzelnen Vorkommnissen können die Hinterbliebenen vielleicht solche Grundzüge des Wesens ablesen, aber sie allein erklären nicht den suizidalen Tod.

Eine Schwierigkeit von Frau Cost im Umgang mit dem Tod ihrer Eltern besteht ja gerade darin, daß sie über deren gemeinsame Geschichte und ihre eigene Verflochtenheit mit ihr viel zuwenig weiß. Das Wenige, an das sie sich erinnern kann, verbleibt für sie eher in Äußerlichkeiten. Auch die im Lauf der Jahre zusätzlich erhaltenen Einzelinformationen über die Eltern reichen allein nicht für eine schlüssige Erklärung oder Deutung des Geschehenen aus. Damit kann sie es letztlich auch nicht annehmen und abschließend in ihr Leben einordnen. Unter anderem zeigt sich dies an Überlegungen, die Frau Cost noch Jahre später beschäftigen. Sie erwägt, ob ihr Vater möglicherweise in der Spielbank »einfach noch alles auf eine Karte setzte, spielte und verlor«, oder ob er mit seiner Nazi-Vergangenheit nicht fertiggeworden sei. Bei ihrer Mutter überlegt sie, ob diese nicht vielleicht doch den Tod gewollt habe, ob es ihr nicht »auch zuviel« gewesen sei. An diesen Gesprächsstellen ergänzt Frau Cost regelmäßig, sie wisse aber nicht, ob diese Gedanken zuträfen, worin sich ihr erfolglos bleibender Versuch zeigt, eine insgesamt sinnvolle Verortung des Geschehnisses im Leben der Eltern vorzunehmen. Folglich mißlingt ihr dies im Hinblick auf ihren eigenen Lebensweg und ihre Identität ebenso. Sie verdeutlicht diese Schwierigkeiten, indem sie sagt:

*»Anhand der Bilder versuche ich zu rekonstruieren, was früher war. Das ist mir natürlich auch entgangen. Über meine frühe Kindheit weiß ich überhaupt nichts. Ich habe keine Eltern, mit denen ich darüber sprechen könnte, was damals war... Ich hab' halt nur noch Fotos.«*

Am Beispiel der Aussagen von Frau Edel und Frau Hoch wollen wir den Vorgang der Suiziddeutung aus der gesamten Biographie des Suizidenten heraus nachzeichnen, wie er in vergleichbarer Weise auch den Gesprächen mit den anderen Betroffenen zu entnehmen ist.

Frau Edel charakterisiert ihre jüngere Schwester als »ziemlich verschlossen«. Schon als Kind und auch als Jugendliche sei sie sehr wenig aus sich herausgegangen, man »mußte ihr ziemlich vieles entlocken«, damit sie überhaupt etwas von sich erzählte. Andererseits sei sie sehr »lieb und anhänglich« gewesen, aber auch »immer ein bißchen kindlich«.

Eine Erklärung für die Selbsttötung leitet Frau Edel aus der Geschwisterfolge in der Familie ab:

*»Ich bin die Älteste, dann kommen meine andere Schwester und mein Bruder. Anne war drei Jahre jünger als er und ziemlich*

*genau sechs Jahre jünger als ich. Manchmal vermutete ich, daß meine Mutter nur zwei Kinder wollte. Inzwischen weiß ich, daß das stimmt. Ich hab' aus ihr herausbekommen, daß sie nach mir und meiner Schwester kein Kind mehr wollte. Und das hab' ich mir schon oft als Erklärungsversuch zu Hilfe genommen.«*
Wir fragten Frau Edel, ob sie der Ansicht sei, Anne habe gemerkt, daß sie nicht erwünscht war.
*»Ja, das meine ich. Mein Bruder und Anne waren unerwünschte Kinder. Mein Bruder ist auch ganz anders als meine Schwester und ich. Zwischen den jüngeren und den älteren Geschwistern war in der Familie immer schon eine starke Trennung.«*
Im Gegensatz zum Bruder sei die jüngste Schwester in der Familie zwar eher verwöhnt worden, aber Frau Edel glaubt, daß sie doch auch ein wenig vernachlässigt worden sei.
In zweifacher Hinsicht unterstreicht Frau Edel, daß die vorgenommene Erklärung einleuchtend sei. Sie macht für ihren Entwurf Gebrauch von der noch vor der Geburt der Suizidentin Anne und des Bruders erfolgten Definition ›unerwünscht‹. Ausgehend von dieser Festlegung ergab sich in der Familie eine starke Trennung zwischen den vier Geschwistern: Frau Edel und die nächste Schwester auf der einen, die beiden unerwünschten Kinder auf der anderen Seite. Frau Edel betont nun die Berechtigung ihrer Erklärung durch die Andersartigkeit der beiden jüngeren Geschwister. Der Bruder, der ja von der Deutung ›unerwünscht‹ mitbetroffen ist, wird ebenfalls überprüft. Dabei stellt Frau Edel fest, daß der Bruder »auch ganz anders« sei. Er ist anders als der Rest der Familie. Und in diesem Anderssein ist er seiner Schwester ähnlich, denn diese hatte sich durch ihren Suizid ebenfalls als anders zu erkennen gegeben. Somit erscheint durch die Überprüfung der beiden vom Erklärungsentwurf betroffenen Geschwister und durch die festgestellte Übereinstimmung ihrer Andersartigkeit die Auslegung für Frau Edel plausibel.
Frau Hoch überprüft ebenfalls die gesamte Lebensgeschichte der Tochter nach möglichen Erklärungen für deren letzten Schritt. Sie ist sich nicht sicher,
*»was da vielleicht sonst noch alles mitspielte. Möglicherweise waren's schon frühere Probleme bei uns in der Familie. Wir hatten es sehr schwer hier... Unter unserer Situation mußten auch die Kinder leiden. Vielleicht war das, was sie damals immer mitkriegen mußten, zuviel.«*
Sie rätselt weiter, woran es Karin möglicherweise in der Kind-

heit gefehlt haben könnte, ob damals schon etwas »falsch gelaufen« sei. Einen möglichen Ansatzpunkt für ein grundlegendes Problem ihrer Tochter findet Frau Hoch in dem Umstand, daß diese sich als zweitrangig und benachteiligt empfunden hatte.
In den Überlegungen von Frau Hoch wird ebenfalls deutlich, wie mit Hilfe bestimmter Einzelsituationen auf ein Grundproblem des Suizidenten geschlossen werden kann. Gelingt es, Ereignisse oder Gefühlsäußerungen ausfindig zu machen, die unter Umständen sehr früh in der Kindheit liegen können, so verleiht ihnen dies im nachhinein andere Bedeutsamkeit. Sie werden zumindest teilweise neu interpretiert, indem sie in der Lebensgeschichte des Suizidenten in eine besondere Beziehung zu seinem Tod gebracht werden. Frau Hoch erzählt:
*»Ich glaube, daß Karin überhaupt alles sehr intensiv erlebte, also entweder als sehr schwer oder auch als besonders freudig empfand... Eine Sache ist mir unvergeßlich. An sich war das eine Kleinigkeit. Wir hatten eine Aufnahme von Felix – ein kleines Schwarzweißbild nur –, wie der kleine Knopf in einer Wiese steht. Wahrscheinlich sortierten wir dann mal Fotos. Auf jeden Fall guckte Karin als ganz kleines Kind auch die Bilder an, und plötzlich fing sie an zu weinen. Die Tränen liefen ihr nur so herunter. Wir wußten gar nicht, was los ist. Ich sagte: ›Ja, Karin, was hast du denn?‹ – ›Der Kleine‹, sagte sie, ›der ist ganz allein!‹ Sie erkannte damals noch nicht, daß das ihr Bruder war.*
*Es war also für sie ganz, ganz schrecklich, daß das Kind da allein war! Ich glaube, Alleinsein war für sie etwas Beängstigendes. Deshalb hab' ich mir immer wieder überlegt, daß es für sie schon als Kind schlimm gewesen sein muß, wenn sich jemand allein fühlte.«*

### *Einfügungen*

Wenn Hinterbliebene in ihre Erklärungsentwürfe das gesamte Leben des Suizidenten einbeziehen, dann bedeutet dies nicht, daß sie damit eine von ihnen unabhängige Zwangsläufigkeit seines Lebens auf diesen Tod hin sehen. Ein außenstehender Betrachter könnte solche Erklärungsversuche als bloße Strategien zur Verminderung oder Auflösung empfundener Schuld werten. Dies würde bedeuten, daß er in der Schuldfrage verharrt und sie als einzig wichtiges Thema betrachtet. Zweifelsohne spielen Fragen nach Schuld und Schuldgefühle bei den Hinterbliebenen eine große Rolle. Im Verlauf der Auseinanderset-

zung mit dem Suizid schwächt sich ihre Bedeutsamkeit jedoch meistens ab. Die Schuldfrage stellt dann nicht mehr das zentrale Problem dar, sondern ordnet sich als ein Aspekt unter anderen ein. Die Bemühungen der Hinterbliebenen zielen auf ein Einordnen dieses Ereignisses und seines Sinns in den eigenen lebensgeschichtlichen Zusammenhang. Gleichzeitig versuchen sie, die Bedeutung dieser Handlung in die Lebensgeschichte des Suizidenten einzufügen. Im Zuge dieser Bemühungen gliedert sich die Schuldfrage als solche ebenfalls ein.
In der ersten Konfrontation mit der Selbsttötung mögen dem Angehörigen die eigenen vorausgegangenen Handlungen oder Unterlassungen als so schwerwiegend erscheinen, daß sie als verantwortlich oder mitverantwortlich für den Entschluß des Suizidenten angesehen werden. Die Überprüfung des Lebensweges des Suizidenten und der eigenen Verflochtenheit mit ihm führt dann aber meist zu der Erkenntnis, daß sich die Schuldgefühle nicht aus außergewöhnlichen Verfehlungen entwickelten. In vielen Fällen waren es alltägliche Nachlässigkeiten und Fehler, die erst durch diesen Tod und die damit notwendig werdende Prüfung der eigenen Verantwortlichkeit solch gewaltige Ausmaße annahmen. Andere Hinterbliebene kommen vielleicht zu dem Schluß, daß ihre Fehler auf einer falschen Einschätzung eigener Möglichkeiten oder einer Überforderung eigener Fähigkeiten beruhten. Manche mögen einsehen, daß sie sich aufgrund objektiv gegebener Lebensumstände nicht viel anders verhalten konnten, als sie dies getan hatten. Möglicherweise führten auch Wissens- und Handlungsbegrenzungen zu dem Verhalten, das sich im nachhinein als fehlerhaft erwies.
Dies bedeutet nun aber nicht, daß mit solchen Erkenntnissen eigenes Versagen gegenüber dem Suizidenten entschuldigt wird; das Versagen erscheint damit lediglich einsichtiger. Die Frage der eigenen Schuld kann so realistischer eingeschätzt werden. Auf der Grundlage dieser wirklichkeitsnäheren Betrachtung wird es dem Zurückbleibenden möglich, nicht weiter im zerstörerischen »Wer hat schuld?« oder »Ich bin schuld!« hängenzubleiben, sondern die sich selbst zugeschriebenen Schuldanteile am Suizid anzunehmen und mit ihnen konstruktiv umzugehen.
Zum Akzeptieren eigener Fehler gehört die Hinnahme dessen, daß es ausgeschlossen ist, noch etwas am Geschehenen verändern oder korrigieren zu können. All dies versetzt die Zurückbleibenden in die Lage, wieder zu sich selbst und zu der Bedeu-

tung und den Konsequenzen des Suizids für ihr Weiterleben zurückzukehren.
Wenn auch am Geschehenen nichts mehr geändert werden kann, so besteht doch die Chance, aus der schmerzhaften Erkenntnis persönlicher Fehlerhaftigkeit Schlüsse für die Zukunft zu ziehen und sich in bestimmten Verhaltensbereichen umzuorientieren.
Herr Kuhn äußert, er fände es »ganz schlimm«, wie er sich seinem Bruder gegenüber verhalten habe. Früher habe er dies immer mit der Erklärung entschuldigt, er habe ja einen Grund für sein Verhalten gehabt. Heute meine er, daß dies nicht stimme, sondern er sei lediglich den ihm am leichtesten erscheinenden Weg gegangen. Er sehe jetzt, daß er zu wenig überlegt habe und daß hier seine Fehler lägen. Und aus dieser Erfahrung heraus wolle er in Zukunft solche Fehler vermeiden:
*»Ich versuche aus ihnen zu lernen, damit sie mir nicht mehr unterlaufen, aber ich kann sie trotzdem nicht ungeschehen machen.«*
Frau Edel verdeutlicht ebenfalls, wie über das Akzeptieren der eigenen Fehler und deren realistische Einschätzung die Schuldgefühle ihren quälenden Charakter und ihre vorrangige Stellung in der Auseinandersetzung mit der Selbsttötung verlieren. Dadurch ist sie imstande, über die anfänglich drängende Notwendigkeit einer genauen Erklärung nachzudenken. Sie kann den Schritt der Schwester akzeptieren, ohne ihn letztlich genau deuten zu können. Ihr wird klar, daß man nicht versuchen sollte, sich des Toten zu bemächtigen, indem man glaubt, seine Handlung exakt erklären zu können. Frau Edel meint, man müsse die suizidspezifische Frage ›Warum?‹ unbeantwortet lassen und die Unerklärbarkeit letzten Endes hinnehmen:
*»Heute kann ich eher akzeptieren, daß es zwar möglicherweise Erklärungen gibt, daß es aber nie* die *Erklärung geben kann. Das ist keine monokausale oder logische Sache, sondern es gibt sicher viele Gründe. Und wahrscheinlich treffen die alle ein bißchen zu. Aber vielleicht muß man es auch als Frage stehenlassen können, warum sie das tat. Das gelingt mir jetzt eher.*
*Was mir nicht in den Kopf geht, ist die Zeit davor. Ich hab' aber das Gefühl, ich tu ihr was Falsches an, wenn ich das wirklich ganz rational zerlege. Ich denke, ich muß das, was sie tat, akzeptieren. Ich muß auch akzeptieren..., daß sie wußte, was sie tat.«*
Welche Folgen die Erfahrung mit einem Suizid für das Selbstge-

fühl und die Selbstwahrnehmung der Hinterbliebenen haben kann, verdeutlichte uns Frau Hoch.
Als wir sie um ihr Einverständnis baten, das schon vor längerer Zeit mit ihr geführte Gespräch in dieses Buch aufnehmen zu dürfen, kamen wir nochmals auf den Suizid ihrer Tochter zu sprechen. Frau Hoch äußerte sich zu ihren weiteren Erfahrungen und zu den Veränderungen, die sich im Laufe der Zeit durch Karins Tod für sie ergeben hatten. Vielleicht seien diese auch für andere Menschen interessant und möglicherweise ermutigend.
Für sie und ihren Mann sei es damals schwer gewesen, plötzlich alleine dazustehen. Die Selbsttötung der Tochter und der Auszug des Sohnes Felix aus dem Elternhaus seien ja in den gleichen Zeitraum gefallen. So hätten sie und ihr Mann erst langsam lernen müssen, mit dieser neuen Situation, aber auch mit sich selbst umzugehen. Inzwischen hätten sie die Endgültigkeit des Todes ihrer Tochter und die Tatsache anerkennen müssen, nichts mehr ändern zu können. So seien sie jetzt wieder mehr bei sich selbst angekommen.
Aus den damaligen Geschehnissen habe sie viel gelernt, und heute sei sie trotz der schmerzlichen Erfahrungen eigentlich recht zufrieden. Was sie gelernt habe, sei gut und hilfreich. So gelinge es ihr nun, auf Zwänge nicht nur einfach zu reagieren, sondern auch etwas mehr auf die eigenen Bedürfnisse zu achten. Früher sei sie dem Druck, wie er sich etwa durch die Anforderungen im Beruf oder in der Haushaltsführung und Versorgung der Familie ergeben habe, einfach nachgekommen, wenn sie sich dem auch manchmal kaum gewachsen fühlte. Heute sei sie dagegen fähig, auch einmal nein zu sagen und etwas mehr auf sich selbst zu achten. »Man ist gnädiger zu sich selbst geworden und auch zu anderen«, war Frau Hochs Folgerung. Gemessen an der Erfahrung des Suizids erscheine ihr vieles nicht mehr so wichtig, wie es sich früher darstellte. Vielleicht habe sie sich damals bei Karin falsch verhalten, als sie sie zum Lernen aufforderte, damit sie den Notendurchschnitt erreiche, der für ihr Berufsziel nötig war. Heute denke sie, es wäre besser gewesen, man hätte der Tochter – und auch Karin sich selbst – erlaubt, sich einfach eine Zeitlang auszuruhen und nichts zu tun. Aus damaliger Sicht aber seien die Zensurenzwänge und der Berufswunsch eben das wichtigste gewesen. Man habe nicht erkennen können, daß dies im Grunde gar nicht von solcher Bedeutung sei. Heute jedoch sehe sie mehr hinter die Dinge und befrage

sie kritisch. Auch in dieser Hinsicht gebe sie sich heute mehr Raum als früher.
Frau Hochs Äußerungen zeigen, wie ihr Leben und ihre Selbstwahrnehmung durch die Erfahrungen mit Karins Suizid in bestimmtem Maße umgestaltet wurden. Das Ereignis und die Auseinandersetzung mit ihm erweist sich als bedeutende – und sicher sehr schmerzliche – Kraft, die die eigene Lebenslinie und die Erfahrung des Selbst neu strukturiert. Daß dieses Erlebnis sozusagen einen Angelpunkt für die Ordnung der eigenen Lebenszeit und des eigenen Lebensweges darstellt, drückt sich in den Vergleichen von früher und heute aus. Dennoch bleibt der Zusammenhang zwischen früher und heute, die als Selbst erlebte innere Einheit der Person gewahrt: Früher, das heißt vor dem Suizid, war es richtig, in dieser und jener Weise zu handeln, war der Hinterbliebene in der damaligen Weise er selbst. Und heute, das heißt nach dem Ereignis, ist für ihn anderes richtig, ist er in veränderter Weise er selbst, ist er durch das Erlebnis so geworden.

## Sprachlosigkeit

Nach einem Todesfall kommt es häufig sowohl bei betroffenen Angehörigen als auch bei Menschen ihres sozialen Umfeldes zu Verunsicherungen. Einige Autoren stellten in der westlichen Kultur einen allgemeinen Verlust an verbindlicher Regelung des Trauerverhaltens fest. Eine solche Normierung hatte sich etwa im Trauerritual früherer Zeiten geäußert. Christian von Ferber hat für die nordamerikanische und europäische Welt einen »Verlust an kulturellen Kommunikationsformen«[14] gegenüber der Erscheinung Tod überhaupt ausgemacht. Und Norbert Elias erörterte unter Heranziehung seiner Formulierungen über den Zivilisationsprozeß denselben Sachverhalt als Folge dessen, daß »herkömmliche Verhaltensroutinen« in bezug auf Sterben und Umgang mit dem Tod zunehmend »suspekt und peinlich« geworden sind.[15]
Herr Berg veranschaulicht die Auswirkungen, die sich aus dem Fehlen einer genauen Verhaltensregelung ergeben können, wenn er über seine Befangenheit und Zweifel berichtet.
*»Ich erwähnte ja bereits, daß wir uns in der Gruppe Gedanken*

*darüber machten, welche Reaktionen statthaft seien und welche Verhaltensweisen wir nach außen zeigen müßten. Auch ich stellte mir diese Frage. Außerdem überlegte ich mir allen Ernstes, was man normalerweise unter Trauer versteht.*
*Auf jeden Fall war ich ziemlich verkrampft. Ich konnte mich nicht so geben, wie ich empfand und mich geben wollte, sondern ich fühlte mich von allen Seiten beobachtet – von den Eltern, von Bekannten, Freunden –, auch später noch.*
*Als ich noch mal allein am Grab war und heulte, konnte ich schon zeigen, wie's mir zumute war. Ich bekam danach aber auch leichte Gewissensbisse, ich dachte: ›Was war denn das jetzt eigentlich? War das ein Schauspiel?‹*
*Ich hab' immer so ein bißchen nach meiner Stellung, nach meiner Rolle gesucht, die ich in diesem Trauerspiel zu spielen hatte.«*
Wie die Gewißheit im Umgang mit Tod nicht mehr gegeben ist, fehlt auch die Selbstverständlichkeit und Sicherheit im Verhalten gegenüber den Angehörigen des Verstorbenen. Wenn man schon einmal in der Situation war, trauernden Hinterbliebenen sein Mitgefühl aussprechen zu wollen, erinnert man sich vermutlich der unguten Empfindung, die das gemurmelte »Herzliches Beileid« begleitete. Solche stereotypen Redeweisen für den Ausdruck von Anteilnahme am Geschick der Trauernden klingen oft abgedroschen und falsch oder werden als pure Floskel empfunden. Will man sie vermeiden, dann fällt die Aufgabe, das richtige Wort und die passende Geste zu finden, auf die einzelne Person zurück und vermehrt die Anforderungen an ihre persönliche Erfindungs- und Ausdruckskraft. Dieser Aufgabe aber, so Norbert Elias, sind die Menschen heutzutage oft nicht recht gewachsen.
Die Verunsicherung in Verhalten und Sprechen ist fast allgemein für den Umgang mit Tod und Trauer festzustellen. Bei einem Suizid muß darüber hinaus die besondere Bedeutung dieser Todesart berücksichtigt werden, die verschärfend Einfluß nimmt.
Felix Hoch stellt aus der Sicht des Hinterbliebenen den Zusammenhang zwischen der Bedeutung einer Selbsttötung und einer gesteigerten Verunsicherung der Angehörigen dar. Im Ausdruck »das ist ja so schlimm« und dem der »Trauer in ihrer Unverhältnismäßigkeit« spiegelt sich die soziokulturelle Definition eines solchen Todes:
*»Also wenn meine Schwester sich umbringt, dann bedeutet das ja*

*so viel, daß man denken könnte... Ich meine, ich kann keinen Wert auftrauern, bis er abgegolten ist, aber man denkt immer: ›Das ist ja so schlimm, dem muß doch auch die Trauer in ihrer Unverhältnismäßigkeit entsprechen!‹... Das war etwas, was ich mir oft überlegte: ›Was denken eigentlich die anderen Leute über mein Verhalten?‹«*

Anhand einer bestimmten Situation verdeutlicht Felix Hoch dann seine Unsicherheit darüber, welches Verhalten für ihn angemessen gewesen sei. Er überlegt auch, »ob sie eigentlich von mir erwarteten, daß ich die ganze Zeit tieftraurig sein müßte«. Felix Hoch sieht sich vor die Frage gestellt, ob die Personen seiner Umgebung nicht eigentlich von ihm erwarteten, daß er an freudebringenden Tätigkeiten oder Situationen kein Interesse mehr haben dürfe. Er sagt:

*»Ich hab' mir da schon Gedanken über die Erwartungen anderer Leute gemacht. Extremer war's eigentlich noch, wenn ich in der Straße bei mir zu Hause auftauchte. Da war es nicht nur mein Gefühl, sondern ich wurde tatsächlich komisch und interessiert angeschaut: ›Wie reagiert der jetzt wohl?‹«*

Auf unsere Nachfrage meint Felix Hoch, er habe sich plötzlich als »sehr öffentlich« erlebt.

Die Verhaltensunsicherheit der Hinterbliebenen wird noch gesteigert, wenn sie bemerken, daß sie aufmerksam beobachtet werden. Dieses Öffentlich-Werden des Angehörigen, das genaue Beobachten seines Verhaltens, tritt nach unserer Erfahrung in der Folge eines Suizids in weitaus höherem Maße auf, als dies etwa bei einem anderen Tod der Fall ist. Die intensivere Beobachtung bestimmter Angehöriger dient, wie schon erwähnt, der Umgebung auch dazu, die Richtigkeit der vermuteten schuldhaften Beteiligung am Suizid bestätigt zu bekommen.

### *Ausgrenzungen*

Ein weiterer Aspekt der Verhaltensunsicherheit, der die Bewältigung erheblich erschwert, kommt darin zum Ausdruck, daß es für Hinterbliebene häufig unmöglich ist, den Suizid in ihrer Familie oder in ihrer Umgebung in Gesprächen aufzuarbeiten. Dieser Tod wird aus Gesprächen ausgeklammert; man spricht nicht über ihn, weil er so »schlimm« ist oder weil man nicht weiß, wie man darüber sprechen soll. Den Hinterbliebenen selbst ist – trotz ihres Bedürfnisses, darüber zu sprechen –

oft auch nicht klar, wie sie ihre Erfahrungen, Zweifel, Ängste und emotionalen Erschütterungen in Worte fassen und vermitteln könnten. Jedenfalls hat der Umstand, daß der suizidale Tod meist von vornherein als Thema aus Gesprächen herausgehalten wird, für Zurückbleibende mitunter dramatische soziale und persönliche Folgen, denn mit ihm ist oft auch eine mehr oder weniger ausgeprägte soziale Isolierung verbunden.

Frau Abel schildert, daß es für sie nur unzureichend Gelegenheit gegeben habe, über das Erlebte zu sprechen. In ihrer Beschreibung wird die Wechselwirkung zwischen der Verunsicherung des sozialen Umfeldes und der Isolierung der Hinterbliebenen deutlich. Frau Abel betont, ihre Betroffenheit durch den Suizid ihres Lebenspartners habe zwischen ihr und den Personen, mit denen sie sich befreundet glaubte, »große Distanz geschaffen«. Weiter berichtet sie, daß eine Frau überhaupt nicht mit ihr über den Suizid reden wollte. Diese habe lediglich geäußert, sie würde sich jetzt ein wenig »komisch« fühlen und wisse gar nicht, wie sie sich Frau Abel gegenüber verhalten solle. In der Äußerung Frau Abels »Ja, was sollte ich da sagen?« drücken sich ihre Hilflosigkeit und Verletzung aus, die durch diese Bekannte ausgelöst wurden. Auch die Mitglieder ihrer Wohngemeinschaft hätten nicht gewußt, wie sie ihr begegnen sollten und seien ihr aus dem Weg gegangen. Sie habe jedenfalls durch diese Menschen nicht die Unterstützung erfahren, die sie gebraucht hätte.

Auch Felix Hoch erwähnt die mangelnde Gesprächsbereitschaft außerhalb seines Elternhauses; vor allem bei den gemeinsamen Freunden hätten ihm Gespräche über den Suizid seiner Schwester gefehlt. Es sei ihm unverständlich gewesen, »wie so ein Thema einfach übergangen wird«. Als Grund für diesen Ausschluß vermutet er die beiderseitige Unsicherheit.

Frau Edel teilt mit Frau Abel die Erkenntnis, daß andere Menschen den Hinterbliebenen eines Suizidenten aus dem Weg gehen oder sogar von ihnen abrücken. In ihren Aussagen zeigt sich auch eine grundlegende Auswirkung der Erfahrungen des Schweigens und des Gemiedenwerdens auf die Zurückbleibenden. Frau Edel berichtet, sie habe sich von allen Leuten, mit denen sie sonst zusammengewesen sei, vollkommen verlassen gefühlt. Sie habe die Empfindung gehabt, keiner von ihnen habe verstanden, wie ihr in dieser Situation zumute gewesen sei. Nach der Selbsttötung ihrer Schwester habe sie erkennen müssen, daß sie »kaum wahre Freunde« habe. Diese Leute,

»die taugen nichts. Die merken gar nicht, was los ist, und interessieren sich nicht dafür.« Für Frau Edel war das »eine ganz brutale Erfahrung«. Daraus erwuchs eine »sehr große Angst«, die ihr »als Grunderfahrung in bezug auf ein Zusammensein mit anderen« geblieben ist: das Gefühl, »in dieser Situation im Stich gelassen worden zu sein«.
Unzureichende oder fehlende Unterstützung durch den Freundes- und Bekanntenkreis werden von vielen Hinterbliebenen beklagt. Genannt werden vor allem Erfahrungen des Gemieden- und Alleingelassenwerdens, mangelndes Verständnis für den Wunsch und die Notwendigkeit, über das Vorgefallene zu sprechen, und die Unmöglichkeit, dies in einer Form tun zu können, die ihren Bedürfnissen angemessen gewesen wäre. Als eine Auswirkung solcher Erlebnisse führen sie an, daß ihre Fähigkeit, mit anderen Menschen in Beziehung zu treten, in irgendeiner Form gelitten habe. Gefühle wie Angst vor Enttäuschung, Mißtrauen gegenüber den Beweggründen anderer Menschen, vor allem aber erschüttertes oder mangelndes Vertrauen in Beziehungen zu anderen spielen dabei eine Rolle.

*Familiäre Verbote*

Wenn schon die unzureichende Möglichkeit der kommunikativen Bearbeitung des suizidalen Todes in der Umwelt für die Zurückbleibenden erhebliche Folgen in persönlicher und sozialer Hinsicht zeitigt, dann hat der Ausschluß des Suizids als Gesprächsgegenstand innerhalb der Familie noch weiter reichende Auswirkungen. Frau Cost berichtet, wie in ihrer Familie, der nach dem Tod der Eltern die Großeltern vorstanden, und in ihrer Verwandtschaft Prozesse einsetzten, die Gespräche über das Geschehene nicht erlaubten oder an einem bestimmten Punkt zum Abbruch brachten. Zwischen dem Kind und seinen Angehörigen wurde ein unausgesprochenes, strenges und ausgedehntes Redeverbot wirksam, das sich nicht nur auf das Geschehen um den Tod der Eltern, sondern auch auf deren Personen an sich bezog. Während der ganzen Zeit ihres Heranwachsens herrschte über die für Frau Cost ausgesprochen wichtigen Ereignisse absolutes Schweigen. Sie meint, sie habe nicht gewagt, ihre Großeltern zu fragen. Die Unerbittlichkeit des Redeverbots zeigt sich in ihrem Ausdruck: »Es war einfach klar: ›Ich darf da nicht fragen!‹« Dies und die problematischen sozialen und individuellen Auswirkungen erklärt Frau Cost damit, daß

*»es eben nicht nur ein Selbstmord war, sondern eigentlich ein Mord und ein Selbstmord und also eine ganz besondere Schande«.*
Sie sieht das durch einen Brief bestätigt, den ihr die Großmutter nach einer Aussprache schrieb, als Frau Cost nach siebzehn Jahren endlich durch eine Psychotherapie in der Lage war, das Schweigen ihrer Großeltern zu brechen und Fragen zu stellen. Sie erzählt, daß ihre Großmutter schrieb,
*»es habe sie sehr beschäftigt. Sie habe sich nach meiner Abfahrt noch sehr aufgeregt. Das ganze sei nicht sehr angenehm gewesen, und deswegen habe sie auch nie davon gesprochen. Über Unangenehmes rede man eben nicht so gerne. Sie habe in dem Gespräch mit mir gespürt, daß ich wohl ein bißchen böse auf sie sei, weil sie mir nie etwas davon erzählte. Gewollt hätte sie es schon, aber sie habe es einfach nicht fertiggebracht, weil es doch etwas sehr Schlimmes gewesen sei. Und es sei ja auch für sie nicht einfach gewesen. Das begründete sie nicht, sondern schrieb nur: ›Es war eben eine schlimme Zeit damals, nachdem das passiert war.‹«*
Während langer Jahre sah sich Frau Cost so einer fast absoluten Blockade der Verständigungsmöglichkeiten über den Tod und die Personen der Eltern gegenüber. Als eine Auswirkung betrachtet Frau Cost ihre heute noch bestehenden Schwierigkeiten, sich jemandem anzuvertrauen.
*»Ich meine, es war ja wirklich* das *Erlebnis meiner Kindheit, und damit konnte ich mich niemandem anvertrauen. Als Kind hab' ich es dann sicher verallgemeinert: ›Wenn man mit so etwas nicht kommen kann, kann man ja mit allem anderen auch nicht kommen.‹«*
Es falle ihr sehr schwer, sich anderen zu öffnen und »wirklich Nähe zuzulassen«. Für Frau Cost stellen sich die Folgen also als grundlegende Unsicherheit und Skepsis gegenüber zwischenmenschlichen Beziehungen dar. Letztlich war es ihr durch die Erfahrung, daß der elterliche Tod tabuisiert wurde, auch nicht möglich, die Verarbeitung des traumatischen Erlebnisses abzuschließen und es wirklich in ihren eigenen Lebenszusammenhang einzufügen. Ihr verbleibt dadurch eine massive Verunsicherung und teilweise Unfähigkeit, die Realität des Geschehenen zu akzeptieren.

## Soziale Unterstützung

Das Heraushalten des Suizids aus Gesprächen, das Distanzieren von den Hinterbliebenen, die Verhaltensunsicherheit ihnen gegenüber und alle sich daraus ergebenden Folgen machen deutlich, wie wichtig soziale Unterstützung und Gesprächsgelegenheiten für Zurückbleibende sind. Sie brauchen die Möglichkeit, ihrem Erleben, ihren schmerzhaften Empfindungen, Zweifeln und Überlegungen Gestalt zu verleihen, indem sie sie in Worte fassen können.

Jörg J. Bojanovsky hat in seiner Untersuchung über die gesundheitlichen und sozialen Probleme von Verwitweten darauf hingewiesen, daß die »eventuell stützende oder auch eine gleichgültige bis vorwurfsvoll feindliche Einstellung der wichtigsten Bezugspersonen, aber auch der breiteren sozialen Umgebung« von »den Betroffenen meistens mit großer Empfindlichkeit registriert« werde. Er fährt fort: »Mitunter mischt sich in die Reaktion der Betroffenen allerdings auch eine leicht paranoide Beurteilung, indem sie zum Beispiel eine aus Verlegenheit entstandene Zurückhaltung von Bekannten als Ablehnung und Kälte empfinden.«[16]

Werden die Reaktionen Betroffener auf diese Weise bewertet, ist u. E. zunächst zu fragen, wodurch und für wen dieses vorschnelle Versehen mit den Bezeichnungen paranoid oder zumindest leicht paranoid von Nutzen sein könnte. Es sollte nicht vernachlässigt werden, daß eine »paranoide Beurteilung« nicht ausschließlich wahnhaftem Erleben entspringt, sondern durchaus einen Anhaltspunkt oder Erfahrungskern in der Wirklichkeit besitzt. Wenn das Verhalten von Hinterbliebenen auf solche Weise etikettiert wird, besteht die Gefahr, daß Unsicherheiten in der Umgebung der Zurückbleibenden außer acht gelassen werden und ein distanzierter Umgang mit den Betroffenen gerechtfertigt erscheint. Denn problematisch ist unter diesem Blickwinkel ja die sozusagen an Wahnhaftigkeit grenzende Beurteilung des zurückhaltenden Benehmens der Umwelt durch die Zurückbleibenden. Das Verhalten des Umfeldes steht nicht zur Diskussion, sondern wird einfach hingenommen. Somit wird das Problem der mangelnden sozialen Unterstützung der Betroffenen in ein individuelles Problem der Hinterbliebenen umdefiniert, das nahezu Krankheitswert gewinnt. Dies gelingt um so leichter, als zum Beispiel unterschiedliche Quellen von Verlegenheit bei Bezugspersonen und Außenstehenden und ihr daraus entspringendes Distanzierungsverhalten überhaupt nicht ins Blickfeld geraten.

*Solidarität mit den Zurückbleibenden*

Unter den Möglichkeiten, Hinterbliebenen eines Suizids zu helfen, scheint uns die, ihnen Gelegenheit zu Gesprächen über ihre Empfindungen und Überlegungen zu geben, an erster Stelle zu stehen. Es wäre wünschenswert, wenn jeder in ihrer Umgebung ohne Scheu und Vorurteile auf sie eingehen und sie unterstützen könnte. Auch die Betroffenen selber hoffen auf Verständnis und Beistand in ihrem alltäglichen und vertrauten Lebensbereich.

Sicherlich ist es manchmal schwierig und belastend, sich für solche Unterhaltungen zur Verfügung zu stellen und die oftmals aufbrechenden starken Emotionen der Trauernden wie auch die eigenen auszuhalten. Es kann schwerfallen, in solchen Gesprächen wiederholt dieselben Fragen, Beteuerungen, Zweifel und andere Gedankengänge anhören zu müssen, was vor allem in den ersten Phasen der Trauer geschehen kann. Es ist vielleicht auch mühselig, einerseits die Hinweise zur Gesprächsbereitschaft zu erkennen und andererseits zu akzeptieren, wenn sich die Hinterbliebenen zurückziehen und nichts mit ihrer Umwelt zu tun haben wollen. Und möglicherweise ist es ermüdend und auch enttäuschend, zu sehen, daß es immer wieder Rückschläge in der Verarbeitung gibt, und schwer zu ertragen, daß längst überwunden Geglaubtes plötzlich wieder einen zentralen Stellenwert bekommt, daß Fortschritte in der Bewältigung oft kaum erkennbar sind oder sich als äußerst zerbrechlich erweisen.

Ungeachtet dieser möglichen Beschwernisse, der belastenden und verunsichernden Umstände müßte nach unserer Meinung die soziale Umgebung durchaus fähig sein, den Betroffenen unterstützend zur Seite zu stehen oder zumindest ihre Anstrengungen nicht noch zusätzlich zu erschweren, indem beispielsweise der Kontakt mit ihnen unvermittelt abgebrochen wird.

Ein Mann, der nicht persönlich von einem Suizidfall betroffen war, äußerte:

*»Was den Tod oder gar noch den Selbstmord betrifft, sind viele Menschen der Meinung, das sei unangenehm. Für den, der unmittelbar damit zu tun hat, ist das unangenehm,* muß *das unangenehm sein. Das ist auf nichts Normales zurückzuführen, der*

*Selbstmord ist sowieso nicht faßbar. Und das, was ich nicht fassen kann, ist* überhaupt *unnormal und unbequem und mit Schwierigkeiten und Problemen und Ärger und mit all dem verbunden.«*
Er erläutert, daß er sich durch einen möglichen Kontakt mit Angehörigen eines Suizidenten Schwierigkeiten aufladen könnte:
*»Da kommt irgendwas auf mich zu, und da lasse ich lieber die Finger weg. Ich will keine Probleme haben. Ich möchte meine Ruhe haben, wie man so schön sagt.«*
Der Gesprächspartner verdeutlicht seine allgemeinen Vorbehalte, indem er beispielhaft einen Suizid in seiner Stadt erwähnt. Er kannte den Mann, der sich das Leben genommen hatte, und auch dessen Ehefrau:
*»Ich habe nichts gegen die Frau. Ich kenne die Familie. Aber, na ja, ich möchte nicht unbedingt etwas mit ihr zu tun haben. Das ist für mich nichts Faßbares. Man weiß ein paar Sachen, man weiß sie auch nicht. Man kennt's vom Gerede her. Ich wäre nicht scharf auf eine Unterhaltung mit ihr. Wenn ich die Frau auf der Straße treffen würde, da würde ich zum Beispiel auf keinen Fall zu ihr sagen: ›Grüß Gott, Frau X, wie geht's? Kommen Sie, trinken wir eine Tasse Kaffee.‹ Sonst würde ich das so machen. Das würde ich dann nicht mehr tun, muß ich ehrlich sagen. Früher habe ich mich schon mit der Frau und ihrem Mann unterhalten. Und wenn ich die Frau traf, habe ich auch mit ihr gesprochen. Heute würde ich das nicht mehr tun. Ich würde mir sagen: ›Da könnte vielleicht etwas auf mich zukommen, was ich einfach nicht so richtig packen kann.‹ Ich bin gegen unsichere Dinge oder gegen vernebelte Dinge. Für mich muß das handgreiflich sein.«*
Es wäre wünschenswert, daß über eine solche Haltung etwas mehr nachgedacht würde. Weiter wäre zu überlegen, was hinter manchen rücksichtsvoll erscheinenden Äußerungen steckt. Ob sich hinter Aussagen wie »man reißt ja doch nur Wunden auf«, wenn man sich auf ein Gespräch mit Hinterbliebenen einlasse oder sie auf ihr Erleben, ihre Probleme und Sorgen anspreche, nicht eine gewisse Bequemlichkeit oder Furcht verbirgt, man könnte in seiner Ruhe gestört werden?
Wir hoffen, daß die Aussagen der Hinterbliebenen, wie sie in den Gesprächsprotokollen dieses Buches vorliegen, dazu ermutigen, ihnen weniger mit hilfloser Ablehnung oder falscher Rücksichtnahme zu begegnen. Kenntnisse über Hintergründe

von Verhaltensweisen und Deutungsprozessen könnten dazu führen, eigene Positionen zu überprüfen und eventuell zu korrigieren. Distanzierendes oder gar verurteilendes Verhalten sollte nicht vorschnell gerechtfertigt oder entschuldigt werden.
Es ist also ein Umgang mit Zurückbleibenden eines Suizids denkbar und anzustreben, der ihnen zeigt, daß die Möglichkeit von Beistand und Hilfe vorhanden ist, und in dem sorgfältig darauf geachtet wird, wann die Hinterbliebenen sie in Anspruch nehmen möchten oder dazu in der Lage sind. Wenn ihnen die Solidarität nicht versagt würde, wäre die Chance gegeben, ihre ohnehin schon große Belastung nicht noch um die Erfahrung einer ablehnenden Umwelt zu vergrößern.

*Bedeutung von Gesprächen*

Als Wirkung eines ausführlichen Gespräches über den Suizid erlebten die Gesprächspartner häufig, daß ihnen spontan manche Dinge wieder einfielen oder daß ihnen über ihre Beziehung zum Toten einiges klarer wurde. Anderen fällt auf, daß sie plötzlich über ihr persönliches Empfinden sprechen können, wozu sie bis dahin nicht in der Lage waren. Dieser Gefühlsbereich war für sie unzugänglich und damit auch noch weitgehend undurchdacht und unverarbeitet.
Eine Auseinandersetzung im Gespräch ermöglicht auch, das Geschehene zu begreifen, sich seiner Tatsächlichkeit zu versichern und diesem Tod einen Platz im eigenen Leben zu geben, ihn in den eigenen Lebenszusammenhang einzufügen. Die Voraussetzungen dafür nennt Herr Kuhn, wenn er seine bildhaften oder szenischen Vorstellungen über seinen Bruder schildert und dann daran zweifelt, ob diese eine Auseinandersetzung mit der Person des Bruders beinhalten:
*»Ich weiß nicht, ob ich mich mit ihm auseinandersetze. Es kann ja keine reale Auseinandersetzung sein, weil nur ich daran beteiligt bin. Auch die Bilder, die ich vor mir sehe, sind mein Produkt. Es ist nicht Rainer, der in mir auftaucht. Natürlich ist es bezeichnend, daß ihn mir mein Unterbewußtes hochwirft, aber es ist eigentlich immer nur eine Auseinandersetzung mit mir selbst. Eine Auseinandersetzung mit Rainer kann nur beispielsweise in einem Gespräch wie jetzt diesem stattfinden. Sie kann nur stattfinden, wenn ich über ihn spreche und es so nach außen geht, nicht, wenn nur ich daran beteiligt bin.«*

Indem sie über einen wichtigen Teil ihres Lebens sprechen, kann Zurückbleibenden eine Strukturierung des Erlebten gelingen. Gespräche verhelfen ihnen dazu, das verworrene Knäuel von Gefühlen, Überlegungen, Bedeutungszuschreibungen und Sinngebungsversuchen, biographischen Betrachtungen und Zukunftsvorstellungen für sich zu entwirren. In einem nächsten Schritt kann eine Interpretation und Annahme dieses Todes zustande kommen, die ihnen ein Weiterleben gestattet, das sie existentiell nicht zu sehr beeinträchtigt und ihre Identität nicht zerstört.
Peter Berger und Thomas Luckmann haben in ihrer Theorie einer Wissenssoziologie die »wirklichkeitsstiftende Macht des Gesprächs« unterstrichen.[17] Sie stellen fest, daß das »notwendigste Vehikel der Wirklichkeitserhaltung... die Unterhaltung« sei. »Das Alltagsleben des Menschen ist wie das Rattern einer Konversationsmaschine, die ihm unentwegt seine subjektive Wirklichkeit garantiert, modifiziert und rekonstruiert.« Alltägliche kommunikative Netzwerke dienten dem Erhalt gemeinsamer Wirklichkeit. Die beiden Autoren führen weiter aus, daß die Sprache die Welt objektiviert, »indem sie das ›Panta Rhei‹ der Erfahrung in eine kohärente Ordnung transformiert«. Sprache vergegenständlicht also die Welt, löst sie vom rein Subjektiven ab, indem sie den andauernden Fluß der Erfahrung in eine zusammenhängende Ordnung umformt.
Auf diesem Hintergrund sollen hier mit den Worten von Felix Hoch und Frau Hoch zwei letzte wichtige Funktionen des Gesprächs für Hinterbliebene verdeutlicht werden. Einmal, so Berger und Luckmann, »verleiht das Gespräch Objekten, die vorher fließend und undeutlich waren, Konturen«. Felix Hoch faßt diese Wirkung in folgende Worte:
*»Und trotzdem erledige ich in solchen Gesprächen jedesmal Teile davon, die es mir danach nochmals leichter machen, damit umzugehen. Es dringt dadurch immer mehr und immer tiefer in mein Verstehen und Bewußtsein ein, daß es so ist, wie es ist. Und daß ich damit leben muß und auch damit leben kann. Im wesentlichen sind auch die Gespräche dafür verantwortlich, daß ich mich nicht immer in einem Kreis bewege, aus dem ich ja nicht herauskomme, wenn ich nur alleine herumbohre.«*
Er stimmt zu, daß es eine große Rolle spiele, das Geschehene auszusprechen.
*»Ja, ich denke, es auszusprechen heißt, es ein Stück weit zu akzeptieren. Indem ich darüber rede, wird's deutlicher. Da wird's*

*noch mal als Tatsache festgestellt, und zwar als eine unabänderliche Tatsache, die ich auch so nehmen muß, wie sie ist.«*
Neben der Kraft zur Konturierung und letztlichen Anerkennung des Ereignisses kommt dem Gespräch auch die Funktion zu, die Hinterbliebenen darin zu unterstützen, das Erlebte für sich bewahren zu können. Berger und Luckmann führen dazu aus: »Die subjektive Wirklichkeit von etwas, das nie besprochen wird, fängt allmählich an, hinfällig zu werden.«
Frau Hoch zeichnet dies eindrucksvoll im einzelnen nach:
*»Nein, es ist nicht schwer für mich, diese Dinge auszusprechen. Ich hab' nur manchmal Schwierigkeiten, überhaupt sprechen zu können. Es ist nicht so, daß ich nicht drüber sprechen wollte, aber dabei erlebt man es immer wieder aufs neue... Es ist deshalb nicht schwerer oder schlimmer, es ist nur im Moment wieder so intensiv.*
*Schlimmer empfinde ich eigentlich dieses Wegschieben und Verdrängen. Schlimm finde ich auch, daß mit der Zeit alles so verblaßt. Ich meine, diese Dinge kann man nicht vergessen. Was ich fürchte, ist, daß dieses unmittelbare Noch-Empfinden und die noch so lebendige Erinnerung verwischt werden und schließlich verlorengehen.*
*Ich möchte nicht – wie soll ich sagen? – so verkonservieren und in der Vergangenheit leben, überhaupt nicht! Aber Karin ist ein ganz wichtiger Teil meines Lebens, und ich hab' das Gefühl, je mehr es zur Seite geschoben wird, desto mehr...*
*Einerseits neigt man dazu, es zurückzudrängen, möchte es sogar, um es sich einfacher zu machen. Es geht einem ja immer besser, wenn man abgelenkt ist und sie vergißt. Aber andererseits möchte ich Karin wirklich richtig im Bewußtsein behalten.*
*Man will das Geschehene ja nicht als ein böses Erlebnis oder etwas Unangenehmes betrachten und denken: ›Mein Gott, ja, mit der Zeit vergißt man's, und dann wird es besser. Dann ist es erledigt.‹ Also, ich möchte das nicht. Insofern nützt es auch nichts, das wegzuschieben oder nicht darüber zu sprechen.«*
Es ist ausgeschlossen, in einem Gespräch mit dem Suizidenten selbst noch zu erkunden, was er vermißte, erhoffte oder was ihn enttäuschte, und es besteht keine Möglichkeit mehr, ihn im Gespräch zu erfahren. Daher sollte den Zurückbleibenden die Chance eingeräumt werden, sich selbst und die Bedeutung des Toten und seines Todes ohne zusätzliche Belastung erkennen zu können.

# Anmerkungen

1 Suizid ist kein gebräuchlicher Begriff. Wir wählen ihn jedoch bewußt, da im üblicherweise benutzten Wort Selbstmord eine von uns nicht geteilte moralische Wertung und Verurteilung enthalten ist. Alternativ verwenden wir den Begriff Selbsttötung.

2 Der Rahmen wird vom ›symbolischen Interaktionismus‹ und von auf ihn bezogenen weiteren Arbeiten gestellt.

3 Vgl. Henslin, J. M.: Strategies of Adjustment: An Ethnomethodological Approach to the Study of Guilt and Suicide; in: Cain, A. C. (Ed.): Survivors of Suicide; Springfield 1972, S. 215–227. Und: Henslin, J. M.: Selbstmord und die »signifikanten anderen«; in: Steinert, H. (Hg.): Symbolische Interaktion, Arbeiten zu einer reflexiven Soziologie; Stuttgart 1973, S. 88–100.

4 Vgl. dazu die ausführliche Darstellung dieses Ansatzes in: Lindesmith, A. R./Strauss, A. L.: Symbolische Bedingungen der Sozialisation, Eine Sozialpsychologie, 2 Bde.; Düsseldorf 1974 und 1975; hier: Bd. 1, Kap. II.

5 Berger, P. L./Luckmann, Th.: Die gesellschaftliche Konstruktion der Wirklichkeit, Eine Theorie der Wissenssoziologie; Frankfurt/M. 1982², S. 161.

6 Fuchs, W.: Todesbilder in der modernen Gesellschaft; Frankfurt/M. 1973, S. 150.

7 Teilweise ist dieses Material dokumentiert in: Heilborn-Maurer, U./Maurer, G.: ›Ungesprochene Gespräche‹, Über Trauerreaktionen Zurückbleibender nach einem Suizid; unveröffentl. Dipl. Arbeit, Tübingen 1982. Weitere Gesprächsausschnitte finden sich in: Heilborn-Maurer, U./Maurer, G.: »Dann frag' ich mich oft auch immer wieder: Warum bloß, warum?«, Deutung und Schuld – Aspekte der Auseinandersetzung Zurückbleibender mit einem Suizid; in: Arbeitskreis Leben e. V./Schuldt, K.-H. (Hg.): Lebenskrisen, Möglichkeiten der Bewältigung; Tübingen 1984, S. 46–88.

8 Henslin, J. M.: Selbstmord und Symbolische Interaktion, Die Multidimensionalität des Suizids; in: Die Psychologie des 20. Jahrhunderts, Bd. 8; Zürich 1979, S. 429–435; hier: S. 431.

9 Vgl. dazu etwa: Andriolo, K. R.: Selbstmord als Krise der Gemeinschaft, Zur gesellschaftlichen Bewertung der Selbsttötung im transkulturellen Vergleich; in: psychosozial 23, Der Spiegel des Fremden, Ethnopsychoanalytische Betrachtungen; Reinbek 1984, S. 56–67.

10 Vgl. zur Überblicksdarstellung und Diskussion des Rollenbegriffs: Dreitzel, H. P.: Die gesellschaftlichen Leiden und das Leiden an

der Gesellschaft, Vorstudien zu einer Pathologie des Rollenverhaltens; Stuttgart 1980[3], Kap. II/1.

11 Lindesmith, A. R./Strauss, A. L.: wie Anm. 4; Bd. 1, S. 172.

12 Bahrdt, H. P.: Identität und biographisches Bewußtsein, Soziologische Überlegungen zur Funktion des Erzählens aus dem eigenen Leben für die Gewinnung und Reproduktion von Identität; in: Brednich, R. W. u. a. (Hg.): Lebenslauf und Lebenszusammenhang, Autobiographische Materialien in der volkskundlichen Forschung, Vorträge der Arbeitstagung der Deutschen Gesellschaft für Volkskunde in Freiburg i. Br. vom 16. bis 18. März 1981; Freiburg i. Br. 1982, S. 18–45; hier: S. 25f.

13 Dornheim, J.: »Diese ungereinigten Faktoren im Leben«, Gesellschaftliche Aspekte in Interviews zu schwerer Krankheit; in: Jeggle, Utz u. a. (Hg.): Tübinger Beiträge zur Volkskunde; Tübingen 1986 (Untersuchungen des Ludwig-Uhland-Instituts, 69), S. 50–69; hier: S. 65.

14 von Ferber, Ch.: Der Tod, Ein unbewältigtes Problem für Mediziner und Soziologen; Kölner Zeitschrift für Soziologie und Sozialpsychologie 22, 1970, S. 237–250; hier: S. 245.

15 Elias, N.: Über die Einsamkeit der Sterbenden in unseren Tagen; Werk und Zeit 3, 1979, S. 4–16; hier: S. 9.

16 Bojanovsky, J. J.: Verwitwete, Ihre gesundheitlichen und sozialen Probleme; Weinheim und München 1986, S. 42f.

17 Berger, P. L./Luckmann, Th.: wie Anm. 5; alle Zitate S. 163f.

**Bitte umblättern:**

# Persönliche Erfahrungen mit Krisen

Renate Anders
**Grenzübertritt**
*Eine Suche nach geschlechtlicher Identität. Band 3287*

Ingeborg Bruns
**Das wiedergeschenkte Leben**
*Tagebuch über die Leukämieerkrankung eines Kindes*
*Band 3247*

Sue Cooke
**Zerzaustes Käuzchen**
*Die Emanzipation einer Epilepsiekranken*
*Band 3245*

Jacqueline Fabre
**Die Kinder, die nicht sterben wollten**
*Band 3289*

Sarah Ferguson
**Die Stimme und das Schweigen**
*Brief an einen toten Psychoanalytiker*
*Band 3284*

Andrea Graf
**Die Suppenkasperin**
*Geschichte einer Magersucht*
*Band 3294*

Luise Habel
**Umarmen möcht ich dich**
*Briefe an einen Therapeuten*
*Band 3299*

Ilse van Heyst
**Das Schlimmste war die Angst**
*Geschichte einer Krebserkrankung und ihrer Heilung*
*Band 3902*

Christine Hofmann
**Stunden, die zählen**
*Ein Kind findet ein Zuhause*
*Band 3296*

Hera König
**Der tödliche Hunger**
*Erfahrungen einer Diabetikerin*
*Band 3286*

Christiane Lenker
**Krebs kann auch eine Chance sein**
*Zwischenbilanz oder Antwort an Fritz Zorn*
*Band 3288*

Marlene Lohner
**Plötzlich allein**
*Frauen nach dem Tod des Partners*
*Band 3290*

## Fischer Taschenbuch Verlag

fi 26 / 9a

## Geist und Psyche
Begründet von Nina Kindler 1964

### Psychoanalyse

Hilda Abraham
**Karl Abraham**
Band 42213

Raymond Battegay
**Psychoanalytische Neurosenlehre**
Band 42279

J. Cremerius/Sven O. Hoffmann/W. Trimborn
**Psychoanalyse, Über-Ich und soziale Schicht**
Band 42206

Kurt R. Eissler
**Todestrieb, Ambivalenz, Narzißmus**
Band 42208

Sándor Ferenczi
**Zur Erkenntnis des Unbewußten**
und andere Schriften zur Psychoanalyse
Band 42194

Anna Freud
**Das Ich und die Abwehrmechanismen**
Band 42001
**Einführung in die Technik der Kinderanalyse**
Band 42111

Leon Grinberg/Marie Langer/Emilio Rodriguez
**Psychoanalytische Gruppentherapie**
Band 42094

Marie Jahoda
**Freud und das Dilemma der Psychologie**
Band 42276

Werner W. Kemper
**Der Traum und seine Be-Deutung**
Band 42184

Fischer Taschenbuch Verlag

fi 350/2a

## Geist und Psyche
Begründet von Nina Kindler 1964

### Psychoanalyse

Melanie Klein
**Ein Kind entwickelt sich**
Band 42222
**Die Psychoanalyse des Kindes**
Band 42291

Peter Kutter
**Psychoanalyse in der Bewährung**
Methode, Theorie und Anwendung
Band 42263

Peter Kutter/Jörg K. Roth
**Psychoanalyse an der Universität**
Band 42228

Stavros Mentzos
**Neurotische Konfliktverarbeitung**
Band 42239
**Hysterie**
Band 42212
**Angstneurose**
Band 42266

Theodor Reik
**Die verschlungenen Wege des Selbst**
Band 42235

Jürgen vom Scheidt
**Der unbekannte Freud**
Neue Interpretationen seiner Träume
Band 42292

D. W. Winnicott
**Von der Kinderheilkunde zur Psychoanalyse**
Band 42249
**Reifungsprozesse und fördernde Umwelt**
Studien zur Theorie der emotionalen Entwicklung
Band 42255
**Familie und individuelle Entwicklung**
Band 42261

Anton Zottl
**Otto Rank**
Band 42229

Fischer Taschenbuch Verlag

fi 350/5b

## Geist und Psyche
Begründet von Nina Kindler 1964

## Neuere Psychotherapien

Gaetano Benedetti
**Der psychisch Leidende und seine Welt.** Band 42139

Eric Berne
**Was sagen Sie, nachdem Sie Guten Tag gesagt haben?**
Band 42192
**Struktur und Dynamik von Organisationen und Gruppen.** Band 42201

Bruno Bettelheim
**Aufstand gegen die Masse**
Band 42217
**Die Geburt des Selbst**
Band 42247

Medard Boss
**Sinn und Gehalt der sexuellen Perversionen**
Band 42080

Gion Condrau
**Einführung in die Psychotherapie**
Band 42115

Gesellschaft für wissenschaftliche Gesprächstherapie
**Die klientenzentrierte Gesprächspsychotherapie**
Band 42149

Herbert Goetze/Wolfgang Jaede
**Nicht direktive Spieltherapie.** Bd. 42262

Leon Grinberg/Marie Langer/Emilio Rodrigue
**Psychoanalytische Gruppentherapie.** Bd. 42094

Martin Grotjahn
**Die Sprache des Symbols**
Band 42182

Institutsgruppe Psychologie der Universität Salzburg (Hg.). **Jenseits der Couch**
Band 42264

Abraham A. Maslow
**Psychologie des Seins**
Band 42195

Gertrud Orff
**Die Orff-Musik-Therapie**
Band 42193

O. G. Wittgenstein
**Märchen, Träume, Schicksale.** Band 42114
**sagen – hören – sehen**
**Entbindungen des Bewußtseins.** Band 42257

Fischer Taschenbuch Verlag

fi 362/2